Walter Gagel
Einführung in die Didaktik des politischen Unterrichts

Walter Gagel

Einführung in die Didaktik des politischen Unterrichts

Studienbuch politische Didaktik I

Leske Verlag + Budrich GmbH, Opladen

In memoriam M.

CIP–Kurztitelaufnahme der Deutschen Bibliothek

Gagel, Walter:
Einführung in die Didaktik des politischen Unter-
richts : e. Studienbuch / Walter Gagel. –
Opladen : Leske und Budrich, 1983
(Uni–Taschenbücher : 1235)
ISBN 978-3-322-92620-3   ISBN 978-3-322-92619-7 (eBook)
DOI 10.1007/ 978-3-322-92619-7

NE: GT

© 1983 by Leske Verlag + Budrich GmbH

Einbandgestaltung: Alfred Krugmann

Verarbeitung: Großbuchbinderei Sigloch, Leonberg–Ramtel

Inhalt

0. Vorbemerkung 9

1. Einheit: Aufgaben einer Didaktik des politischen Unterrichts 11
1.1 Aufgaben des politischen Unterrichts 12
1.1.1 Sozialwissenschaftliche Bildung 13
1.1.2 Politische Bildung 16
1.2 Das Besondere der Fachdidaktik im Vergleich
 zur Fachwissenschaft 21
1.2.1 Die unterschiedliche Fragestellung 21
1.2.2 Die Beziehung zwischen Fachwissenschaft und
 Fachdidaktik 26
1.3 Zur Notwendigkeit, Fachdidaktik zu lehren und
 zu lernen 32

2. Einheit: Was sind Lerngegenstände? Die Frage nach
 der Inhaltsstruktur 37
2.1 Eine historische Kontroverse: Institutionenkunde
 oder Fallprinzip? 37
2.2 Politikdimensionen und Erkenntnisebenen als
 Bezugsrahmen 40
2.2.1 Dimensionen des Politikbegriffs 42
2.2.2 Die Erkenntnisebenen „konkret" und „abstrakt" 46
2.3 Arten der Inhaltsstruktur 49
2.3.1 Fall 50
2.3.2 Problem 53
2.3.3 Situation 57
2.4 Konkretes Wissen und wissenschaftliches Wissen 61

3. Einheit: Was ist wichtig? Das Problem der Inhaltsauswahl ... 67
3.1 Die Notwendigkeit von Auswahlprozessen 68
3.2 Beispiele für Auswahlkriterien 71

3.2.1	Konflikt	71
3.2.2	Bedürfnisse und Interessen	74
3.2.3	Struktur der Wissenschaft	78
3.3	Betroffenheit und Bedeutsamkeit	81
3.3.1	Die zwei Dimensionen der Betroffenheit	82
3.3.2	Betroffenheit	85
3.3.3	Bedeutsamkeit	89
3.3.4	Der Zusammenhang zwischen beiden Kriterien	94

4. Einheit: Denkenlernen oder Handelnlernen? Ziele und Zielarten des politischen Unterrichts I 101

4.1	Einführung	101
4.1.1	Ein Beispiel für kontroverse Zielbeschreibungen	101
4.1.2	Schwierigkeiten und Perspektiven	104
4.2	Strukturelles Lernen	106
4.2.1	Begriffe	107
4.2.2	Grundbegriffe	110
4.2.3	Operationen	112
4.3	Exkurs: Zur Bedeutung der kognitiven Lerntheorie für den politischen Unterricht	116
4.3.1	Was ist „kognitive Struktur"?	117
4.3.2	Theoretische Ansätze	119
4.3.3	Anwendung auf den politischen Unterricht	123
4.4	Lernaufgaben der kognitiven Strukturiertheit	129
4.4.1	Fundamentale Probleme	130
4.4.2	Kontroverses Denken	135
4.4.3	Problemlösungsfähigkeit	139

5. Einheit: An welchen Werten orientiert sich der politische Unterricht? Ziele und Zielarten II 147

5.1.	Das politische Programm in den Lernzielen des politischen Unterrichts	147
5.2	Sinn und Grenzen der Wertorientierung	151
5.2.1	Parteinahme und Parteilichkeit	151
5.2.2	Oberste Ziele als „regulative Ideen"	156
5.2.3	Funktionen oberster Lernziele	160
5.3	Merkmale eines wertbezogenen politischen Verhaltens	161
5.3.1	Gibt es „richtige" Werte?	162
5.3.2	Struktur des moralischen Urteils	167
5.3.3	Demokratische „Tugenden"	177
5.3.4	Grundwerte oder Leitideen?	182

6. Einheit: Warum Streit um die politische Bildung? Möglichkeiten der Legitimierung von Zielen und Inhalten ... 191

6.1 Was ist Legitimierung und warum ist sie erforderlich? .. 191
6.2 Möglichkeiten und Grenzen der Legitimierung 195
6.2.1 Legitimierung durch Wissenschaft und Fachdidaktik ... 195
6.2.2 Legitimierung durch Berufung auf das Grundgesetz 198
6.2.3 Legitimierung durch Konsens 200
6.2.4 Ergebnis 202
6.3 Die dialogische Struktur der Begründung von Zielen und Inhalten 203
6.4 Begründungsregeln 206
6.5 Folgerungen aus dem Diskursprinzip 211

7. Einheit: Unterrichtsplanung – das Bindeglied zwischen Theorie und Praxis 215

7.1 Unterrichtsplanung: Nur etwas für die Ausbildungsphase? 215
7.1.1 Planungsbegriff 216
7.1.2 Theorieebenen und ihre Verwendung 218
7.1.3 Wahl des Modelltyps der Unterrichtsplanung 221
7.2 Sachstruktur und Intentionalität 224
7.2.1 Beispiel zweier Sachanalysen: Werbung 224
7.2.2 Der Begriff der „didaktischen Perspektive" 227
7.2.3 Implikationszusammenhang 230
7.3 Planungsregeln 234
7.3.1 Prinzipien der Sachanalyse 234
7.3.2 Festlegung des Themas 237
7.3.3 Primat der Intentionalität 239
7.3.4 Planung als zirkulärer Prozeß 241
7.3.5 Beteiligung der Schüler? 242
7.3.6 Einbeziehung der Rahmenbedingungen 243
7.4 Umrisse einer systematischen Unterrichtsplanung 245

Anhang 247
Literaturhinweise zu didaktischen Konzeptionen des politischen Unterrichts

0. Vorbemerkung

Diese „Einführung" richtet sich an Leser, welche sich bisher noch nicht mit Fachdidaktik beschäftigt haben. Sie ist von der Absicht geleitet, diese Leser in das zunächst unbekannte Gebiet einer wissenschaftlichen Didaktik des politischen Unterrichts hineinzubegleiten. Aus diesem Grunde will dieses Buch keine neue Didaktik in Konkurrenz zu den vorhandenen und so wichtig gewordenen „Konzeptionen" sein. Der Autor hat vielmehr versucht, das in der wissenschaftlichen Diskussion bekannt Gewordene so um einige Problemfragen zu ordnen, daß der Leser in die Frageweise der Fachdidaktik eingeführt und mit grundlegenden Ergebnissen vertraut gemacht wird.

Leitender Maßstab bei der Abfassung dieses Textes war dementsprechend nicht der Grad der Originalität, sondern derjenige der Verständlichkeit.

Diese Verständlichkeit soll durch eine Didaktisierung der Darstellung erreicht werden. Dabei werden folgende Methoden verwendet:

— Gliederung des Stoffes in *lektionenartige „Einheiten"*, die in sich geschlossen sind und jeweils ein grundlegendes Problem behandeln.
— Aufbau der Einheiten möglichst als eine Art *Lernprozeß* mit wiederkehrender Gliederung, entweder:
  a) Einführung in das Problem,
  b) Vorstellung und Diskussion von Lösungen,
  c) Entwicklung einer eigenen Lösung;
  (so in den Einheiten 3 und 6);
  oder;
  a) Einführung in das Problem,
  b) Aufgliederung in Teilprobleme oder Sachverhalte,
  (so in den Einheiten 2, 4, und 5).
— Durchgängige Verwendung des *induktiven Verfahrens:* Ausgangspunkt ist jeweils ein Beispiel oder eine Kontroverse, es folgt eine Hinführung zu Abstraktionen, an die sich Problemlösungen anschließen.

- Verwendung von *Verständnishilfen:* Worterklärungen „unter dem Strich", grafische Veranschaulichungen, Hinweise auf weiterführende Literatur.
- *Verdichtung* des jeweils Entwickelten in der Form von „Schlüsselfragen", die zugleich als Zusammenfassung und als Instrument zum Weiterdenken und Anwenden dienen.

Die Kehrseite dieses Verfahrens ist darin zu sehen, daß keine Vollständigkeit angestrebt werden konnte. Nur an notwendigen Stellen wurde in kurzen Exkursen eine Beziehung zum wissenschaftlichen Diskussionsstand hergestellt. Das Buch soll *einführen* und danach zum Weiterstudium *befähigen.*

Die Auswahl der Probleme orientiert sich an den didaktischen Grundfragen nach dem Was (Einheit 2 und 3), dem Wozu (Einheit 4 und 5), dem Warum (Einheit 6) und dem Wie (Einheit 7). Freilich bezieht sich dieses „Wie" nur auf das Wie der Umsetzung des Erarbeiteten in Unterrichts*planung*, nicht in Unterricht. Demnach wird hier der engere Begriff von Didaktik als der Wissenschaft von den Inhalten und Zielen des Unterrichts verwendet, welcher die Methodik ausschließt. Diese Beschränkung war im Hinblick auf den zumutbaren Umfang dieses Buches geboten. Der Abschluß mit der Einheit über die Unterrichtsplanung ist jedoch nicht zufällig. Wir sehen in dieser Einheit das unentbehrliche Scharnier, welches die didaktischen Überlegungen mit den methodischen Darlegungen zur Vermittlung und Realisierung im Unterricht verbindet. Diese 7. Einheit stellt damit zugleich die Verbindung zu dem zweiten Band, der „Systematischen Unterrichtsplanung", dar.

Mein Dank gilt den Kollegen und Studenten in Braunschweig, welche die Entstehung dieses Textes mit Fragen, Kritik und Anregungen begleitet haben.

1. Einheit: Aufgaben einer Didaktik des politischen Unterrichts

In dieser ersten Einheit soll eine Vorstellung davon vermittelt werden, worum es eigentlich geht, wenn wir von „Didaktik des politischen Unterrichts" sprechen. Es ist ja zu vermuten, daß zunächst eine Barriere zu überwinden ist, wenn man sich zum ersten Mal mit dieser Fachdidaktik beschäftigt. Wer das Studienfach Politikwissenschaft oder Sozialwissenschaft, wer gar das Unterrichtsfach Sozialkunde oder Gemeinschaftskunde für sein Studium gewählt hat, der weiß, daß es bei diesen Fächern auch um Politik geht. Und was Politik ist, darüber hat jeder eine Vorstellung, bei denjenigen, die ein Studium mit diesem Inhalt gewählt haben, ist außerdem ein Interesse für Politik vorauszusetzen. Noch klarer ist die Situation derjenigen, die im Fachstudium schon weit fortgeschritten sind oder es abgeschlossen haben; sie besitzen nicht nur eine alltägliche, sondern auch wissenschaftlich differenzierte Kenntnis von dem Politischen in unserer Gesellschaft.

Anders ist es mit der Fachdidaktik. Sie hat keinen speziellen *Gegenstandsbereich* wie die Politikwissenschaft; ihre Überlegungen, Aussagen und Theorien richten sich vielmehr auf eine *Tätigkeit:* auf das Lehren in diesem speziellen Unterrichtsfach, das sich mit Politik beschäftigt. Folglich ergibt sich das, was man in der Fachdidaktik als angehender Lehrer erarbeiten muß, nicht aus dem irgendwie vorstellbaren Sachbereich, sondern aus Theorien vom Unterricht und vom Unterrichten, über die man ein Vorverständnis nicht voraussetzen kann.

Daher soll in dieser Einheit ein Verständnis für die Aufgaben einer Didaktik des politischen Unterrichts zunächst nur *angebahnt* werden. Dies geschieht in drei Schritten: Zunächst soll sichtbar gemacht werden, welche Absichten mit politischem Unterricht verbunden werden (1.1), dann soll das Verhältnis zwischen Fachwissenschaft und Fachdidaktik geklärt werden (1.2), und zuletzt soll die Frage behandelt werden, warum man als angehender Lehrer sich Fachdidaktik erarbeiten muß, also gleichsam zusätzlich zu seinem Fachstudium (1.3).

1.1 Aufgaben des politischen Unterrichts

Was soll durch politischen Unterricht bewirkt werden? Diese Frage nach den Aufgaben dieses Unterrichts soll hier dadurch beantwortet werden, daß wir eine andere Frage stellen: Was benötigen Menschen, die sich mit Politik beschäftigen, an politischer Bildung? Dem folgenden Beispiel kann man dazu einiges entnehmen.

Im November 1981 fand die Auseinandersetzung um den Bau der Startbahn West des Frankfurter Flughafens statt, bei der es zu Zusammenstößen zwischen Demonstranten und der Polizei kam. In der Wochenzeitung „Die Zeit" schrieb Rolf Zundel dazu einen Artikel unter dem Titel: „Wo Gewalt herrscht, hört Politik auf". Ein Leser antwortete darauf:
„Herr Zundel sieht die Verstärkung plebiszitärer Elemente nicht als Lösung des Problems an. Das mag vielleicht auf die Frage des Flughafenausbaus zutreffen, obwohl ich auch hier eine Entscheidung durch Abstimmung der (hessischen) Bürger für einen guten Weg halte. Herr Zundel verkennt meines Erachtens jedoch ein weiteres grundsätzliches Problem, vor dem ich recht rat- und hilflos stehe und das für einen politisch stark interessierten Menschen gar zur seelischen Qual werden kann:
Unser Wahlsystem erlaubt mir zwar, alle vier Jahre meine Meinung zur betriebenen Politik zu äußern — doch welch oberflächliches und ungenaues Bild kann, ja muß dabei erscheinen! Ich bin gezwungen, mich auf eine Partei festzulegen, darf dabei bloß keine taktischen Aspekte übersehen, lasse mich von der Fünf-Prozent-Hürde beeindrucken (könnte sie doch indirekt gerade den politischen Gegner an die Macht bringen), wäge mühsam das kleinste Übel ab und entscheide mich nur unter Bauchschmerzen: Es ist nur nicht möglich, mich differenziert zu allen politischen Fragen zu äußern!"
Die Zeit vom 25.12.1981, S. 12.

Diesen Leser beschäftigt, ob solche Konflikte plebiszitär, also durch Volksentscheid geregelt werden sollten, was zwar nach der hessischen Landesverfassung, nicht aber nach dem Grundgesetz möglich wäre. Offenbar hätte er sich gerne an einem solchen Volksentscheid über den Bau der Startbahn West beteiligt, weil es ihm Unbehagen bereitet, sich nur alle vier Jahre durch die Beteiligung an den Wahlen zur Politik zu äußern und dies auch nur in einer sehr allgemeinen Weise.

Das Beispiel zeigt, vor welchen Fragen man in Alltagssituationen der Politik stehen kann. Es sind zum einen mehr sachliche Fragen: also die verfassungspolitische Frage der Verstärkung der plebiszitären Elemente im Grundgesetz durch Einführung des Volksbegehrens und des Volksentscheids, wozu es auch wissenschaftliche Analysen gibt, die Fragen der Beschaffenheit und des Funktionierens unseres Wahlsystems und vor allem die Frage, welche Rolle die Parteien in den Wahlen und in der Politik spielen. Aber diese sachlichen Fragen haben einen sehr persönlichen Bezug: Sie erzeugen beim Autor des Leserbriefes Ratlosigkeit und beeinflussen damit seine Befindlichkeit, beeinflussen aber auch, wie er beschreibt, sein politisches Verhalten.

Es ist nun möglich und um der Klarheit willen auch empfehlenswert, aus dem, was in dieser Äußerung eng zusammenhängt, zwei Schichten herauszulösen und voneinander zu trennen. Angesichts eines politischen Problems, vor das sich der Leser gestellt sah, gibt es Fragen, die sich beziehen auf das, was ist oder was da geschieht und wie das zu erklären ist. Es sind dies *empirische Fragen*. Und es gibt Fragen, die sich auf das richten, was geschehen soll, wie man sich verhalten soll, also *normative Fragen*. Daraus folgen auch die Aufgaben des politischen Unterrichts, die – obwohl sie eng miteinander zusammenhängen –, hier getrennt herausgestellt werden, nämlich

— einerseits *sozialwissenschaftliche Bildung,* also die Beschäftigung mit empirischen Fragen, und
— andererseits *politische Bildung* (im engeren Sinne), die Beschäftigung mit Fragen des Verhaltens, also normativen Fragen.

1.1.1 Sozialwissenschaftliche Bildung

Was mit „sozialwissenschaftlicher Bildung" gemeint ist, soll hier zunächst vereinfacht beschrieben werden: Schüler sollen im Unterricht einiges von dem lernen, was der angehende Lehrer sich in seinem fachwissenschaftlichen Studium erarbeitet hat. Politischer Unterricht ist ein Fachunterricht auf dem Hintergrund der sozialwissenschaftlichen Disziplinen oder Fachwissenschaften, also Politikwissenschaft, Soziologie und Wirtschaftswissenschaft, häufig mit dem Schwergewicht auf der Politikwissenschaft.

Aber mit „sozialwissenschaftlicher Bildung" wird zusätzlich der Wissenschaftsbezug des Unterrichts betont. Dies ist deshalb erforderlich, weil in dieser Hinsicht manchmal ein Unterschied zwischen den Schulformen gemacht wird. Dann wird die Auffassung vertreten: Die Wissenschaft sei für den Hauptschüler unmaßgeblich, irrelevant, weil zu schwer, zu theoretisch usw. In der Schule gehe es um einfache, lebensnahe, also wissenschaftsferne Sachverhalte, und daher sei es auch unnötig, zur Unterrichtsvorbereitung Wissenschaft heranzuziehen, also sich als Lehrer in wissenschaftlichen Werken zu informieren. Dagegen wird hier die Meinung vertreten: Was wissenschaftlich falsch ist, darf auch in der Schule nicht gelehrt werden, was wissenschaftlich umstritten ist, sollte auch den Schülern als ungesichert bewußt gemacht werden. Die genannten Hintergrundswissenschaften des politischen Unterrichts repräsentieren so etwas wie einen *Maßstab für das Falsche und Richtige* – genauer: das relativ Richtige. Folglich wird der Lehrer in seine Unterrichtsvorbereitung die Fachwissenschaft immer zu Rate ziehen, und folglich reicht die Fachwissenschaft immer auch in den Unterricht hinein.

Dieser Gedanke aber noch unvollständig. Denn die genannte Aufgabe des politischen Unterrichts besagt ja, daß Sozialwissenschaften nicht nur etwas zum Unterricht beisteuern, sondern daß sie auch einen Bildungseffekt haben. Wenn man unter Bildung ganz allgemein einen Beitrag zur individuellen geistig-seelischen Entwicklung des Menschen versteht, dann ist damit also gemeint, daß dazu auch die Sozialwissenschaften beitragen können.

Dieser Beitrag ergibt sich aus unserem Verhältnis zur Umwelt, wie es für die technisch-industrielle Zivilisation des Abendlandes kennzeichnend ist. Nach Hans Freyer leben wir in der Welt der „sekundären Systeme", die sich dadurch auszeichnet, daß die Lebensbezüge des einzelnen eingebunden sind in durchrationalisierte, organisierte Zusammenhänge von hoher Abstraktheit und Komplexität. Kennzeichnend für diese sekundären Systeme ist, daß sie sich der unmittelbaren Anschauung entziehen und mithin nicht durch persönliche Erfahrung zugänglich sind. Was eine Schule ist, kann der Schüler nicht sehen, kann er nur erfassen, wenn er eine Vorstellung vom Schulsystem als Ganzes hat. Die Arbeit des Parlaments lernt der Staatsbürger nicht durch einen Aufenthalt auf der Besuchertribüne des Bundestages kennen, also nicht durch Anschauung und persönliche Erfahrung. Vielmehr versteht er einen solchen Besuchsausschnitt erst dann, wenn er diesen in eine abstrakte Vorstellung vom Parlament als System einordnen kann, wenn er also Struktur und Funktion des Parlaments erfaßt hat.

Struktur und Funktion: Damit sich abstrakte sozialwissenschaftliche Begriffe oder Grundbegriffe genannt. Der Wissenschaft dienen sie als Erkenntnisinstrumente. Aber aus ihnen lassen sich auch Hilfsmittel ableiten, die dem einzelnen die Möglichkeit geben, sich in dieser Welt der „sekundären Systeme" zurechtzufinden; sie sind Instrumente der *kognitiven Orientierung* in seiner Umwelt.

Sozialwissenschaftliche Bildung dient also dazu, die Welt, in welche die Jugendlichen hineinwachsen, erkennbar zu machen, damit sie – soweit es möglich ist – trotz der Komplexität und Abstraktheit dieser Welt ihre eigene Personalität entwickeln und bewahren können, damit sie sich den „sekundären Systemen" nicht unterwerfen müssen.

Hier sei das Fernsehen als Beispiel angeführt. Wer hat als Erwachsener nicht schon einmal die Befürchtung gehabt, daß seine Kinder die Bilder des Fernsehschirms als Realität nehmen, als Wirklichkeit aus zweiter Hand. Sie würden ja in der Tat einem „sekundären System" erliegen, wenn die Kinder und Jugendlichen nicht lernten, die Bildschirmwirklichkeit als hergestellte Wirklichkeit zu erkennen. Dazu müssen sie aber eine Vorstellung von Organisation und Produktionsweise des Fernsehens oder von Massenkommunikation ganz allgemein haben. Diese erwirbt man durch das Lernen von Modellen: Kommunikationsmodell, Schleusenwärtermodell, – also mit Hilfe von abstrakter Begrifflichkeit. Die Modelle sind in der Wissenschaft entwickelt worden, und wenn der Schüler sich damit beschäftigt, lernt er infolgedessen auch „Wissenschaft".

Sekundäre Systeme: Der von Hans Freyer geprägte Begriff kennzeichnet den reinen Typus moderner, auf industriell-technischer Basis organisierter Gesellschaft. Merkmale einer solchen Gesellschaft sind Rationalität, Abstraktheit, Komplexität und tendenziell Entfremdung.

Hans Freyer: Theorie des gegenwärtigen Zeitalters, Stuttgart: DVA 1955.

Orientierung: Allgemein bezeichnet O. diejenige Verhaltensweisen, durch die sich ein Organismus (Tier, Mensch) in einer Situation zurechtfindet oder sich auf bestimmte Ziele oder Zielobjekte ausrichtet. Zu unterscheiden sind kognitive O., die in dem Erkennen des Objekts oder der Umwelt besteht, und evaluative O., also die wertende O., die aus einer vergleichenden Auswahl aus den möglichen Handlungsalternativen besteht.

Vgl. *Werner Fuchs* u.a. (Hrsg.): Lexikon zur Soziologie, 2. Aufl., Opladen: Westdt. Verlag 1978, S. 552-554.

Sozialwissenschaftliche Bildung wird vermittelt, indem der Lehrer im Unterricht *Erkenntnisprobleme"* aufgreift, die uns von unserer Umwelt gestellt werden. Die Kenntnisse und Einsichten, welche die Schüler dabei gewinnen, sollen ihnen bei der *kognitiven Orientierung* in unserer Welt helfen. Der Schüler erwirbt dadurch wissenschaftliches Wissen. Das Beispiel des Fernsehens hat jedoch gezeigt, daß dies *lebenspraktische Bedeutung* hat. Sozialwissenschaftliches Wissen dient nicht dem Intelligenztraining. Wegen seiner lebenspraktischen Bedeutung hat sozialwissenschafltiches Wissen einen Bildungswert, und das heißt: es trägt zur Formung der Persönlichkeit bei.

Dies kann in der folgenden These zusammengefaßt werden:

Sozialwissenschaftliche Bildung dient dem einzelnen zur kognitiven Orientierung in seiner Umwelt.

Literatur
Christian Graf von Krockow: Sozialwissenschaften, Lehrerbildung und Schule, Opladen: Leske 1969

1.1.2 Politische Bildung

Die zweite Aufgabe der Sozialkunde oder des politischen Unterrichts haben wir „politische Bildung" genannt. Ein Lexikonartikel soll als Erklärungshilfe dienen:

„*Politische Bildung* hat die Aufgabe, die Menschen ihren Standort und ihre Interessen in der hochindustrialisierten Gesellschaft erkennen zu lassen. Dazu ist es erforderlich, die politischen, sozialen, wirtschaftlichen und geistigen Prozesse zu durchschauen; indem der Zusammenhang zwischen Interessen und Politik, die Ursachen und Funktionen von Ideologien, Handlungen und Institutionen aufgedeckt werden, sollen Herrschaftsverhältnisse in Gesellschaft, Staat und Wirtschaft durchsichtig werden. Ziel Politischer Bildung ist die Schaffung eines kritischen Bewußtseins und die Befähigung zu selbständigem Urteil. Beides soll in politisches Engagement einmünden. Voraussetzung für demokratisches Engagement ist, daß dem Bürger die Zusammenhänge zwischen individuellem Schicksal und gesellschaftlichen Prozessen und Strukturen bewußt werden. Politisches Bewußtsein bildet sich dabei im Erkennen der eigenen Interessen und der gesellschaftlichen Widersprüche und Konflikte. Der politisch bewußte und aufgeklärte Mensch soll nicht erleidendes Objekt der

Politik sein, sondern als Subjekt in die Politik eingreifen, um sich in der Mitbestimmung weitgehend selbst zu bestimmen."

Drechseler, Hilligen, Neumann: Gesellschaft und Staat. Lexikon der Politik, 5. Aufl., Baden-Baden: Signal-Verlag 1979, S. V.

In dieser Erklärung ist vieles enthalten, was wir vorher bereits mit „sozialwissenschaftlicher Bildung" bezeichnet hatten. Aber es kommt etwas Neues hinzu: Es wird von „Engagement" gesprochen, und es wird der Wunsch geäußert, daß der Mensch nicht „erleidendes Objekt", sondern in die Politik „eingreifendes Subjekt" sei.

Wenn vorher die kognitiven Leistungen erwähnt wurden, welche der Unterricht, an Fachwissenschaft orientiert, vermitteln soll, so beziehen sich die neuen Aussagen in diesem Text auf das *Verhalten* der Menschen, genauer: auf das von oder für Schüler erwünschte Verhalten. Zwar wird auch eine Verbindung zwischen beidem hergestellt: „Voraussetzung ist ..., daß dem Bürger die Zusammenhänge ... bewußt werden", daß er also Erkenntnisse gewinnt. Demnach erfordert politische Bildung auch kognitive Fähigkeiten. Aber das eigentliche Ziel ist, das Verhalten, nämlich die Qualifikation zur politischen Beteiligung zu erwerben.

Dieses Wort „Verhalten" zielt auf eine Antwort für die Frage: Was tun eigentlich Menschen in der politischen Öffentlichkeit? Um eine Antwort zu finden, müssen wir uns Situationen vorstellen, in denen von den Mitgliedern einer Gesellschaft etwas erwartet wird. Worauf sich das bezieht, darüber gibt ein Scherz guten Aufschluß:

„Was geschieht in Amerika, in Deutschland, in Italien im Falle eines Verkehrsstaus? Antwort:
- In Amerika steigt jemand aus und regelt den Verkehr.
- In Deutschland hupen alle und warten auf die Polizei.
- In Italien versucht jeder irgendwie ‚durchzubrechen', oder man geht aufeinander los."[1]

Dieser Scherz hat einen Wahrheitskern. Die Antworten kennzeichnen die verschiedenen möglichen Reaktionsweisen, also *Verhaltensweisen* angesichts einer Situation, die ein Problem enthält, für das eine Lösung gefunden werden muß. Sie sagen gleichzeitig etwas über die Art des Zusammenlebens in einer Gesellschaft aus und beschreiben damit so etwas wie nationale Eigenarten. Wenn wir annehmen, daß diese Eigenarten treffend beschrieben sind, dann läßt sich diesen Beispielen entnehmen, daß Verhalten auf Persönlichkeitsmerkmale zurückzuführen sind, die in einer Gesellschaft verbreitet sind und dadurch das Leben in der Öffentlichkeit bestimmen. Das Insgesamt der Verhaltensweisen speziell in der politischen Öffentlichkeit nennt man „*Politische Kultur*". Und der Scherz unterstellt ja auch, daß die Politische Kultur verschiedener Nationen eine jeweils andere Beschaffenheit besitzt. In einer sehr mißverständlichen Weise spricht man manchmal vom Nationalcharakter.

Wenn im Anschluß an diesen Scherz auch noch gefragt wird, in welchem Lande man sich *richtig* verhält, dann wird der Beschreibung noch eine *Bewertung* hinzugefügt. Der Deutsche verhält sich obrigkeitsgläubig, der Italiener anarchisch, der Amerikaner partizipatorisch: Es liegt nahe, eine Vorstellung von *demokratischem* Verhalten als Maßstab zu wählen und danach zu beurteilen, welches dieser Beispiele dieser Vorstellung am nächsten kommt.

Politische Bildung bezieht sich also auf Verhalten und enthält die Absicht, Eigenschaften eines „richtigen" Verhaltens in der politischen Öffentlichkeit zu wecken oder zu vermitteln. Sie richtet sich dabei nach Wertvorstellungen. Aber sicherlich ist es nicht einfach, eine Einigung darüber zu erzielen, welche Verhaltensweisen wünschenswert seien oder nicht. Deswegen nennen wir im folgenden drei Lernziele, durch die in einer verhältnismäßig allgemeinen Weise die Voraussetzung für wünschbare Verhaltensweisen auf dem Felde der Politik geschaffen werden sollen.

1. *Eigenes politisches Handeln als wünschenswert ansehen lernen.*
Im Grunde heißt dies: Partizipation lernen. Dazu gehört die Bereitschaft, sich nicht auf andere zu verlassen, sondern eine Sache, die einen angeht, selbst in die Hand zu nehmen, soweit dies möglich ist. Freilich vergißt man leicht, daß es dabei auch *Barrieren* gibt, z. B. solche, die in einem selbst liegen. So berichtet eine Frau:

„Seit ich am Frauengespräch teilnehme, habe ich auch Mut, in die Mieterinitiative einzutreten und der Wohnungsgesellschaft Forderungen zu stellen, an die ich früher im Traum nicht gedacht hätte."[2]

Politische Kultur läßt sich umschreiben „als die Verteilung von politischen Kenntnissen, politischen Wertüberzeugungen, politischen Einstellungen und politischen Verhaltensweisen innerhalb der Bevölkerung einer Gesellschaft zu einem bestimmten Zeitpunkt".
Peter Reichel in M. Greiffenhagen u.a. (Hrsg.): Handwörterbuch zur politischen Kultur der Bundesrepublik Deutschland, Opladen: Westdt. Verlag 1981, S. 322.

Verhalten: Bezeichnet die Gesamtheit aller Aktivitäten eines lebenden Organismus, also solche, die beobachtet werden können (Handlungen, Passivität), wie auch die verborgenen Reaktionen (Angst).

Die Bereitschaft zu eigenem politischen Handeln erfordert auch Persönlichkeitsmerkmale, die nicht immer vorauszusetzen sind.

2. *Demokratische Handlungsformen als Werte anerkennen lernen.* Hier wird also differenziert: Nicht Beteiligung oder Engagement an sich sind schon erstrebenswert, sondern nur solches, das in bestimmten Formen ausgeübt wird. Gewaltfreie Demonstrationen gehören zu demokratischen Handlungsformen. Aber gegen Demonstranten sind auch schon Bürger recht handgreiflich vorgegangen, weil sie den Verkehr auf der Straße zum Stillstand brachten. Anerkennung der genannten Werte verlangt, daß man auch dem politischen Gegner zubilligt, seine politischen Rechte auszuüben. Doch das gilt auch umgekehrt. Wenn Protest und Opposition toleriert werden sollen, dann muß andererseits auch das Mehrheitsprinzip geachtet werden.

Das Verbindende der demokratischen Handlungsformen ist das Prinzip der Gegenseitigkeit. Dem entsprechen auch die *Werte:* Toleranz, Kompromißbereitschaft, die Achtung vor der Unverletzlichkeit der Person, woraus die Gewaltfreiheit als Regel des politischen Kampfes folgt. Als wertbezogene Verhaltensmuster können wir dies auch demokratische „Tugenden" nennen.

3. *Interesse für öffentliche Aufgaben gewinnen.* Damit ist eine Eigenschaft gemeint, die als Sensibilität für gesellschaftliche Notstände umschrieben werden kann. Sie wird durch die Bereitschaft ergänzt, sich für generelle politische Regelungen zu interessieren. Anlaß sind Sachverhalte, die Gefährdungen für Existenz und Wohlergehen mit sich bringen, und das sind Probleme, die einzelne, aber auch Gruppen oder die ganze Gesellschaft betreffen können.

Bei dieser Lernaufgabe steht man ebenfalls vor Schwierigkeiten. Denn es gibt eine Fülle von Problemen dieser Art, die politisch gelöst werden sollen. Der einzelne ist jedoch geneigt, bei der Wahrnehmung dieser Probleme hochgradig zu selektieren und nur weniges in sein Bewußtsein gelangen zu lassen. Man unterliegt dann leicht den Wellenbewegungen der Diskussion in der Öffentlichkeit − früher einmal Radikalenerlaß, heute Friedensbewegung, und übersieht dabei, daß z. B. die Frage der Staatsverschuldung und des Haushaltsausgleichs ebenfalls von existentieller Bedeutung sein kann.

Interesse für öffentliche Aufgaben wecken: das bedeutet demnach, das Interesse auch für die gleichsam alltäglichen Probleme vermitteln, eine Vorstellung von den verschiedenartigen Aufgabenbereichen der Politik wecken und die Einsicht erzeugen, wie schwer es ist, eine Rangordnung für die Aufgabenlösungen aufzustellen. −

Durch diese drei Lernziele kann beschrieben werden, in welche Richtung das Verhalten der Jugendlichen durch den politischen Unterricht geprägt werden soll. Auf diese Weise vermittelt der politische Unterricht außer der kognitiven eine zusätzliche Orientierung: eine *evaluative Orientierung*. Sie ermöglicht es, verschiedene Handlungsweisen zu bewerten und aus ihnen auszuwählen, also entweder autoritätsgläubig oder selbstbestimmend oder aggressiv zu handeln, wenn wir nochmals das Beispiel heranziehen. Evaluative Orientierung ist also eine *Wertorientierung*, und sie ist demnach Inhalt der *politischen Bildung* (im engeren Sinne). Durch diese Komponente leistet der politische Unterricht einen Beitrag zur Politischen Kultur, also zu der Art und Weise, wie wir in der Bundesrepublik miteinander umgehen.

Jedoch sei zum Schluß hervorgehoben: Sozialwissenschaftliche Bildung und politische Bildung gehören zusammen. Motivierung zum richtigen Verhalten ist wenig sinnvoll ohne die Fähigkeiten des Denkens und Erkennen-Könnens. Aufgabe des politischen Unterrichts ist die *Verbindung von kognitiver und evaluativer Orientierung;* beides bedingt einander.

Dies kann in einer zweiten *These* zusammengefaßt werden:

Sozialwissenschaftliche Bildung zielt auf politische Bildung, und umgekehrt: Politische Bildung ist ohne sozialwissenschaftliches Wissen und ohne sozialwissenschaftliche Erkenntnisfähigkeit nicht möglich. Kognitive und evaluative Orientierung ergänzen einander.

Literatur

1 *Martin und Sylvia Greiffenhagen:* Ein schwieriges Vaterland. Zur Politischen Kultur Deutschlands, München: List 1979, S. 109.
2 *Lottemi Doormann (Hg.):* Keiner schiebt uns weg. Zwischenbilanz der Frauenbewegung, Weinheim: Beltz 1979, S. 333.

Zur Politischen Kultur:
Greiffenhagen (s. Anm. 1)
Bernhard Schäfers: Sozialstruktur und Wandel der Bundesrepublik Deutschland, 2. Aufl., Stuttgart: Enke 1979, S. 140-143.
Peter Reichel: Politische Kultur der Bundesrepublik, Opladen: Leske 1981.

1.2 Das Besondere der Fachdidaktik im Vergleich zur Fachwissenschaft

Im nächsten Schritt dieser Überlegungen, die sich jetzt mit der Didaktik beschäftigen, soll zwischen Fachwissenschaft und Fachdidaktik unterschieden werden. Das war bisher nicht geschehen. Im Gegenteil: Wenn im vorhergehenden Abschnitt die Aufgaben des politischen Unterrichts dargelegt wurden, so geschah dies in enger Verbindung des Wissenschaftlichen mit dem Erzieherischen.

1.2.1 Die unterschiedliche Fragestellung

Der Unterschied zwischen Fachwissenschaft und Fachdidaktik kann durch den Vergleich zweier Texte sichtbar gemacht werden. Sie enthalten dasselbe sozialpolitische Thema: „Vermögensverteilung".

Text 1

Aber unbeschadet dieses eindeutigen Trends paßt der oft zitierte Begriff „nivellierte Mittelstandsgesellschaft" (Schelsky) noch nicht ganz auf unsere Gegenwart. Einkommen und Sozialprestige der einzelnen Berufe decken sich oft nicht; beispielsweise verdient ein Fabrikdirektor oft mehr als ein Hochschullehrer und ein Kellner mehr als ein Krankenpfleger, und doch ist das Sozialprestige und wohl auch der gesellschaftliche Nutzen der schlechter verdienenden Berufe höher als das Ansehen und der Nutzen der mehr verdienenden.

Auch unter exakt meßbaren Gesichtspunkten wird die Struktur der westlichen Wohlstandsgesellschaft noch nicht so von dem Mittelstand bestimmt, wie dies oft behauptet wird: Nimmt man nämlich als Kriterium nicht das Einkommen, sondern das Vermögen, dann ergibt sich ein anderes, weit weniger günstiges Schichtungsbild:

Unabhängig voneinander haben die Professoren Föhl, Gleitze und Kelle festgestellt, daß 1950 das Vermögen der Gruppe der Selbständigen nur das 1,16 fache der Gruppe der Unselbständigen betrug, daß aber schon 1960 70%, 1971 sogar 75% des in Industrie und Handel investierten Kapitals und 35% des gesamten privaten Vermögens, 1,7% der westdeutschen Bevölkerung gehörten. Bis 1970 hat die Minderheit dieser großen Familien viermal so viel Vermögen gesammelt wie die Mehrheit der Arbeitnehmer. Dabei konzentrierten sich 1960 und konzentrieren sich auch heute noch 14% des gesamten privaten Vermögens auf ein Tausendstel der westdeutschen Erwerbstätigen. Inzwischen sind die Reichen noch reicher geworden: Seit 1948 verteilte sich das in jedem Jahr neuentstandene Privatvermögen im Verhältnis 7 : 3 auf die 1,7% Reichen und die 98,3% der übrigen Bevölkerung. Da ihr Eigentum nicht in gleichem Maße anwuchs, wurde die weit überwiegende Mehrzahl des Volkes relativ ärmer: Während 1950 noch rund 40% des gesamten Privatvermögens im Eigentum von Arbeitern, Angestellten, Beamten und Rentnern war, betrug deren Anteil 1967 nur noch knapp 25,7%.

Dieser Berechnung wird gelegentlich entgegengehalten, daß bei ihr die Renten- und Pensionsansprüche der Unselbständigen nicht berücksichtigt worden seien; sie müßten mit ihrem kapitalisierten Gegenwert ebenfalls als Vermögen angerechnet werden. Dieser Einwand ist nicht stichhaltig: Vermögen ist etwas, das vorhanden ist, das man hinterlassen kann; Renten- und Pensionsansprüche legen umgekehrt der Zukunft eine Last auf; die nachwachsenden Generationen müssen die späteren Zahlungen erst erarbeiten.

Franz F. Wurm: Wirtschaft und Gesellschaft heute, Opladen [3]1976, S. 162f.

Der Inhalt des Textes 1 läßt sich in Stichworten so wiedergeben:
– eine theoretische Aussage über die Gesellschaft
– die empirische Überprüfung
– die Ermittlung von Daten
– eine Interpretation: ungleiche Verteilung
– die Überprüfung der Berechnung.
Im weiteren, nicht wiedergegebenen Verlauf des Textes:
– eine Bewertung: ungerecht,
– die Prüfung, ob damit die theoretische Aussage widerlegt sei.

In dem folgenden zweiten Text geht es um den gleichen Sachverhalt: die Vermögensverteilung. Jedoch es wird etwas anderes dargestellt: Was ist geschehen, als ein Lehrer mit einer gymnasialen Schulklasse dieses Thema behandelte?

Text 2

Das Erkennen dieser gesellschaftlichen Fakten war den Schülern nicht ganz so einfach, wie es in diesen kurzen Notizen aussieht. Die Schüler hielten zunächst jede Aufstellung über Einkommensverhältnisse für falsch. Bei den Vermögensverhältnissen waren sie nach einigem Zögern gegenüber den Ergebnissen des Föhl-Gutachtens aufgeschlossener. Nachdem sie bemerkten, daß Beamte und höhere Angestellte nicht nur deshalb mehr sparten als Arbeiter, weil sie von Natur aus fleißiger und sparsamer seien als diese und es deshalb zu weit mehr gebracht hätten, sondern auch einfach mehr zurücklegen könnten, weil sie nach Abzug der Grundlebenshaltungskosten durchschnittlich mehr übrigbehielten, um überhaupt sparen zu können, fiel ihnen auf, daß Faktum und eigenes Bewußtsein davon zwei recht verschiedene Dinge sein können. Sie überlegten auch, daß dieses gesellschaftliche Selbstbewußtsein für eine Gruppe sich zu einer bestimmten Zeit präge und verfestigen könne und die Lebensgewohnheiten bestimme, obgleich sich die realen Verhältnisse selbst schon lange verändert hätten. Beispiele über Konsumverhalten und Freizeitgewohnheiten für Arbeiter und Angestellte mit gleichem Lohn und das im ausgehenden 19. Jahrhundert geprägte Selbstbewußtsein verschiedener Beamtengruppen wurden herangezogen.

Damit war theoretisch klar, daß auch das eigene Bild von Gesellschaft aus einem spezifischen Gruppenbewußtsein stammen könne und dadurch vielleicht auch der eigene Blick auf die Realität verstellt sei. Der weitere Schritt, nun auch das eigene Bewußtsein unter solch kritisch gesellschaftsbezogene Kontrolle zu stellen, folgt dem nicht notwendig, sondern fiel recht schwer. Ich fragte die Schüler, nachdem Einkommens- und Vermögensverteilung in der BRD faktisch einsichtig waren, warum wir so lange Zeit gebraucht hätten, die Einkommensverteilungsstatistik des Statistischen Bundesamtes zu akzeptieren, aber verhältnismäßig schnell das Gutachten zur Vermögensbildung hingenommen hätten. Es gab zunächst ein selbstironisches Vorgeplänkel: Das eine sei halt von einem Professor aus Bonn, das andere von einem statistischen Amt in Wiesbaden. Ein Professor müsse es eben wissen, hingegen lasse sich mit Statistik alles beweisen, zumal in Wiesbaden. Nun hatten wir bei der Übersicht der Einkommens- und Vermögensverteilung verschiedene Schätzungen versucht und gesehen, daß wir beim Einkommen den statistischen Werten recht nahekamen. Im Gespräch wurde den Schülern langsam klar, daß sie sonst mit statistischen Werten viel großzügiger umgingen und Professoren durchaus nicht alles abnähmen.

Kurt Fackiner in: Politische Bildung heute, Opladen 1967, S. 188

Der Ausgangspunkt ähnelt demjenigen des Textes 1: Gefragt wird, wie unsere Gesellschaft heute aussieht. Zwei theoretische Positionen werden einander gegenübergestellt: Ist unsere Gesellschaft eine „nivellierte Mittelstandsgesellschaft" oder eine „Klassengesellschaft"? Die Schüler sammeln Material zur Stützung oder Widerlegung dieser Positionen. Zu diesen Materialien gehören auch die Daten über die Vermögensverteilung.

An dieser Stelle beginnt der Textauszug. Die Darstellung des Autors läßt sich durch folgende Stichworte zusammenfassen:

- Schwierigkeiten des Erkennens bei den Schülern: Mißtrauen gegenüber Statistiken;
- Erkenntnis: Sparleistung verschiedener sozialer Schichten;
- Einsicht: Differenz von Fakten und Bewußtsein, – alles Lernleistungen der Schüler;
- Überlegung des Lehrers: Gruppenbewußtsein und Fehldeutung der Realität auch bei Schülern;
- erneute Schwierigkeit: kritische Kontrolle des eigenen Bewußtseins;
- Impuls des Lehrers: Frage nach dem Verhalten der Schüler;
- Schüler erklären ihre Schwierigkeiten: Entdecken einer Barriere des Erkennens.

In der nicht abgedruckten Fortsetzung des Textes:
- Lehrer versucht, „Klärung des Selbstbewußtseins der Schüler voranzutreiben": Zuordnung der Schüler zu sozialen Schichten.

Haben die beiden Texte dasselbe Thema, verbunden mit unterschiedlichen Ausführungen? Oder handelt es sich doch um zwei verschiedene Themen? Bei der Klärung dieser Fragen hilft ein Vergleich beider Texte:

a) *Thema*
  1 Autor denkt über die Vermögensverteilung nach.
  2 Autor beschreibt, was und wie Schüler am Thema Vermögensverteilung lernen.

b) *Textverlauf*
  1 Beweisführung und Folgerung
  2 Lernprozeß in Phasen
   – Schwierigkeiten tauchen auf,
   – ein Sachverhalt wird erkannt,
   – eine Einsicht in einen Zusammenhang wird gewonnen, den man verallgemeinern kann.

c) *Ergebnis (Ziel)*
  1 Antwort auf die Frage nach Gerechtigkeit und nach der Theorie der Gesellschaft (Was ist die Gesellschaft?).
  2 Lehrer versucht, „Klärung des Selbstbewußtseins voranzutreiben".

Daraus ergibt sich: Die Klärung des eigenen Bewußtseins kann beim Leser durch die Lektüre des Textes 1 erfolgen, sie muß es aber nicht, und vor allem ist sie nicht ausdrücklich angezielt. Die Hauptsache ist die Klärung des Sachverhaltes „Vermögensbildung". Im Text 2 ist die Absicht umgekehrt: Die Bewußtseinsklärung ist die Hauptsache, die Vermögensbildung die Nebensache. Dahinter kann folgendes

Argument des Lehrers stehen: Daß die Schüler über die Vermögensverteilung informiert sind, ist nicht so wichtig; wichtiger ist, daß sie erkennen, wie ihre eigene soziale Lage die Erkenntnis beeinflussen kann. Sie bereichern auf diese Weise nicht ihr Wissen, sondern sie verbessern ihre Erkenntnisfähigkeit durch Reduzierung der Vor-Urteile.

Als der Lehrer den „Impuls" gab, hatte er eine Entscheidung darüber getroffen, was ihm innerhalb dieses Unterrichts wichtiger erschien. Er wählte ein Ziel des Lernens, das darin bestand, den Schülern eine Eigenschaft zu vermitteln, und er versuchte daraufhin, den Lernprozeß auf dieses Ziel hin zu steuern. Und warum wählte er ausgerechnet dieses Ziel? Er könnte sagen: Es schien mir für die Schüler wichtiger zu sein, diese Fähigkeit zu erwerben als eine Information zu speichern.

In dieser Antwort ist der charakteristische Unterschied wissenschaftlichen und didaktischen Denkens enthalten, nämlich vereinfacht:

— Wissenschaft ist Nachdenken über Sachverhalte und deren Problematisierung.
— Didaktik ist Nachdenken über die Bedeutung von Sachverhalten und Problemen für Lernende und das Bewußtmachen der Bedeutung.

Damit soll nicht gesagt sein, daß das Nachdenken über Bedeutung unwissenschaftlich sei. Gemeint ist hier das Schwergewicht der Aufgabenstellung von Fachwissenschaft einerseits und Fachdidaktik andererseits.

Jedoch: Der springende Punkt in der genannten Kennzeichnung von Didaktik ist der Begriff „Bedeutung". Wolfgang Hilligen formuliert folgendermaßen:

„Didaktik fragt: Welche Ergebnisse und Erkenntnisse der (Sozial-) Wissenschaften sind von so allgemeiner Bedeutung für das Leben, daß sie jeder lernen muß, wenn er befähigt werden soll, sein Dasein in einer Zeit weltweiten Wandels zu bewältigen?"[1]

In dieser Frage sind folgende Aussagen enthalten:

— Die Didaktik eines Faches ist angewiesen auf die Ergebnisse ihrer Bezugswissenschaft(en).
— Sie wählt unter diesen Ergebnissen aus, und zwar unt dem Gesichtspunkt „Bedeutung für das Leben".
— Von dieser „Bedeutung" hängt es ab, welche Inhalte von Menschen gelernt werden müssen.

– „Bedeutung für das Leben" heißt genauer: sie sind notwendig in einer bestimmten gesellschaftlichen Situation („Zeit weltweiten Wandels") zum Fertigwerden mit dieser Situation („Bewältigung").

Hier könnte jedoch ein Mißverständnis auftreten. Es kann gar nicht bestritten werden, daß Wissenschaften eine Bedeutung für das Leben haben. Man nennt dies die gesellschaftliche Relevanz von Wissenschaft. Jede öffentliche Anhörung zum Problem der Atomkraftwerke und der Energieversorgung zeigt ja, daß auch Naturwissenschaften etwas darüber sagen müssen, welche „Bedeutung für das Leben" der Bewohner eines Landes oder einer Region die Entscheidung haben kann, ein Atomkraftwerk zu bauen oder auch: es nicht zu bauen.

Der Unterschied zwischen Fachwissenschaft und Fachdidaktik liegt in dem Aspekt „Lernen". Im Schulunterricht werden ja weder Physiker noch Politikwissenschaftler ausgebildet. Trotzdem nehmen wir an, es sei wünschenswert, daß die Menschen unserer Zeit etwas von Physik wissen und ebenso etwas von Politik. Aber was? Darauf hat Hilligen geantwortet:

Die Menschen müssen das lernen, was Bedeutung für ihr Leben hat, damit sie fähig werden, mit schwierigen Situationen fertig zu werden. Dieses *Lernensnotwendige* zu finden, ist Aufgabe der Fachdidaktik.

Literatur

1 *Wolfgang Hilligen:* Zur Didaktik des politischen Unterrichts I, 3. Aufl., Opladen: Leske 1978, S. 23.

1.2.2 Die Beziehung zwischen Fachwissenschaft und Fachdidaktik

Das Ergebnis des Textvergleichs war, daß ein Unterschied zwischen Fachwissenschaft und Fachdidaktik festgestellt wurde. Beide werden von unterschiedlichen Fragestellungen geleitet:

– Wissenschaft: Was können wir erkennen?
– Didaktik: Was sollen Menschen lernen?

Aber es wurde auch auf eine *Beziehung* zwischen beiden hingewiesen, wenn Hilligen davon spricht, daß Ergebnisse der Wissenschaften Bedeutung für das Leben haben können und daher gelernt werden müssen. Diese Beziehung soll im folgenden genauer bestimmt werden.

In der Definition Hilligens (oben S. 25) sind zwei Pole benannt: einerseits Wissenschaften, andererseits die Menschen, die lernen sollen. Die Verbindung zwischen beiden Polen kann als Informationsfluß gedacht werden. Es findet demnach eine Art Kommunikation statt, eine Übermittlung von Informationen. Das läßt sich im einfachen Kommunikationsmodell darstelle:

Abb. 1

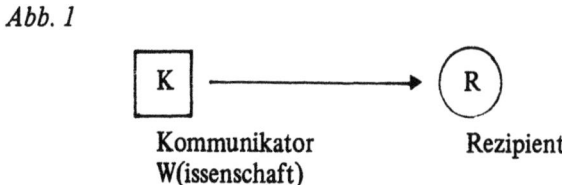

Kommunikator Rezipient
W(issenschaft)

In diesem Schema wird nicht sichtbar, daß die Informationen gefiltert werden. Was durchkommt, hängt von ihrer „Bedeutung für das Leben" ab. Das Bedürfnis des Rezipienten, des Lernenden, bestimmt, was an Informationen angefordert wird. Folglich muß in das Schema eine Rückkoppelungsschleife eingebaut werden:

Abb. 2

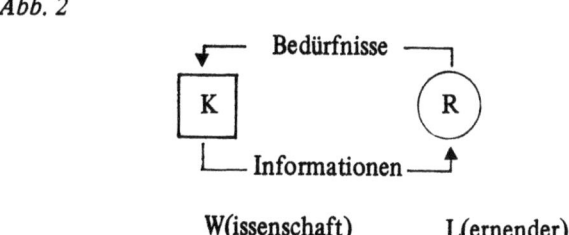

W(issenschaft)   L(ernender)

Jetzt hängt alles davon ab, daß etwas über die Bedürfnisse der Rezipienten, also der Lernenden, bekannt ist. Dem Beispiel in Text 2 (s. oben S. 22f.) ist zu entnehmen: Eine realitätsgerechte Erkenntnis war den Schülern verstellt, weil sie aus ihrer gesellschaftlichen Lage schon ein „Vorurteil" mitbrachten. Daher lehnten sie die Statistik über die Einkommensverteilung ab. Sie haben „falsches Bewußtsein". Der Lehrer versucht, den Schülern die ideologische Verzerrung ihrer Erkenntnis bewußt zu machen, sie zur Ideologiekritik zu befähigen und ihr Erkenntnisvermögen zu verbessern. Er definiert damit „Bedürfnis": Bedeutung für das Leben hat die Fähigkeit zu realitätsgerechter Erkenntnis. Aufgrund dieser Absicht sucht er nach einem neuen Gegenstand: Statistik über die Zuordnung der Studenten und Gymnasiasten zu den Schichten und

Berufsgruppen der Gesellschaft. Statistiken und Verfahren ihrer Interpretation sind Gegenstände der Wissenschaft, die aufgrund eines vom Lehrer definierten Bedürfnisses im Interesse der Lernenden abgerufen werden. Die Schüler sollen dabei erkennen, daß Gymnasiasten zu Mittelstandsbewußtsein neigen.

Die Entscheidung über die Auswahl eines Inhaltes ist eine *didaktische Entscheidung*. Der Hinweis darauf, daß der Lehrer das Bedürfnis der Schüler „definiert", besagt folgendes: Zwischen Wissenschaft und Lernenden schiebt sich eine Instanz ein, die Bedürfnisse ermittelt und in Anforderungen an die Wissenschaft umformuliert. Diese Instanz ist die Didaktik – hier die Fachdidaktik der politischen Bildung oder des politischen Unterrichts.

Aufgabe der Didaktik ist es, die Frage: „Was hat Bedeutung für das Leben?" zu methodisieren, damit geeignete Antworten aus den Wissenschaften kommen. In dem ausführlicheren Schema (Abb. S. 29) wird diese Aufgabe in einzelne Aspekte aufgeschlüsselt:

Diese Aspekte sind:

— Die Frage nach der *Lernsituation,* also der Situation der Lehrenden und Lernenden. Man kann sie nicht isoliert sehen; sie ist in den Zusammenhang von Schule und Gesellschaft eingebettet.
— Die Gewinnung der *existentiellen Probleme* im Sinne von „Bedeutung für das Leben": Wovon sind Lernende oder Mitglieder unserer Gesellschaft betroffen? Welche Probleme müssen sie bewältigen?
— Die Frage nach den *Wertentscheidungen:* Welche Qualität sollte das Leben haben, um dessentwillen Probleme bewältigt werden sollen? Was ist das Ziel des Lernens? Also „Warum" und „Wozu" Erziehung?
— Mit Hilfe von *Fragen* oder *Kriterien* werden Informationen aus den Wissenschaften abgerufen; dies sind die *Inhalte* des Lernens, die als lebensnotwendig oder als bedeutsam angesehen werden.
— Die *Organisation des Lernens* an den so ausgewählten Gegenständen zu den beabsichtigten Zielen, – in der Schule der Unterricht. Gemeint ist das „Wie" des Lernens: die Methode.

Didaktik, also auch die Fachdidaktik, hat eine Doppelfunktion. Hilligen nennt sie die zwei Dimensionen:[1]

„Sie fragt *erstens* – als Metawissenschaft – mit hermeneutisch-kritischen Methoden nach Relevanz, Auswahl und Begründungszusammenhängen für das Mitzuteilende: Welche Informationen über Gesellschaft und Politik sind von so allgemeiner Bedeutung, daß sie allen mitgeteilt werden müssen, wenn sie befähigt werden sollen, ihr Dasein in einer Zeit weltweiten Wandels zu bewältigen? Wenn sie verstehen und beurteilen sollen, was für das Leben bedeutsam ist?...

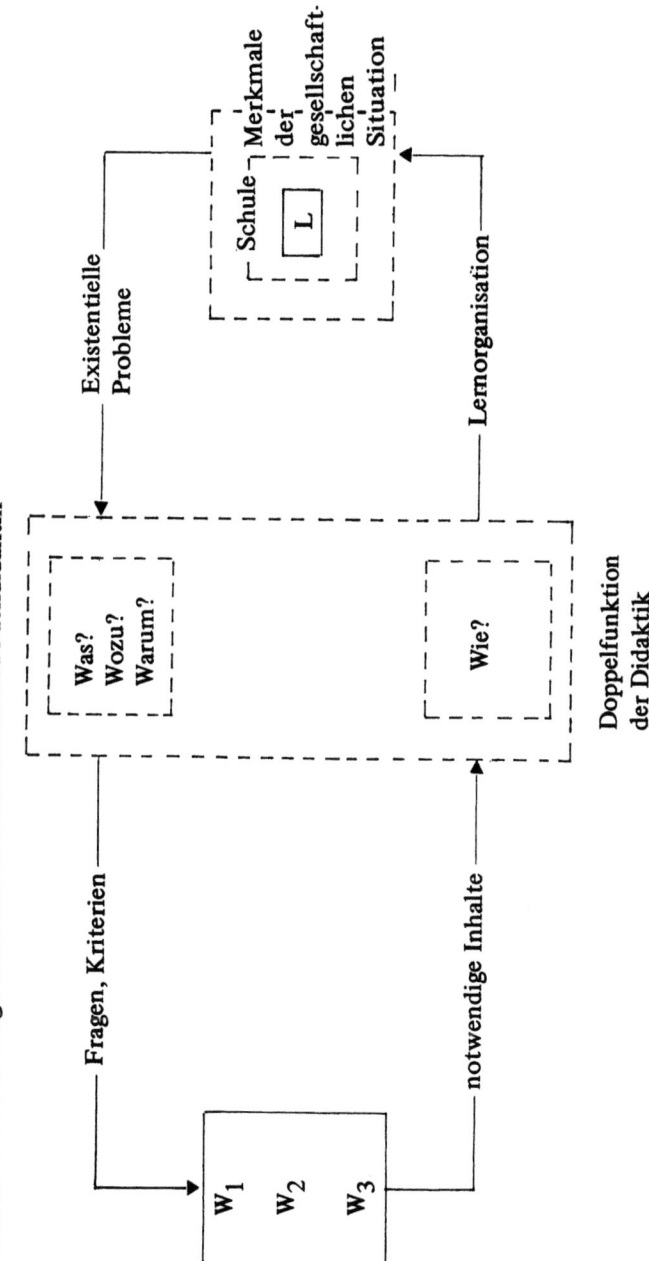

Abb. 3: Die Beziehung zwischen Fachwissenschaft und Fachdidaktik

Zweitens ist Fachdidaktik die Wissenschaft von der Optimierung von Lernprozessen und integriert hierzu mit hermeneutisch-kritischen wie mit empirischen Methoden Ergebnisse der Pädagogik, der Lern- und Sozialpsychologie, der Kommunikations- und Medientheorien, der Sozialisationsforschung usw. Es wird gefragt:
Wie, d. h. mit Hilfe welcher Verfahren (Methoden), Medien, Organisation der Lerngruppe, welchen Kommunikationsstilen lassen sich Ergebnisse der Sozialwissenschaften so mitteilen, daß Lernende erkennen, wovon sie betroffen sind; was das je Einzelne und Besondere für ihre Existenz bedeutet; welches Allgemeine sich im Einzelnen abbildet – so daß sie befähigt werden, das, »worauf es ankommt« zu beurteilen und entsprechend zu handeln? Wie läßt sich durch Informationen (durch »sekundären Problemdruck«) erreichen, was früher durch unmittelbare Erfahrung bewirkt wurde?
Wie sind Lernvorgänge anzulegen, damit Lernende (Studierende) nicht nur isolierte Fakten wiedergeben, sondern Zusammenhänge beurteilen können?
Welche soziokulturellen und anthropologischen Voraussetzungen bei den Lernenden sind zu beachten?"
Oder anders ausgedrückt: Didaktik fragt nach dem Was, Warum, Wozu und Wie des Lernens: nach *Inhalten, Zielen* des Unterrichts und deren Begründungen (warum), – und nach den *Methoden,* durch welche die Ziele realisiert werden.
Es ist wichtig hervorzuheben, daß es sich um eine *Doppelfunktion* handelt. Denn unzutreffend ist die Ansicht, der Lehrer, der eine Fachwissenschaft studiert hat, wisse, was er unterrichten muß, er müsse nur noch lernen, wie er es im Unterricht machen soll. Vom Fachdidaktiker erwartet er dann, daß er ihm die Rezepte des Unterrichtens vermittelt, ihm die effektvollen „Kniffe" verrät.
Das wäre jedoch eine Reduzierung der Didaktik auf Methodik. Dagegen wird hier der *weitere Begriff von Didaktik* verwendet, der beides umfaßt: Didaktik als Lehre von den Inhalten und Zielen und die Methodik.
Das Schema enthält noch eine Aussage: Das Verhältnis der Fachwissenschaften zu Lernenden wird als ein Kommunikationsprozeß, als ein *Vermittlungsvorgang* dargestellt. In diesem Prozeß hat die Fachdidaktik die Funktion des *Filters.* Das aber bedeutet, daß die Lehrer bzw. die Fachdidaktik die gleiche Rolle spielen wie die Medien im Prozeß gesellschaftlicher Kommunikation. Die Zeitung als Medium

---

Didaktik: Umgangssprachlich „das Lehren betreffend"; wissenschaftlich hat der Begriff eine erhebliche Bedeutungsbreite. Es läßt sich unterscheiden:
a) eine weitere Bedeutung, nämlich die Gesamtlehre vom Lehren und Lernen (schließt Methodik ein),
b) eine engere Bedeutung im Sinne einer „Theorie der Bildungsinhalte" (Weniger), was die Methodik ausschließt.

ist ja ein Filter für Informationen – und Transporteur von Informationen.

In gleicher Weise ist auch der Lehrer ein Medium im Kommunikationsprozeß, auch er filtert und gibt weiter, auch die Schüler erhalten Informationen nicht aus erster, sondern aus zweiter Hand. Jeder Lehrplan, jedes Schulbuch ist solch ein Medium: Filter und Transporteur. Das Bild, das die Schüler von der Welt erhalten ist das Weltbild dieses Mediums: also des Lehrers, des Schulbuchs usw.

Die *Funktion der Fachdidaktik* kann so präzisiert werden: Sie ist eine *Vermittlungswissenschaft*. Sie leistet die Konstruktion und die Reflexion dieses Vermittlungsprozesses zugleich, denn sie vermittelt und ermöglicht, darüber nachzudenken. Demnach kann man Fachdidaktik auch als reflektierendes Medium bezeichnen, und man hätte damit gleichzeitig eine treffende Benennung für die Rolle des Lehrers.

Diese Funktionsbestimmung kann der Klärung halber von anderen Versuchen abgegrenzt werden. Auch Jürgen Belgrad betont die Vermittlungsfunktion, aber was vermittelt werden soll, ist ein anderes: „Didaktik reduziert und vermittelt Umwelt. Didaktische Theorie ist die Wissenschaft von der Reduzierung und Vermittlung komplexer Umweltrealität."[2] Das aber würde die eigene Aufgabe der Fachwissenschaft(en) überflüssig machen, die ja für die Erkenntnisfragen zuständig ist. Fachdidaktik müßte demnach als *Umwelttheorie* bezeichnet werden.

Günther C. Behrmann unterstellt den Fachdidaktiken des politischen Unterrichts hingegen ein zufälliges oder lineares *Transfermodell*, wenn er von der „unsystematischen Nutzung von Theorieelementen" der Wissenschaft, von einer Überbeanspruchung der Bezugswissenschaften und überhaupt von „wissenschaftsorientiertem Unterricht" als Konzept dieser Didaktiken spricht.[3] Dies würde dem linearen Informationsfluß in Abb. 1 (s. oben S. 27) entsprechen; von dieser Auffassung distanziert sich Behrmann freilich.

Allerdings wird mit dem hier dargelegten Verhältnis zwischen Wissenschaft und Fachdidaktik letztere auch nicht als *erziehungswissenschaftliche Teildisziplin* beschrieben, wie es Gerd Stein tut, wenn er von ihr als „Teildisziplin einer sich differenzierenden, arbeitsteilig verfahrenden und auf intra- wie interdisziplinäre Kommunikation und Kooperation angewiesene Erziehungswissenschaft" spricht.[4] Eine derartige oder andersartige Unterordnung wird hier vermieden, doch ist selbstverständlich, daß sowohl Pädagogik als auch Allgemeine Didaktik Bezugswissenschaften der Fachdidaktik sind.

Zusammenfassend läßt sich die Beziehung zwischen Fachwissenschaft und Fachdidaktik mit diesen zwei Aufgaben kennzeichnen:

Fachdidaktik *vermittelt* selektiv die von der Fachwissenschaft erarbeiteten Informationen an Lernende und *kontrolliert* diesen Vermittlungsvorgang.

Literatur

1 *Wolfgang Hilligen:* Vorschläge für konsensfähige Optionen, Auswahlkriterien und Methoden für den politischen Unterricht. In Kurt Gerhard Fischer (Hg.): Zum aktuellen Stand der Theorie und Didaktik der Politischen Bildung, 4. Aufl., Suttgart: Metzler 1980, S. 50. Vgl. auch ders.: Zur Didaktik des politischen Unterrichts I, 3. Aufl., Opladen: Leske 1978, S. 23f.
2 *Jürgen Belgrad:* Didaktik des integrierten Politischen Unterrichts, Weinheim: Beltz 1977, S. 51.
3 *Günter C. Behrmann:* Wissenschaftsbezug und Bezugswissenschaften des politischen Unterrichts. In *Wolfgang W. Mickel* (Hg.): Politikunterricht im Zusammenhang mit seinen Nachbarfächern, München: Ehrenwirth 1979, S. 18 und 11.
4 *Gerd Stein:* Politische Bildung zwischen Politik und Pädagogik. In Mickel (Anm. 3) S. 48.

Allgemein zum Verhältnis zwischen Fachwissenschaft und Fachdidaktik: *Behrmann* (in Anm. 3), *Stein* (in Anm. 4) und
Bernhard Claußen: Kritische Politikdidaktik. Zu einer pädagogischen Theorie der Politik für die schulische und außerschulische Bildungsarbeit, Opladen: Westdt. Verlag 1981, S. 54–60.

1.3 Zur Notwendigkeit, Fachdidaktik zu lehren und zu lernen

Mit der Aussage, der Lehrer sei ein Medium, wird ihm eine große Verantwortung aufgebürdet. Wenn zur Bildung „Weltverstehen" gehört, wenn durch Unterricht der Schüler also seine Welt verstehen lernt, dann ist der Lehrer der „Schleusenwärter". So werden in der Kommunikationswissenschaft die Schaltstellen in den Massenmedien genannt. „Schleusenwärter": Von ihm hängt es ab, wie breit oder wie schmal der Informationsfluß ist. Der Lehrer betätigt die Schleuse, und es erhebt sich die Frage, wovon es abhängt, wie er es tut. Sicher aber ist: Durch die Schleusen wird das Weltverstehen der Schüler reguliert, man könnte kritischer sagen: dosiert.

Es liegt nahe, den Lehrer der Manipulation zu verdächtigen. Jedoch das Regulieren ist unvermeidlich; ohnehin kann jeder Mensch Informationen nur dosiert aufnehmen. In der Schule ist der Schüler als Rezipient abhängiger als der Leser einer Tageszeitung. Das fordert umso genauere Kontrolle und Reflexion des Lehrers. Aber strukturell bleibt es auch hier beim Regulieren; die mediale Funktion des Lehrers ist nicht einfach hinwegzudiskutieren. Insofern „manipuliert" jeder Lehrer in seinem Unterricht.

Daraus ergibt sich, warum der angehende Lehrer sich während seiner fachdidaktischen Ausbildung mit didaktischer Theorie, hier also mit der Theorie des politischen Unterrichts, beschäftigen muß. Man kann dies in einer These formulieren:

„Didaktische Theorie ist notwendig, weil durch sie Grenzen gezogen werden können und der Lehrer zur Selbstkontrolle befähigt wird."[1]

Damit sind die Grenzen der Allmacht des Lehrers gegenüber den Schülern gemeint, die sich der Lehrer bewußt macht, wenn er zur Selbstkontrolle seines Handelns fähig ist.

Diese Selbstkontrolle ist im politischen Unterricht deswegen unentbehrlich, weil hier bei jedem Thema etwas zur Debatte steht, wovon auch der Lehrer innerlich betroffen ist. In einem Fortbildungslehrgang arbeitete einmal eine Gruppe von Lehrern an einer Unterrichtseinheit „Familie". Dabei kam auch der Gesichtspunkt der Autoritätsstruktur innerhalb einer Familie zur Sprache. Einer dieser Lehrer war eine lange Zeit still. Dann sagte er erregt: „Das kann ich nicht unterrichten, da stelle ich ja meine Rolle als Vater in Frage!"

Weil der Lehrer von den Themen des Unterrichts in Sozialkunde selbst betroffen ist, ist er auch einer Reihe von Verführungen ausgesetzt. Eine dieser Verführungen ist *die Vorwegnahme der Wertentscheidung durch den Lehrer.* Das kann geschehen, indem er keine andere Meinung gelten läßt. Was macht er, wenn er entschiedener Atomkraftgegner ist? Hilft er den Schülern, auch Argumente für die Verwendung von Atomenergie zu finden? Das ist gar nicht so einfach, denn auch der Lehrer hat ja seine Überzeugungen. Und wenn diese angegriffen werden, dann schafft dies psychisches Unbehagen. Man nennt dies kognitive Dissonanz. Am wohlsten fühlt man sich in einem übereinstimmenden Meinungsklima.

Aber worum geht es denn? Um das Wohlbefinden des Lehrers oder um die Entwicklung des Schülers? Und nun setzen didaktische Überlegungen ein. Wenn Selbständigkeit pädagogisches Ziel ist, dann kann die Einsicht, welche der Schüler gewinnen soll, nicht aufgezwungen werden, sondern muß Ergebnis eines geistigen Klärungsprozesses sein, an welchem der Schüler teilnimmt. Wir stellen fest, daß es keine unumstößlichen Wahrheiten gibt. Über Atomkraft wird in unserer Gesellschaft gestritten. Wir müssen den Schüler befähigen, an diesem Streit teilzunehmen, und ihm die Chance geben, sich für seine Person ein begründetes Urteil zu bilden. Das macht notwendig, daß der Schüler die Kontroversen und die gegensätzlichen Standpunkte kennenlernt. Notfalls muß er den „advocatus diaboli" spielen, also von einer Position aus argumentieren, mit der er selber gar nicht übereinstimmt. Wenn der Lehrer das Kennenlernen unterschiedlicher Standpunkte verhindert, indem er einseitig informiert oder suggestiv wirkt, dann nimmt er den Schülern die Chance, eine *eigene* Entscheidung zu treffen. Das ist ein Verstoß gegen das „Überwältigungsverbot"[2], – er überwältigt den Schüler.

Diesen Überlegungen wird man leicht zustimmen können. Trotzdem muß darauf hingewiesen werden, daß darin einige unbewiesene Behauptungen enthalten sind. Genauer gesagt: Diese Gedanken ruhen auf *Prämissen,* die auch anders ausfallen können. Die eine Prämisse lautet: Selbständigkeit sei das Ziel des Unterrichts, also individuelle Autonomie. Jedoch sind auch andere Ziele denkbar, z. B. sich in eine Gemeinschaft einzufügen oder zu einer besseren Gesellschaft beizutragen. Die zweite Prämisse ist: Es gibt keine unumstößliche Wahrheit. Andere behaupten hingegen, daß die absolute Wahrheit im Sein oder in der Offenbarung liege oder in den Gesetzen des Geschichtsprozesses enthalten sei, daß sie also nur erkannt werden müsse. Von dem Ausfall dieser Prämissen hängen die didaktischen Folgerungen ab: Bedeutet Lehren das Beibringen von Wahrheiten, oder zielt es auf die Vermittlung von Fähigkeiten wie derjenigen der selbständigen Erkenntnis oder des Gewinnens eines eigenen Standpunktes?

Diese Frage soll hier nicht entschieden werden. Sie macht nur darauf aufmerksam, daß diese Überlegungen unversehens in die didaktische Theorie, nämlich in das Nachdenken über didaktische Probleme führen. Dieses Theoretisieren ergibt sich aus einer praktischen Frage, die sich der Lehrer stellt: Wie soll mein Unterricht beschaffen sein, was will ich durch ihn erreichen, und wie kann ich dies rechtfertigen?

Wer die pädagogische Verantwortung spürt, die besagt, es gehe im politischen Unterricht primär um den Schüler, der wird über Begründungen nachdenken. Dieses Nachdenken über Begründungen jedoch muß gelernt werden, weil es nicht dem Zufall überlassen bleiben kann, sondern methodisch erfolgen muß. Dieses Nachdenken ist Theorie, und weil es methodisches Denken ist, ist es eben auch Wissenschaft. Fachdidaktik ist eine Wissenschaft.

Der angehende Lehrer lernt also in seinem Studium der Fachdidaktik *wissenschaftliche Theorien über die Vermittlung von Lerninhalten im Fach Politik oder Sozialkunde.* Und das oben erwähnte Beispiel der Atomenergie als Unterrichtsthema macht sichtbar, daß diese Theorie etwas mit seinem zukünftigen Beruf zu tun hat. Sie ist bezogen auf die spätere berufliche Praxis als Lehrer dieses Faches.

Die *Notwendigkeit didaktischer Theorie* läßt sich zusammenfassend folgendermaßen präzisieren[3]:
Theorie dient im Feld der Praxis als Orientierungs- und Entscheidungshilfe für den Lehrer. Theorie, die sich auf Unterricht bezieht, kann damit gerechtfertigt werden, daß man ihr die Fähigkeit zuschreibt, „Praktiken" bewußt zu machen. Denn sie hilft dem Lehrer,

- zu *erkennen*, was er tut,
- zu *erklären*, warum etwas geschieht oder nicht möglich ist,
- zu *bewerten*, ob, was man tut oder unterläßt, auch richtig, vertretbar, legitimierbar ist, und
- zu sagen, in welcher Hinsicht dies alles und nach welchen *Kriterien*.

Damit haben wir den Praxisbezug und die Bedeutung didaktischer Theorie des politischen Unterrichts dargelegt. Aber es darf nicht verschwiegen werden, daß darin auch Anforderungen enthalten sind. Die hier verlangte Weise zu denken erfordert die „Anstrengung des Begriffs". Sie verursacht Arbeitsaufwand und Belastungen während der Ausbildung. Doch erscheinen sie gerechtfertigt, wenn man bedenkt, daß dies zur Verbesserung der Kompetenz als Lehrer beiträgt und daß diese Qualifizierung im Interesse der Schüler geschieht.

Literatur

1 *Walter Gagel:* Vom Nutzen didaktischer Theorie für den Politik-Unterricht. Gegenwartskunde 1980, H. 3, S. 283–293, hier S. 287. Dieser Aufsatz enthält eine ausführlichere Fassung der hier dargelegten Gedanken.
2 *Friedrich Minssen:* Legitimationsprobleme in der Gesellschaftslehre. Zum Streit um die hessischen „Rahmenrichtlinien". Aus Politik und Zeitgeschichte, Beilage zu Das Parlament B 41/73 vom 13.10.1973, S. 14.
3 Vgl. *Walter Gagel:* Politik, Didaktik, Unterricht. Eine Einführung in didaktische Konzeptionen des politischen Unterrichts, 2. Aufl., Stuttgart: Kohlhammer 1981, S. 8f.

2. Einheit: Was sind Lerngegenstände? Die Frage nach der Inhaltsstruktur

Die folgenden Einheiten sollen dem Leser die Möglichkeit bieten, sich schrittweise in die Fachdidaktik des politischen Unterrichts einzuarbeiten. Dieses Einarbeiten soll dadurch erleichtert werden, daß wir mit einer Frage beginnen, die eine relative Nähe zur Anschauung und Kenntnis von Politik hat: Es ist die Frage nach den Lerngegenständen des politischen Unterrichts.

So soll in dieser Einheit die Kenntnis vermittelt werden, daß es verschiedene Arten von Lerngegenständen gibt, die sich hinsichtlich ihrer Inhaltsstruktur und ihrer didaktischen Funktion unterscheiden.

2.1 Eine historische Kontroverse: Institutionenkunde oder Fallprinzip?

Wir beginnen mit einer Streitfrage, die fast schon eine historische ist, weil sie Anfang der 60er Jahre innerhalb der Fachdidaktik diskutiert wurde. Aber auch heute findet man gelegentlich noch die Äußerung: Der Politik-Unterricht dürfe auf keinen Fall Institutionenkunde sein. Was aber dann? Und was ist mit „Institutionenkunde" eigentlich gemeint?

Der Unterschied zwischen Institutionenkunde und „Fallprinzip" soll an zwei Beispielen verdeutlicht werden.

1 Die Behandlung der Parteien im Politikunterricht der Oberstufe

A. Parteien als Strukturelemente der modernen Demokratie
   1. Der Begriff „Partei"
   2. Die Aufgaben der Parteien in der modernen Demokratie
   3. Prinzipien der Parteienbildung
   4. Die Abgrenzung von Parteien und Verbänden

5. Parteien und Wahlen
  6. Fraktion und Partei
  7. Partei und Regierung
  8. Parteien und Verwaltung
  9. Parteien und Staatsvolk
  10. Parteien und Finanzen
B. Das Weimarer und Bonner Parteiensystem

Hartmut Wasser in: Geschichte in Wissenschaft und Unterricht, Jg. 16 (1965), S. 548ff.

2 Opposition und Widerstand

1. *Anstoß und Einstieg*
   Die Schüler erhalten den Bericht über den Fall eines kollektiven Widerstandes gegen die Staatsgewalt: Die Bevölkerung eines kleinen Städtchens protestiert gegen die Verlegung des Amtsgerichts mit Gewalt.
2. *Erarbeitung des Sachlichen (Kenntniserwerb)*
   Klärung folgender Begriffe und Zusammenhänge:
   Regierungsbildung in der Demokratie. Ressorts und ihre Befugnisse. Kabinettsbeschlüsse — ihre rechtlichen Wirkungen. Die Verzahnung von Parlament und Regierung. Die Möglichkeit des Staatsbürgers, sich gegen Verwaltungsakte zur Wehr zu setzen. Was heißt „Verwaltungsvereinfachung", und welchen Zwecken dient sie? Aus dem Strafgesetzbuch: Widerstand gegen die Staatsgewalt, Aufruhr, Landfriedensbruch u. ä.
3. *Die Verschränkung von Erkenntnisfindung und Einsichtbildung*
   a) Die Interessen der reagierenden Gruppe in der Stadt.
   b) Der scheinbare Gegensatz zwischen Bürgern und Staat resultiert aus mangelnder Einsicht der Bürger: Interessen der kleineren Zahl, wahrgenommen durch die Bürger — „Unsichtbare" Interessen einer größeren Zahl, wahrgenommen durch den Staat.
   c) Die Rolle der Opposition.
4. *Anwendung von Erkenntnissen und Einsichten*
   In der Demokratie ist die Staatsgewalt rechtmäßig, die Opposition legal; deshalb ist physischer Widerstand illegal.

Kurt Gerhard Fischer, Karl Herrmann, Hans Mahrenholz: Der politische Unterricht (Bad Homburg v. d. H. 1960), S. 133-139.

Die wichtigsten Unterschiede sind:

	Beispiel 1	*Beispiel 2*
Gegenstand:	vollständig, systematisch	unvollständig, exemplarisch
	sozialwissenschaftlicher Begriff: Organisation	Ereignis
	abstrakt	konkret
	generell	aktuell
Anordnung:	deduktiv	induktiv
	Fachsystematik als Gliederungsprinzip	Lernprozeß: Stufen der Einsicht
Absicht:	Kenntnisvermittlung (Sozialwissenschaftliche Bildung)	Wertentscheidung (Politische Bildung)

Wir können fragen, welches dieser Themen wir im eigenen Unterricht bevorzugen würden. Das zweite Beispiel ist für Schüler verständlicher und lebendiger. Es wird auch deutlicher als im ersten, daß im Ergebnis der Unterricht nach dem zweiten Beispiel das politische Verhalten der Schüler beeinflussen kann.

Noch deutlicher wird die Unterscheidung, wenn wir nach dem *Subjektbezug* fragen: Wie nah oder wie fern ist den Lernenden oder den Menschen in unserer Gesellschaft der Sachverhalt? Auch Parteien sind der unmittelbaren Erfahrung der Menschen recht ferne, weil sie ja nicht identisch sind mit dem jeweiligen Vorsitzenden, der wahrscheinlich in den Medien sehr präsent ist. Sie stellen vielmehr ein umfassendes soziales Gebilde dar, nämlich eine soziale Organisation mit formalisierten Rollen, die in Beziehung zu anderen Organisationen oder Institutionen wie dem Bundestag steht. Hingegen wird unter dem Thema „Opposition und Widerstand" das Beispiel eines realen Widerstandsaktes angeboten und untersucht, der in der Ereignisschilderung leichter vorstellbar ist und auch Übertragungsmöglichkeiten bietet, weil man sich selber fragen kann: Darf man Widerstand gegen die Staatsgewalt leisten? Dies kann für Lehrende wie Lernende zum Problem werden oder ist es schon geworden.

Im Vergleich der beiden Beispiele läßt sich also eine unterschiedliche Beschaffenheit der Lerngegenstände feststellen. Wir nennen dies die Unterschiede der Inhaltsstruktur. Weitere Beispiele verdeutlichen diese Unterschiede:

Institutionenkunde behandelt die Einrichtungen des Staates, wozu auch die Parteien gehören. Dem entspricht folgende Themenreihe:
Bundestag
Bundesrat
Bundespräsident

Der Abgeordnete
Die Regierung

Oder die Themen nennen Funktionen und Prozesse innerhalb des Staates:
Kontrollierte Herrschaft
Politische Willensbildung
Herrschaftsbestellung durch Wahlen
Die Rolle des Bürgers

Eine Themenreihe nach dem *Fallprinzip* könnte so aussehen:
Der Streit um den NDR
Der Falklandkonflikt
Mitbestimmung bei Mannesmann

Aus diesen Beispielen ergibt sich folgende Begriffsbestimmung:
Institutionenkunde orientiert sich an den Elementen des politischen Systems und seinen Funktionsbedingungen und bevorzugt Systematik und verallgemeinernde (generalisierende) Aussagen.

Fallprinzip bedeutet die Wahl von abgrenzbaren Ereignissen als Lerngegenstand, die realitätsnah sind, aktuell sein können (nicht müssen), eine gewisse Nähe zu den Subjekten haben oder wenigstens eine Parteinahme herausfordern und dadurch eine Identifikation mit den Handelnden ermöglichen.

Die Kritik an der Institutionenkunde, die vor allem in den 60er Jahren formuliert wurde, hatte gewiß ihre Berechtigung. Es war die Kritik an einem trockenen, unanschaulichen Unterricht, der nicht motivierte und daher kein Interesse an der Politik wecken konnte, weil nicht die aktuellen Streitfragen im Mittelpunkt des Unterrichts standen.

Damals wurde die Kontroverse über „Institutionenkunde oder Fallprinzip?" zugunsten des letzteren entschieden. Seitdem hat das Wort „Institutionenkunde" in der Didaktik des politischen Unterrichts eine negative Färbung. Dennoch wird man ihr heute immer wieder begegnen, so im Alltag der Schule, in Schulbüchern oder in Richtlinien, die gegenwärtig wieder vermehrt die Institutionenkunde bevorzugen.

2.2 Politikdimensionen und Erkenntnisebenen als Bezugsrahmen

Vergleicht man die genannten Merkmale, so liegt es nahe, sich für das Fallprinzip und seine Verwendung im politischen Unterricht zu entscheiden. Dennoch soll diese Entscheidung noch etwas problematisiert werden. Sie darf nicht als Methodenentscheidung verstanden werden: Die Schüler lernen leichter. Vielmehr ist sie als

Inhaltsentscheidung gedacht, und daher prüfen wir sie im Hinblick auf die Frage: Welches Bild von Politik erhalten die Schüler, je nachdem, ob sie nach der Institutionenkunde oder nach dem Fallprinzip unterrichtet werden?

Die Antwort könnte sein: Hier erscheint die Bundesrepublik als eine festgefügte Ordnung, dort bietet Politik das Bild einer Kette von spektakulären Auseinandersetzungen, eine Sammlung politischer Sensationen. Das ist etwas übertrieben formuliert, soll aber auf eine Tendenz aufmerksam machen.

1960 hatte Kurt Gerhard Fischer das Fallprinzip in der Didaktik des politischen Unterrichts zur Anerkennung gebracht[1]. 1965 forderte Hermann Giesecke, daß der „Konflikt" der eigentliche Gegenstand des politischen Unterrichts sei[2]. In seiner „Didaktik" ging er damals selber von einem „Fall" aus, nämlich von der Spiegel-Affäre des Jahres 1962. Sicherlich sind Konflikte auch „Fälle". Doch die Beschränkung auf Konflikte bedeutet eine Verengung, weil nicht in jedem „Fall" das Element des Konfliktes das Zentrale sein muß. Als Beispiel diene das Abwasserabgabengesetz vom 13.9.1976. Um dieses Gesetz, das dem Umweltschutz dienen sollte, hat es heftige Auseinandersetzungen gegeben. Das Gesetz beabsichtigt die Lösung eines politischen Problems; diese Lösung wurde aber nur auf dem Weg über Konflikte erreicht. Es ist jedoch schon eine Akzentuierung und bewirkt eine unterschiedliche Richtung der Aufmerksamkeit, wenn der „Fall" einerseits als Problemlösung oder andererseits als Konflikt behandelt wird. In diesen Akzentuierungen sind unterschiedliche Definitionen von Politik enthalten, und das war mit der Frage gemeint: Welches Bild von Politik erhalten die Schüler?

Eine zweite Überlegung sei zu den beiden Beispielen angefügt. Auch im zweiten Beispiel, das dem Fallprinzip folgte, ist Institutionenkunde enthalten: „Die Verzahnung von Parlament und Regierung". Auch hier kommen also die politischen Institutionen vor, und zwar deswegen, weil sich Politik immer in einem institutionellen Rahmen abspielt. Nur scheint die Darbietung oder Erarbeitung des Lerngegenstandes anders „aufgezäumt" zu sein. Könnte dies aber bedeuten, daß sich beide, Institutionenkunde und Fallprinzip, einander nicht ausschließen, sondern ergänzen?

Literatur

1 *Kurt Gerhard Fischer, Karl Herrmann, Hermann Mahrenholz:* Der politische Unterricht, Bad Homburg 1960, 2. überarbeitete Aufl. 1965.
2 *Hermann Giesecke:* Didaktik der politischen Bildung, München: Juventa 1965.

2.2.1 Dimensionen des Politikbegriffs

Um diese Vermutung zu klären, versuchen wir, die genannten Begriffe von Inhaltsstrukturen einzuordnen. Wir hatten ja nach dem Bild von Politik gefragt, welches die Schüler erhalten. Dann liegt es nahe, zuerst einmal zu überlegen, was Politik überhaupt ist.

Es gibt zahlreiche Definitionen von Politik. Sie enthalten in der Regel einen zentralen Begriff: Staat, Führung, Macht, Ordnung, Konflikt usw.[1] Daher ist es besser, nicht erst zu versuchen, Politik gleichsam auf eine Formel zu bringen. Vielmehr ist es ergiebiger anzuerkennen, daß „Politik" einen Sachbereich darstellt, in welchem man verschiedene Dimensionen unterscheiden kann. Von Böhret u. a. werden diese Dimensionen mit folgenden Fragen gekennzeichnet[2]:

– *In welchen Formen wird Politik gemacht?*
 Politik ereignet sich in einem Rahmen, der durch Verfassung und Rechtsordnung gebildet wird. Er besteht aus Gesetzen, Regeln und Institutionen. Wer politisch handelt, muß diesen *Handlungsrahmen* beachten, andernfalls ist es schwer, legale, d. h. verbindliche Entscheidungen zu bewirken.
– *Welche Inhalte werden durch Politik verwirklicht?*
 Es ist die Frage nach den Gegenständen und Aufgaben der Politik. Unter diesem Aspekt zielt Politik auf die Lösung von Problemen und auf die Gestaltung gesellschaftlicher Verhältnisse (z. B. Minderung von Ungleichheit). Maßgeblich sind hier Ziele und Werte, und diese berühren gesellschaftliche Interessen.
– *In welchen Prozessen verläuft Politik?*
 Gemeint sind die Aktionen, die zwischen den am politischen Geschehen Beteiligten ablaufen. Vorzugsweise bestehen diese Prozesse in der Austragung von Konflikten. Konflikte werden nach Regeln ausgetragen und vor allem durch Macht oder durch Konsens gelöst.

Diese Dimensionen lassen sich in einer Tabelle zusammenfassen (Abb. 4).

Die Dimensionen des Politikbegriffes dienen uns nun als *Bezugsrahmen*, mit dessen Hilfe wir die anfangs verwendeten Begriffe „Institutionenkunde" und „Fallprinzip" einordnen können. Eines ist sofort klar: *Institutionenkunde* beschäftigt sich mit der Dimension „Form". Das bedeutet: Institutionenkunde hat durchaus etwas mit

Abb. 4: Dimensionen des Politikbegriffes

Dimension	Erscheinungsformen	Merkmale	Bezeichnung
Form	– Verfassung – Normen/Gesetze – Institutionen	– Verfahrens- regelungen – *Ordnung*	polity
Inhalt	– Aufgaben u. Ziele – Probleme – Werte	– Problemlösung – Aufgabener- füllung – Wert- und Ziel- orientierung – *Gestaltung*	policy
Prozeß	– Interessen – Konflikte – Kampf	– Macht – Konsens – *Durchsetzung*	politics

Carl Böhret u.a.: Innenpolitik und politische Theorie, Opladen: Westdt. Verlag 1979, S. 33.

Politik zu tun. Aber sie verengt, wenn sie sich auf diese eine Dimension beschränkt.

Fallprinzip hingegen berührt mehrere dieser Dimensionen. Nehmen wir noch einmal das Beispiel: Der Fall ist ein Ereignis, und dieses Ereignis besteht aus einem *Konflikt* zwischen Bürgern und einem staatlichen Organ. Das also gehört in die Dimension „Prozeß". Um diesen Vorgang zu verstehen, muß man freilich auch den institutionellen Rahmen kennen, in welchem die Beteiligten handeln, also: „Form". Schließlich hat die Verlegung des Amtsgerichts mit Zielen und Interessen auf beiden Seiten zu tun: „Inhalt". – Aber wie steht es mit dem eigentlichen Thema oder dem Problem? Es ist ein Problem der Form politischen Handelns; aus dem Sinnbezug der Institutionen (Staatsgewalt, Opposition) ergibt sich die Verpflichtung zu gewaltfreiem Handeln; letzteres – also Austrag von Konflikten nach Regeln – berührt aber auch die Dimension „Prozeß".

Bezugsrahmen, begrifflicher: in der Wissenschaftssprache der Begriffskomplex, der zur Benennung und Einordnung von Wahrnehmungen und Erfahrungen dient.
W. Fuchs u.a. (Hrsg.): Lexikon zur Soziologie, 2. Aufl., Opladen: Westdt. Verlag 1978, S. 114.

Was bringen diese Überlegungen? Der Bezugsrahmen, nämlich „Dimension", ist ein Hilfsmittel, um *Einseitigkeiten* und *Verzerrungen* aufzuspüren. Wenn Politik auf Konflikt oder auf Institutionen reduziert wird, dann vermittelt dies ein bestimmtes, aber einseitiges Bild von Politik, also etwa Politik als Klassenkampf oder Politik als Herstellung von Ordnung. Insofern bietet offenbar das Fallprinzip ein Modell von Inhaltsstruktur, das *multidimensional* ist, und das ist sein Vorzug.

Andererseits macht dieser Bezugsrahmen auch einsichtig, daß *Institutionenkunde* nicht von vornherein abzulehnen ist. Wer sich mit Politik beschäftigt, muß die Regeln und Institutionen kennen, in denen Politik sich abpielt. Und dies gilt erst recht für denjenigen, der politisch handeln will.

Dieser Bezugsrahmen läßt noch ein Weiteres erkennen. Aus didaktischen Gründen wird der Lehrer überlegen, welche Dimension am leichtesten den *Zugang* zur Bearbeitung politischer Sachverhalte eröffnet. In dem Beispiel vom Widerstand ist es die Dimension „Prozeß": der Konflikt zwischen Bürgern und staatlichen Behörden. Daraus ergibt sich gleichsam zwanglos ein Übergang in die Dimension „Form": die Institutionen, also im Verlauf des Lernprozesses. Das kann so sein, muß aber nicht in jedem Fall ergiebig sein. Wichtig ist nur, daß didaktische Überlegungen auch die Frage berücksichtigen, in welcher Dimension ein Lerngegenstand Zugang zum Politischen bietet und in welche Dimensionen danach der Lernprozeß überwechseln kann oder muß.

An dieser Stelle soll die komplementäre, einander ergänzende Funktion der verschiedenen Inhaltsstrukturen in einem weitergehenden Schema verdeutlicht werden. Wir gehen dabei davon aus, daß die genannten Einseitigkeiten sich in der Entwicklung der Didaktik des politischen Unterrichts in *Konzeptionen* niedergeschlagen haben. Von diesen ist die Institutionenkunde bereits genannt worden. Eine andere ist die der „konfliktorientierten Didaktik"[3], zu der auch Giesecke zu rechnen wäre. Andere konzipieren einen „problemorientierten Unterricht"[4]. Diese „Orientierungen" können zweierlei bedeuten: zum einen die Bevorzugung eines didaktischen Prinzips auf Kosten von anderen, zum anderen die zeitweilige Akzentuierung von Ansätzen, die prinzipiell komplementär sind. Wählt man das zweite Verständnis von „Orientierung", dann können die durch Vereinseitigung eines inhaltlichen Aspektes zu separaten Didaktiken verdichteten Konzeptionen zurückgeholt werden in ein System einander ergänzender Ansätze, wie es auch in dem Schema Abb. 5 verdeutlicht wird. Dort erhält dann auch die „Institutionenkunde" ihren berechtigten Platz.

In diesem Schema wird auch verdeutlicht, daß die Akzentuierung der inhaltlichen Dimension des Politischen auch einen intentionalen Aspekt hat, nämlich daß der Schüler dadurch etwas *verstehen* kann und daß dadurch auch etwas *problematisiert* wird. Ferner ergibt sich, daß die komplementäre Funktion dieser „Orientierung" vor allem darin besteht, daß sie sich gegenseitig die Kriterien der Problematisierung liefern, also auch erkenntnisnotwendig sind.

Abb. 5: Schema der komplementären inhaltlichen Akzentuierungen

„Orientierungen"	Konflikt	Problem	Institution
Dimension	Prozeß	Inhalt	Form
Intention	Recht auf Interessenartikulation; problematisiert werden Machtpositionen	Dringlichkeit der Lösungen; problematisiert werden Leistungen	Sinn des institutionellen Rahmens; problematisiert werden Organisationsformen und Normengefüge
Kriterien der Problematisierung	Normengefüge Leistungen	Machtpositionen Normengefüge	Leistungen Machtpositionen

Literatur

1 Eine Zusammenstellung und Klassifizierung der Politikbegriffe bei *Ulrich von Alemann, Erhard Forndran:* Methodik der Politikwissenschaft, Stuttgart: Kohlhammer 1974, S. 30 – 36.
2 *Carl Böhret u.a.:* Innenpolitik und politische Theorie. Ein Studienbuch, Opladen: Westdt. Verlag 1979, S. 28 – 33. Die Dimensionen auch bei *Kurt Rohe:* Politik. Begriffe und Wirklichkeiten, Stuttgart: Kohlhammer 1978, S. 62 – 68.
3 *Heinz Dedering* (Hg.): Konflikt als paedogogicum. Bestandsaufnahme und Weiterentwicklung konfliktorientierter Didaktik, Frankfurt: Diesterweg 1981.
4 *Manfred Bönsch:* Problemorientierter Unterricht. In: Pädagogische Welt, Dez. 1981, S. 767 – 772.

2.2.2 Die Erkenntnisebenen „konkret" und „abstrakt"

Die Dimensionen des Politikbegriffs, die als Bezugsrahmen verwendet werden, ergänzen wir durch die Erkenntnisebenen „konkret" und „abstrakt". Der Einwand gegen die Institutionenkunde bestand ja nicht nur darin, daß sie einseitig sei, sondern enthält auch den Vorwurf, daß sie abstrakt sei und daher nicht das behandele, was den einzelnen wirklich angeht.

Was den einzelnen aus der Perspektive des täglichen Lebens interessiert, das sind vermutlich die Fragen, ob seine Wünsche, seine Bedürfnisse befriedigt werden oder ob seine Befürchtungen eintreffen. Denn Politik vermag tief in das Leben der einzelnen einzugreifen. Der Schüler selbst bekommt ja beim Eintritt in die Schule zu spüren, wie politische Institutionen, hier das öffentliche Schulwesen, das eigene Leben bestimmen. Erst wenn dem Schüler im politischen Unterricht auch bewußt wird, wie Politik potentiell immer Ereignis seines eigenen Lebens sein kann – als Eingriff oder als Chance –, erst dann lernt er Politik in ihrer Realität erkennen. Zwar erscheint Politik, durch das Fernsehen vermittelt, vielen nur noch als eine „Parade abstrakter Symbole"[1] oder als Showgeschäft. Aber dies verdeckt nur, daß zu ihr Beteiligte wie Betroffene gehören, und sowohl Beteiligter als auch Betroffener kann jeder sein.

Gerade dieser Gesichtspunkt kann durch das Fallprinzip bewußt gemacht werden. Indem mit dem Ereignis ein Ausschnitt aus der Politik in den Blick gerückt wird, läßt sich zeigen, wie konkret Politik ist, wie nahe sie an das eigene Leben heranreichen kann. Rolf Schmiederer hat dies den „subjektiven Faktor" genannt,[2] und er meint damit den unmittelbaren Bezug der Subjekte zum politischen Geschehen, die Bedeutung der subjektiven Perspektive. Zugleich haben wir damit eine didaktische *Bewertung* der beiden Erkenntnisebenen vorgenommen und die Bevorzugung der konkreten vor der abstrakten Erkenntnisebene empfohlen.

Hier können aber auch Mißverständnisse entstehen. Es sei nochmals daran erinnert, daß das Unterrichtsbeispiel nach dem Fallprinzip auch Elemente der Institutionenkunde enthielt. Das Ereignis, das als Fall ausgewählt wurde, fand in einer Umwelt statt, welche zeitüberdauernde und relativ stabile Strukturen aufwies. Diese aber sind abstrakt; sie sind nur durch allgemeine Begriffe, wissenschaftliche Begriffsbildung oder gegebenenfalls durch wissenschaftliche Theorien zugänglich. Kennzeichen dieser Erkenntnisart ist mithin *Abstraktheit* und *Generalisierung*.

Daher ist es nicht richtig, die Erkenntnisebenen so zu trennen, wie wir es zunächst getan haben. „Opposition ist legal", so hieß die Erkenntnis in dem Unterrichtsbeispiel. Der Begriff „Opposition" ist etwas Abstraktes; Bestandteile dieses Begriffes sind generelle Merkmale einer bestimmten Gruppe in einem bestimmten politischen System, also der parlamentarischen Demokratie. Die Definition gilt für jede konkrete Gruppe gleicher Funktion in jedem vergleichbaren System, sie hat generelle Gültigkeit. Jedoch wer diese Aussage macht, denkt zugleich unwillkürlich an eine konkrete Gruppe, so an die SPD gegenwärtig in der Bundesrepublik. In die Aussage ist also der Bezug zu einer konkreten Gruppe eingeschlossen, oder wir machen eine Aussage über eine konkrete Gruppe mit Hilfe eines abstrakten Begriffes und einer Verallgemeinerung: „Das oppositionelle Verhalten der SPD ist legal".

Somit stehen „Konkretes" und „Abstraktes" immer in einer Beziehung miteinander. Über den „Fall" kann ich eine Erkenntnis gewinnen, wenn ich den abstrakten Begriff habe: Opposition. Das Abstrakte ist das Ergebnis eines *Denkprozesses,* in welchem die Merkmale von Opposition zusammengestellt werden. wodurch der Begriff gebildet wird. Dieser Denkprozeß ist die *Abstraktion.* Das Abstrakte ist „Produkt der Abstraktion".[3] Das läßt sich auch an dem Unterrichtsbeispiel beobachten: Der Lernprozeß bewegt sich von einer konkreten Erscheinung zu einer allgemeingültigen Aussage. Aber die allgemeingültige Aussage ist nur sinnvoll in Bezug auf eine bestimmte Wirklichkeit, also den genannten Vorfall in der Gemeinde oder das Verhalten der Oppositionsfraktion in einer bestimmten Haushaltsdebatte im Bundestag. Das Abstrakte existiert nicht für sich, sondern nur in Beziehung zu Konkretem; sein Kennzeichen ist die „Relationalität".[4]

Im Unterschied zu Wolfgang Christian, der ebenfalls den Weg vom Konkreten zum Abstrakten als Erkenntnisprozeß beschreibt, aber den Unterschied zwischen dem Konkreten und dem „Pseudokonkreten" macht, überdies den Zusammenhang als „Einheit" kennzeichnet, weil er die Wirklichkeit dialektisch-materialistisch deutet,[5] wird hier unter „Relationalität" eine *logische,* keine ontologische Qualität verstanden. Daraus ergibt sich, daß Interpretation und Bewertung der Wirklichkeit, ja auch die vorgängige Erkenntnisweise durch Wahl des begrifflichen Bezugssystems nicht im vorhinein festgelegt sind.

Mit dieser Kennzeichnung des Verhältnisses von Abstraktem und Konkretem ist auch die *didaktische Aufgabe* beschrieben. Der Lehrer muß entscheiden, ob er einen Lernweg organisiert, der vom Konkreten zum Abstrakten verläuft oder umgekehrt vom Abstrakten zum

Konkreten. Das eine wäre Abstraktion, das andere Konkretisierung, oder induktiver bzw. deduktiver Lernweg.

Nach diesen Überlegungen stellt sich aber ein Problem. Wir hatten ja die konkrete Erkenntnisebene didaktisch bevorzugt, und zwar wegen ihrer Nähe zur subjektiven Erfahrung. Politik sollte dort aufgespürt werden, wo sie etwas für den einzelnen, für Gruppen der Gesellschaft bedeutet, weil man Wirkungen spürt oder aktiv sein kann: also bei den Ereignissen. Politik hat dadurch einen Lebensbezug. Daraus ergibt sich für den Lehrer ein *didaktisches Problem: Wie werden Lebensbezug (das Konkrete) und wissenschaftliches Wissen (das Abstrakte, die Generalisierung) miteinander in Verbindung gebracht?*[6] Damit ist gemeint: daß die Schüler eine Verbindung herstellen können, nämlich zwischen dem konkret Erfahrbaren oder den als konkret erscheinenden medienvermittelten Ereignissen auf der einen Seite und den wissenschaftlichen Systematisierungen, also den abstrakten Begriffen und den Verallgemeinerungen auf der anderen Seite. Sie sollen die „Relationalität" des Abstrakten und des Konkreten lernen.

Das didaktische Problem enthält also eine Absicht, die damit begründet werden kann, daß Lernende die Wirklichkeit, die sie erleben, denkend verarbeiten können sollen; sie sollen Erkenntnisse gewinnen, die ihnen die *kognitive Orientierung* in ihrer Welt ermöglichen. Das aber setzt voraus, daß sie Politik und Gesellschaft als System kennenlernen, daß sie wissenschaftliches Wissen erwerben.

Der Lösung dieses Problems nähern wir uns im späteren Abschnitt 2.4. An dieser Stelle sollen die Dimensionen des Politikbegriffes und die Erkenntnisebenen zu einem zweidimensionalen Schema zusam-

Abb. 6: Bezugsrahmen von Lerngegenständen

Dimensionen der Politik / Erkenntnisebenen	Form	Inhalt	Prozeß
konkret			
abstrakt			

mengefügt und damit der Bezugsrahmen vervollständigt werden (s. Abb. 6). Das Schema kann helfen, Lerngegenstände zu kennzeichnen. Institutionenkunde bleibt im wesentlichen „abstrakt" und beschränkt sich auf die Dimension „Form", der Fall berücksichtigt alle drei Dimensionen und bietet die Möglichkeit, einen induktiven Lernweg zu organisieren: vom Konkreten zum Abstrakten. Zu beachten ist freilich, daß der politische Unterricht nicht auf *einer* dieser Erkenntnisebenen verharrt. Mit Hilfe des Schemas läßt sich abschätzen, auf welcher Ebene man den *Zugang* zum Erkenntnisprozeß eröffnet, wenn man als Lehrer einen Lerngegestand gewählt hat.

Literatur

1 *Murray Edelman:* Politik als Ritual, Frankfurt: Campus 1976, S. 4.
2 *Rolf Schmiederer:* Politische Bildung im Interesse der Schüler, Köln: EVA 1977, S. 114 ff.
3 *Rudolf Malter:* Artikel „Abstrakt" in: Handbuch philosophischer Grundbegriffe, hrsg. von Hermann Krings u.a., Studienausgabe Bd. 1, München: Kösel 1973, S. 20 – 28, hier S. 22.
4 ebenda S. 20.
5 *Wolfgang Christian:* Die didalektische Methode im politischen Unterricht, 2. Aufl., Köln: Pahl-Rugenstein 1978, S. 65.
6 *Walter Gagel:* Politik - Didaktik - Unterricht. Eine Einführung in didaktische Konzeptionen des politischen Unterrichts, 2. Aufl., Stuttgart 1981, S. 198 – 201, hier S. 200.

2.3 Arten der Inhaltsstruktur

Den Erkenntnisebenen „konkret – abstrakt" können als Beispiele folgende Arten von Inhaltsstrukturen zugeordnet werden:

Erkenntnisebene	
konkret	*abstrakt*
Fall	Institution
Problem	Sozialstruktur
Situation	System
	Prozeß

Die auf der konkreten Erkenntnisebene aufgeführten Inhaltsstrukturen Fall, Problem, Situation haben sich in der Didaktik des politischen Unterrichts als besonders ergiebig erwiesen. Daher werden sie hier ausführlicher beschrieben. Danach soll geprüft werden, inwiefern sie den Lernweg zur abstrakten Erkenntnisebene eröffnen.

2.3.1 Fall

Diese Art von Inhaltsstruktur wurde im Abschnitt über das Fallprinzip bereits behandelt. Jene Überlegungen sollen im folgenden noch ergänzt werden.

Als Beispiel für einen „Fall" sei hier der „Fall Panorama" ausgewählt, den das hessische Lehrerfortbildungsinstitut 1969 einem Lehrgang zur Unterrichtsplanung zugrundegelegt hat.

In seiner Sendung vom 11.8.1969, also während des damaligen Bundestagswahlkampfes, griff „Panorama" einen Vorfall auf. In Bamberg hatten ca. 50 Anhänger der APO aus Protest gegen ein Zeltlager-Verbot ein Go-in in das Landratsamt veranstaltet. Daraufhin sandte Franz-Josef Strauß ein Fernschreiben an den bayerischen Ministerpräsidenten mit dem Satz: „Diese Personen nutzen nicht nur alle Lücken der Paragraphen eines Rechtsstaates aus, sondern benehmen sich wie Tiere, für die die Anwendung der für Menschen gemachten Gesetze nicht möglich ist." Gegen diese Äußerung des CSU-Vorsitzenden erhob der Deutsche Richterbund Protest, worauf der „Bayernkurier" dem Richterbund vorwarf, er mache sich zum Schutzherrn der Vandalenhorden von Bamberg. „Panorama" meinte nun, für CSU und CDU stehe der Feind traditionsgemäß links. Das Ziel der CDU sei klar: Nicht häßlich sein zur NPD, aber Emotionen gegen die extreme Linke erzeugen, um die Unterstützung der extremen Rechten zu gewinnen.[1] – Zum „Fall" Panorama wurde diese Sendung durch den nachfolgenden Streit in der Öffentlichkeit, in welchem die Kritiker des Magazins behaupteten, Meinungsfreiheit im Fernsehen sei etwas anderes als in der Presse.

Um den Begriff „Fall" zu präzisieren, ziehen wir zunächst den sozialwissenschaftlichen Sprachgebrauch heran. In der empirischen Sozialforschung ist eine Fallstudie:

„Untersuchung oder detaillierte Beschreibung einer Einheit, eines bestimmten Zusammenhangs oder eines Ereignisses, das als typischer „Fall" einer ähnlichen oder gleich strukturierten größeren Menge von Phänomenen stellvertretend oder als besonders prägnant und aussagekräftig untersucht wird."[2]

Angesichts dieser Definition können wir bereits abgrenzen: In der Fachdidaktik ist der Fall keine Einheit, z. B. eine Ortsgruppe oder der Kreisverband einer Partei, auch nicht ein sozialer Zusammenhang, z. B. der Wahlkampf von 1976, sondern ein *Ereignis,* also ein Vorfall oder ein Vorgang mit Aktionscharakter. Dieses Ereignis läßt sich zeitlich, nicht unbedingt räumlich abgrenzen; es hat also einen Anfang und ein Ende. Es ist insoweit *konkret*, als es sich Personen und Institutionen, Organisationen und Gruppen zuordnen läßt. Es kann, muß aber nicht unbedingt aktuell sein.

Das weitere entscheidende Merkmal ist die *Inhaltsgeneralisierung*.[3] Im Fall, im Exempel ist ein Allgemeines enthalten. Engelhardt nennt dies „das Prinzip".[4] Er verwendet das Beispiel der Entstehung eines Gesetzes, um das Prinzip der Machtkontrolle deutlich zu machen und seine Bedeutung verstehen zu lehren.

Inhaltsgeneralisierung bedeutet ferner, daß *Transfer* möglich wird. Erkenntnisse und Einsichten sollen auf ähnlich oder gleich strukturierte Phänomene übertragen werden können. Dem politischen Handeln liegen, so meint Fischer, „relativ stabile Prinzipien" zugrunde.[5] Darin beruht also die Übertragbarkeit; man kann an einem Gegenstand etwas „ein für allemal" lernen und dementsprechend später auch anwenden.

Diese Aussagen werden freilich in einem gewissen Sinne problematisiert, wenn ein weiteres Merkmal des Falles hinzugezogen wird: seine *Komplexität*. Das zeigt das oben zitierte Beispiel besonders eindrucksvoll. Dem gleichen „Fall" entnahmen drei Lehrergruppen drei verschiedene Unterrichtsthemen:

- Rechtsradikalismus und autoritäres Denken: eine Themenstellung der politischen Ethik;
- Meinungsfreiheit im Fernsehen;
- Vorurteile in der Politik: Wie sie entstehen und wie sie wirken, − eine sozialpsychologische Themenstellung.

Wofür der Fall exemplarisch ist, das ergibt sich folglich aus einer didaktischen Entscheidung. Daraus läßt sich verallgemeinern: Inhaltsgeneralisierung bei sozialwissenschaftlichen Lerngegenständen ist bereits eine Definition, eine interessengerichtete Sinnermittlung. Oder es liegt eine durch die öffentliche Diskussion schon geleistete Vor-Definition des Falles vor. Inhaltsgeneralisierung enthält also eine Interpretation durch das erkennende Subjekt, die freilich immer an die Gegebenheiten, an die objektiv feststellbaren Tatsachen des Sachverhaltes gebunden bleibt.

Schließlich ist am „Fall" die *Methodengeneralisierung*[6] wichtig. Die Arbeit an einem so beschaffenen Lerngegenstand verlangt von den Lernenden methodisch-analytische Fähigkeiten. Denn im Fall ist das Ereignis ja gleichsam noch im Rohzustand. Es gilt, ihn erst zu durchschauen. Dazu sind bestimmte kognitive Fähigkeiten erforderlich. In unserem Beispiel „Fall Panorama" wurde von einer Arbeitsgruppe für notwendig erachtet: (a) die Unterscheidung von

Informationen und Meinung in dem Produkt eines Massenmediums, die Unterscheidung zwischen Bericht und Agenturmeldung, die Fähigkeit, aus Meldungen einen Vorgang zu rekonstruieren, (b) die Interessen zu erkennen, die einer politischen Aussage zugrundeliegen, also das Verfahren der Ideologiekritik. Das Fallprinzip bietet also die Chance der selbständigen Bearbeitung eines politischen Sachverhalts. Es ermöglicht ein „empirisches Vorgehen" (vgl. Hentig), und das bedeutet, daß an ihm Verfahren sozialwissenschaftlicher Erkenntnisgewinnung gelernt und erprobt werden können.

Eine spezielle Form des Falles ist der „Konflikt", den Giesecke in den Mittelpunkt seiner früheren Didaktik stellte. Als Ereignis hat der politische Konflikt die Merkmale des „Falles", und daher wurden beide auch häufig synonym gebraucht. Aber der Begriff „Konflikt" ist enger; er nennt nur eine Dimension des Politischen, nämlich ihren Prozeßcharakter, und hebt damit die Auseinandersetzung hervor. Das kommt einer vorgängigen Interpretation des Ereignisses nahe. „Fall" als Kategorie der Inhaltsstruktur ist mithin sowohl weiter als auch neutraler.

Giesecke hat in diesem Punkte inzwischen eine Korrektur vorgenommen. Er konstatiert eine Reduktion der didaktischen Funktion des Konfliktes und weist darauf hin, „daß Inhalte von Konflikten ja Probleme sind".[7] Im Zusammenhang mit seinem neuen Schulbuch spricht er jetzt von einer „Problemorientierung" des politischen Unterrichts.[8]

Literatur

1 Politische Bildung als Reflexionsprozeß. Informationen des Hessischen Instituts für Lehrerfortbildung, Heft 2, Fuldatal 1970, S. 14–18; dort der Wortlaut der Sendung.
2 *Günter Hartfiel:* Wörterbuch der Soziologie, 2. Aufl., Stuttgart: Kröner 1976, S. 178.
3. *Günter Hobbensiefken:* Zur Fallmethode in der politischen Bildung. Gegenwartskunde Jg. 1973, H. 4, S. 435–448; hier S. 437.
4 *Rudolf Engelhardt:* Die „Fallmethode" im politischen Unterricht (1966) In: Politische Bildung in der Schule, hrsg. von *Heinrich Schneider.* Bd. 2, Darmstadt: Wiss. Buchgesellschaft 1975, S. 101 ff; hier S. 102.
5 *Kurt Gerhard Fischer:* Das Exemplarische und der Politische Unterricht. In ders.: Überlegungen zur Didaktik des Politischen Unterrichts, Göttingen: Vandenhoeck & Ruprecht 1972, S. 45–65; hier S. 61.
6 *Hobbensiefken* (Anm. 3) S. 436.
7 In: *Kurt Gerhard Fischer* (Hg): Zum aktuellen Stand der Theorie und Didaktik der Politischen Bildung, 4. Aufl., Stuttgart: Metzler 1980, S. 43.
8 *Hermann Giesecke:* Einführung in die Politik, 2. Aufl, Stuttgart: Metzler 1979; hier im dazugehörigen Lehrerheft, ebda. 1979, S. 8.

Allgemein zum Fallprinzip außer den genannten Titeln:
Kurt Gerhard Fischer, Karl Herrmann, Hans Mahrenholz: Der Politische Unterricht, 2. Aufl., Bad Homburg 1965.
Kurt Gerhard Fischer: Das Exemplarische und der Politische Unterricht. In ders.: Überlegungen zur Didaktik des Politischen Unterrichts, Göttingen: Vandenhoeck & Ruprecht 1972, S. 45–65.
ders.: Einführung in die Politische Bildung, 3. Aufl., Stuttgart: Metzler 1973, S. 99.
Rudolf Engelhardt: Politisch Bilden – aber wie? Essen: Neue Deutsche Schule 1964.
ders.: Urteilsbildung im politischen Unterricht, Essen: Neue Deutsche Schule 1968, S. 28–31.
Wolfgang Hilligen: Zur Didaktik des politischen Unterrichts I, 3. Aufl., Opladen: Leske 1978, S. 225f.
Rolf Schmiederer: Zur Kritik der Politischen Bildung. Ein Beitrag zur Soziologie und Didaktik des politischen Unterrichts, 5. Aufl., Frankfurt: EVA 1975, S. 117–128.
Bernhard Sutor: Didaktik des politischen Unterrichts, 2. Aufl, Paderborn: Schöningh 1973, S. 240–248.

2.3.2 Problem

Sicherlich wird man Giesecke zustimmen können, daß Konflikten Probleme zugrundeliegen. Dennoch hat „Problem" als Lerngegenstand eine andere Beschaffenheit. Das Thema „Wasserverschmutzung" ist kein Fall, weil es so noch nicht ereignishaft fixiert ist. Andererseits läßt sich dieses Thema auch nicht als abstrakt kennzeichnen, denn jeder kann bei vielen Gelegenheiten sehr unmittelbar auf diesen Sachverhalt stoßen.

Allerdings kann der Lehrer daraus einen Fall machen, indem er z. B. einen Gesetzesvorgang wie das Abwasserabgabengesetz vom 13. September 1976 wählt. Der darin enthaltene Konflikt wird an der Überschrift -in einem Schulbuch sichtbar: „Abwasserabgabengesetz – verwässert".[1] Oder man greift den Prozeß gegen einen Reeder auf, der Abwässer der chemischen Industrie statt in die Nordsee in den Rhein pumpte: „Profitable Verschmutzung von Wasserstraßen".[2]

Aber das ist bereits ein Umformungsprozeß, welcher die Gegenstandsstruktur des Problems verändert. Das „Problem" selber hat eine andere Beschaffenheit.

Der englische Soziologe Popper kennzeichnete auf dem Soziologentag von 1961 „Problem" als Spannung zwischen Wissen und Nichtwissen. „Jedes Problem entsteht durch die Entdeckung, daß etwas mit unserem vermeintlichen Wissen nicht in Ordnung ist."[3] Adorno entgegnete ihm, daß ein Problem nicht nur etwas Erkenntnistheoretisches sei, sondern etwas Praktisches. Es gebe nicht nur einen Widerspruch im Wissen, sondern dieser Widerspruch könne „höchst real in der Sache seinen Ort haben", und das bedeutet, daß er „keineswegs durch vermehrte Kenntnis ... aus der Welt sich schaffen lasse."[4]

Das Problem „Wasserverschmutzung" liegt in diesem Sinne auf der Grenze zwischen Wissen und Nichtwissen: Die Folgen der Verschmutzung unserer Binnengewässer werden erkannt, aber man weiß nicht, wie sie verhindert werden können. Das Problem besitzt die Merkmale „Dringlichkeit" und „Ungewißheit". Aber es genügt nicht, einen Forschungsauftrag zu vergeben. Das Problem liegt „real in der Sache", da die Verschmutzung eine Folge der Wirtschaftspolitik ist: wachstumsorientiert und dezentralisiert. Interessen geraten in einen Konflikt miteinander. Man könnte mit Adorno sagen: Es handele sich um einen „problematischen Zustand der Welt", hier um eine Folge unserer Wirtschaftsstruktur.

Damit haben wir zwei Merkmale eines politischen Problems genannt:

— *Dringlichkeit:* Das meint, daß der Sachverhalt Gefährdungen mit sich bringt, besonders solche für die Existenz und das Wohlergehen von Gruppen oder das Ganze der Gesellschaft. Dringlichkeit besagt zwar dasselbe wie „Bedeutsamkeit", ergänzt diese aber noch durch den „Zugzwang".

— *Ungewißheit:* Es sind neue Lösungswege zu suchen; im Augenblick, wo die Dringlichkeit eines Problems bewußt geworden ist, weiß man noch nicht die Problemlösung. Das kann einerseits eine wissenschaftliche Ungewißheit sein: Der Zwischenbericht der Enquete-Kommission Zukünftige Kernenergie-Politik von 1980 ergab unterschiedliche Meinungen der Experten. Aber es kann sich auch um politische Ungewißheit handeln: Welche der an der Lösung interessierten Gruppen kann sich letzten Endes durchsetzen?

Diese Merkmale: Dringlichkeit und Ungewißheit, klingen noch sehr neutral. Daher müssen wir etwas verdeutlichen. Wesentlich für das politische Problem ist, daß es meist gar nicht auf der Straße liegt, sondern erst entdeckt werden muß. Die Definition eines Sachverhaltes als Problem ist bereits ein politischer Akt.

Das Mädchen in weiterführenden Schulen und an Universitäten unterrepräsentiert sind, galt lange Zeit als ein naturgegebener Sachverhalt, war demnach kein „Problem". Zum politischen Problem wurde es, als dies von Sozialwissenschaftlern statistisch nachgewiesen und als Einschränkung des „Bürgerrechts auf Bildung", d.h. als soziale Benachteiligung bewertet wurde.[5] Indem 1965 gesellschaftliche Gruppen und politische Institutionen dem zustimmten, begann damals in der Bundesrepublik die Phase der „aktiven Bildungspolitik", der Bildungsreform. Dem entspricht auch die sozialwissenschaftliche Definition von Problem. Herbert Blumer sagt: „Meine These ist, daß soziale Probleme hauptsächlich Resultate eines Prozesses kollektiver Definition sind; sie existieren nicht unabhängig davon als eine Konstellation objektiver Bedingungen spezifischer Art."[6] Und Wolf-Dieter Narr stellt fest: „Der Konflikt... beginnt schon bei der Bezeichnung der Probleme ... Er spielt auf der Ebene der Problemkonstitution von latenten Problemen in aktuelle politische Streitfragen."[7] Dementsprechend gibt es auch Problemverdrängung, so des Problems der Atomenergie durch die staatlichen Institutionen bis zum Herbst 1976.

Wenn der Lehrer also ein Problem aufgreift, so übernimmt er in der Regel die Sichtweise derjenigen, welche eine derartige Definitionsmacht besitzen, daß ihnen gegenüber eine Verdrängung nicht mehr möglich ist. Dringlichkeit ist also eine hergestellte und überdies auf Werte oder Präferenzen bezogene Dringlichkeit.

Politisches Problem meint also *praktisches* Problem: Ein unerträglicher Zustand in der Gesellschaft soll verändert werden, indem er zum Thema des politischen Entscheidungsprozesses gemacht wird. Auf einen Zustand bezogen ist auch das Problem höchst *konkret*. Es finden sich Beteiligte und Betroffene − am Problem und seiner Lösung und von beiden. Diese Konkretheit ist sicherlich ein wichtiger didaktischer Aspekt: Gewählt wird z. B. nicht das Problem des Föderalismus in der Bundesrepublik als theoretisches Problem, sondern das Problem der Ungleichheit der Übergänge zur Sekundarstufe in den verschiedenen Bundesländern. Dies ist also eine konkrete politische, weil praktische Frage, die gelöst werden kann, wenn sie von den Beteiligten erkannt und anerkannt ist und wenn sich eine durchsetzbare Lösung findet − was bei dem genannten Beispiel bisher noch nicht gelungen ist.

Wir haben somit die Inhaltsstruktur von „Problem" durch die Merkmale Dringlichkeit und Ungewißheit bestimmt, um dadurch eine Sonde zur Unterscheidung zwischen theoretischen und praktischen politischen Problemen zu gewinnen, eine Hilfe zur Entdeckung des eigentlich *Politischen* in Lerngegenständen, aber auch zur Entdeckung der Herkunft der hergestellten Dringlichkeit. Das Politische sehen wir in seinem Bezug zum Entscheidungsprozeß: Austrag von Konflikten, existenznotwendige Aufgaben, Schwierigkeiten der Lösungsfindung und -durchsetzung.

Aber diese Merkmale verweisen auch auf eine bestimmte *erkenntnistheoretische Struktur* des Problems: Ungewißheit, Nichtwissen, Neues finden. Die Bearbeitung von politischen Problemen setzt bestimmte Qualifikationen voraus oder vermittelt sie. Dörge nennt sie „problemlösendes Verhalten"[8], lerntheoretisch werden sie „problemlösendes Denken" genannt. Somit verweist die Inhaltsstruktur, die Sachstruktur des Lerngegenstandes, auf eine kognitive Struktur der Lernenden und prägt damit die Lernziele dieses Unterrichts.

Literatur

1 *Wolfgang Hilligen u.a.*: Sehen, Beurteilen, Handeln, Kl. 7-10, Frankfurt: Hirschgraben 1978, S. 172.
2 *Friedrich-Wilhelm Dörge, Christiane Uhrhammer:* Umweltverschmutzung durch Profitinteressen? Gegenwartskunde Jg. 1971, H. 4, S. 445 ff; hier S. 462.
3 *Theodor W. Adorno u.a.:* Der Positivismusstreit in der deutschen Soziologie. 2. Aufl., Neuwied: Luchterhand 1970, S. 104.
4 *Ebda.* S. 129.
5 So durch *Ralf Dahrendorf:* Bildung ist Bürgerrecht. Plädoyer für eine aktive Bildungspolitik, Hamburg: Nannen-Verlag 1965.
6 *Herbert Blumer:* Soziale Probleme als kollektives Verhalten. In *Karl Otto Hondrich:* Menschliche Bedürfnisse und soziale Steuerung, Reinbek: Rowohlt 1975, S. 102–113; hier S. 102. Zur „Konstitution sozialer Probleme" vgl. auch: Lebenswelt und soziale Probleme. Verhandlungen des 20. Soziologentages, hrsg. *Joachim Matthes*, Frankfurt: Campus 1981, S. 125–233.
7 *Wolf-Dieter Narr:* Logik der Politikwissenschaft. In *Gisela Kress, Dieter Senghaas* (Hg.): Politikwissenschaft, Frankfurt: Fischer 1972, S. 24 f.
8 *Friedrich Wilhelm Dörge:* Problemlösendes Denken als Ziel politischen Lernens. Gegenwartskunde Jg. 1971, H. 4, S. 393–400; hier 393.

2.3.3 Situation

Hilligen verwendet den Begriff „problemhaltige Situation" und sagt, der aktuelle Fall sei nur deren Sonderfall.[1] Wir verstehen dies so, daß Hilligen damit für eine Problemorientierung des politischen Unterrichts eintritt, unterscheiden uns von ihm aber darin, daß wir im folgenden den Begriff „Situation" zur Kennzeichnung einer spezifischen Art von Inhaltsstruktur verwenden.

Ein Beispiel soll die Inhaltsstruktur von „Situation" verdeutlichen:

Ein Sozialarbeiter versuchte zu klären, warum ein Jugendlicher, den er zu betreuen hatte, in eine Schlägerei verwickelt wurde. Dabei erwies es sich als außerordentlich schwierig, dies im Gespräch mit dem Jugendlichen herauszubekommen. „Die Situation ‚Schlägerei' nämlich wird nicht nur von den beiden Interaktionspartnern auf völlig verschiedene Weise gedeutet, schon ihre Bezeichnung als

,Schlägerei' ist eine Definition, die es zwar dem Sozialarbeiter erleichtert, sie in den Kontext seiner Situationsdefinition einzubringen, von dem Jugendlichen aber nicht akzeptiert werden kann. Für ihn ist dieses Etikett falsch. Der Jugendliche versucht denn auch zunächst, dem Sozialarbeiter begreiflich zu machen, daß die Situation ganz anders definiert werden müsse, um im Rahmen seiner eigenen Identität Sinn zu bekommen, und daß die Fragerichtungen des Sozialarbeiters an der Bedeutung der Situation vorbeigehen. Der Sozialarbeiter wiederum muß, da er im Rahmen eines Kontrollsystems handelt, das von ihm Rechenschaft fordert, an denjenigen Situationsdefinitionen festhalten, die ihm von dort in Form von Symptomatologien, Theorien, Handlungsanweisungen, Rechtssätzen usw. zur Verfügung stehen. Im Regelfall resigniert der Jugendliche und schließt sich — zunächst vielleicht nur scheinbar — den Definitionen des Sozialarbeiters an, schon deshalb, weil die Interaktion nicht ‚offen' ist, sondern der andere Part ein Sanktionssystem repräsentiert, dem sich der Proband in der Regel kaum entziehen kann. Dem Jugendlichen wird die Eigenschaft des ‚Schlägers' zugeschrieben. Diese Eigenschaft nun — und das ist entscheidend — ist nicht die Bezeichnung für eine Klasse physischer Ereignisse, sondern die Deutung einer sozialen Situation, die so, aber auch anders ausfallen kann. Diese Deutung ist nicht wahr oder falsch; wir können von ihr nur sagen, daß sie diesem oder jenem System von Situationsdefinitionen entspricht, diese oder jene Kontrollfunktion erfüllt, diesen oder jenen Interessen folgt."

Klaus Mollenhauer: Theorien zum Erziehungsprozeß, 3. Aufl., München: Juventa 1976, S. 139f.

„Situation": das ist zunächst einmal Miteinanderhandeln in einer gegebenen Umwelt. In diesem Sinne haben wir in diesem Beispiel eine Situation, nämlich das Gespräch zwischen dem Jugendlichen und dem Sozialarbeiter. Es findet in einer Umwelt statt; sie ist für den Jugendlichen seine Umgebung, in der andere Jugendliche vielleicht Konkurrenzdruck oder Drohungen bewirken, für den Sozialarbeiter sein „Amt", also die Behörde, und die dazugehörende Organisation und Vorschriften und Regeln. Dieses Gespräch ist jedoch nicht nur Austausch von Worten oder Informationen, sondern Miteinanderhandeln, nämlich *Interaktion*. Für beide Gesprächspartner steht etwas auf dem Spiel, entscheidet sich etwas, oder anders ausgedrückt: Sie wollen etwas bewirken. Zielbewußte Einwirkung auf eine Umwelt: das ist *Handeln*. Ausgangspunkt der Handlung in diesem Beispiel ist ein Konflikt; Jugendlicher und Sozialarbeiter stehen in Gegensatz, weil sie den Sachverhalt jeweils anders bezeichnen und damit bewerten: der eine als „Schlägerei", der andere anders. Sie versuchen nun, einander begreiflich zu machen, daß jeweils der andere im Irrtum ist. Man könnte dies als Verhandlung oder als *Aushandeln* bezeichnen. Der Ausgang dieser Handlung besteht darin, daß der Jugendliche resigniert; er gibt dem Sozialarbeiter recht. Das aber bedeutet, daß er seine Bewertung „Schlägerei" übernimmt oder duldet – er *unterwirft* sich der Bewertung des Sozialarbeiters. Dieses Wort trifft schon deshalb zu, weil der Angehörige einer Sozialbehörde in der Regel auch Macht über seine Klienten ausübt.

Aushandeln und Unterwerfen: Wir haben es hier mit einem Vorgang zu tun, in welchem Personen miteinander handeln. Was jedoch dieses Beispiel von dem „Fall" unterscheidet, sind Elemente der Begriffsbestimmung bzw. der Analyse von „Situation", die der Begriff „Fall" nicht enthält. Zwar ist auch er Handlung im weiten Sinne, stellt also nicht einen Zustand dar. Dies hat er also mit dem hier zu betrachtenden Beispiel gemeinsam. Zu diesem aber kommt hinzu, daß diese Handlung im *Verhandeln über die Deutung* der Situation besteht. Wir haben es nicht mit einer von außen gedeuteten Situation zu tun, sondern die Bestimmung der Situation, ihre Sinndeutung, ausgedrückt in einem Wort, so in der Bezeichnung „Schlägerei", ist Sache der miteinander handelnden Personen, ist Thema der Handlung. Diese Sinndeutung wird in dem Text *„Definition der Situation"* genannt.

Das Wesentliche ist also die *subjektive Perspektive* der Beteiligten: Die Handlung besteht darin, daß die Beteiligten versuchen, die subjektiven Perspektiven gegenseitig zu verändern.

Ferner sind diese subjektiven Perspektiven nicht nur auf den Handlungspartner gerichtet, sondern sie verarbeiten auch die in der Situation erfahrene *Umwelt*. Aber auch diese Umwelt wird von den Beteiligten jeweils verschieden erfahren. Für den Sozialarbeiter ist es die Behördenorganisation und das System der Normen und Vorschriften, nach denen er arbeitet. Für den Jugendlichen ist es nur die Person des Sozialarbeiters, dessen Handeln er vielleicht als Willkür interpretiert oder als Macht, Wohltaten zu gewähren oder Strafen zu verhängen. Jedenfalls läßt sich die Umwelt beschreiben, d. h., man kann sie objektivieren. Die Beteiligten handeln in einem Kontext von *objektiven Bedingungen* der Situation. Jedoch: Die beteiligten Personen sehen diese jeweils anders, und auch das gehört zur Definition der Situation. Und dann wird man bedenken, daß die beteiligten

Personen ja auch noch ihre eigene Biographie mit in die Situation einbringen, z. B. neigt der Jugendliche vielleicht zur Resignation. Wir bezeichnen dies als die *Haltungen* der Beteiligten.

Die bisher entwickelten Aspekte, unter denen man die Situation betrachten kann, lassen sich in Schlüsselfragen umwandeln. Sie helfen, Situationen generell zu analysieren.

– *Welches sind die objektiven Bedingungen des Handelns?* Handlungsrahmen der Beteiligten ist das Kontrollsystem, das für die Betreuung des Jugendlichen vorausgesetzt werden muß.

– *Welche Haltungen bringen die Beteiligten in die Situation ein?* Der Jugendliche könnte geprägt sein von der Erfahrung seiner Machtlosigkeit, der Sozialarbeiter ist bestimmt durch in seiner Ausbildung und beruflichen Sozialisation vermittelte Theorien, Handlungsanweisungen, Rechtssätze.

– *Wie definieren die Beteiligten die Situation?* Die Intention des Jugendlichen mag es sein, Unrecht, das im widerfahren ist, zu rächen; er interpretiert die Situation als „Vergeltung". Der Sozialarbeiter hat die Intention, den ordnungsgemäßen Ablauf der Resozialisierung zu gewährleisten; er interpretiert die Situation als 'Schlägerei', nämlich als abweichendes Verhalten.

– *Welches sind die Folgen der Situationsdefinition?* In diesem Fall setzt sich die Definition des Sozialarbeiters durch. Für den Jugendlichen hat dies zur Folge, daß er das Etikett „Schläger" erhält, was bedeutet, daß er mit einer Abweichung von der Norm gezeichnet ist.

Diesem Analysemuster, der vorhergehenden Beschreibung des Beispiels und seiner Auswertung liegt eine bestimmte sozialwissenschaftliche Begriffsbildung zugrunde. In der Soziologie lassen sich zwei Arten von Annäherungen an eine Theorie der Situation unterscheiden, die mit Hilfe unterschiedlicher Definitionen des Situationsbegriffes belegt werden können.

Zum einen sind es Situationsbegriffe der strukturell-funktionalen Soziologie, Beispiele sind die Definitionen von René König[2] und Mayntz/Holm/Hübner[3]. Ihr Merkmal ist, daß „Situation" als Objekt der Beobachtung ausgegrenzt wird. Die anderen Definitionen sind dem Symbolischen Interaktionismus zuzuordnen. Genannt seien diejenigen von William Isaac Thomas/Florian Znaniecki, von Konrad Thomas[4] und von Hans Peter Dreitzel[5]. Kennzeichnend für diese Definitionen ist es, daß „Situation" nicht als etwas objektiv Gegebenes erscheint, sondern immer nur durch die subjektiven Interpretationen der an einer Situation Beteiligten hervorgebracht wird. Daher steht in dieser Begriffsbestimmung auch das Merkmal „Definition der Situation" im Mittelpunkt. Situation ist das, wie die Beteiligten sie sehen. In diesem Sinne gilt diese „Definition der Situation", die „subjektive Interpretation einer objektiven Lage"[6], als die eigentliche soziale Realität. Das wird in dem sog. Thomas-Theorem ausgedrückt, welches besagt, daß „wenn Menschen Situationen als wirklich definieren, sie in ihren Folgen wirklich sind".[7]

Das oben entwickelte Analysemuster beruht auf dem Ansatz von W. I. Thomas.

Nach ihm gehören zur „Situation" drei Arten von Daten: (1) die objektiven Bedingungen des Handelns, (2) die schon vorher bestehenden Haltungen oder Einstellungen der Handelnden und (3) die Definition der Situation, und das heißt: „die mehr oder weniger klare Erfassung der Bedingungen und Bewußtheit der Haltungen". Entscheidendes Merkmal ist das dritte, die „Definition der Situation", also die subjektive Interpretation der objektivierbaren Daten in (1) und (2). Situation ist dennoch nicht eine Außenwelt gegenüber dem Individuum, sondern ein Akt der Vermittlung zwischen den objektiven Bedingungen und den eingebrachten, subjektiven Haltungen, Wünschen durch Auswählen, Interpretieren und Kombinieren dieser Bedingungen und Haltungen.[8]

Dieser Situationsbegriff unterscheidet sich von andersartiger Verwendung dieses Wortes; so meint z. B. „Situation der türkischen Gastarbeiter" etwas anderes, nämlich eine soziale „Lage" einer Gruppe mit gemeinsamen Merkmalen, aber ohne diesen Handlungsbezug. Näher kommt dem hier entwickelten Verständnis der Begriff „Handlungssituation", wie er von Giesecke und Sutor verwendet wird[9], jedoch ohne die beschriebenen analytischen Kategorien, so daß auch hier ungewiß bleibt, ob das Einbringen der subjektiven Perspektive dabei beabsichtigt ist.

Das Unterscheidende zu den vorher beschriebenen Arten von Inhaltsstruktur ist das Kennzeichen von „Situation", das die subjektive Perspektive zu seinen Strukturmerkmalen zählt und somit denjenigen, der ihn verwendet, zur Berücksichtigung dieser Perspektive gleichsam zwingt. Denn Ziel dieser von Thomas zuerst entwickelten Betrachtungsweise ist es, „soziales Leben zu analysieren, wie es in der Erfahrung der Menschen erscheint, die es erleben".[10] Man könnte auch sagen: Diese Betrachtungsweise lehrt, die Betroffenheit der Menschen zu entdecken, und somit wird durch diesen Situationsbegriff dasjenige methodisiert, was man nach Schmiederer als Entdeckung des „subjektiven Faktors" bezeichnen könnte.

Literatur

1 *Wolfgang Hilligen:* Zur Didaktik des politischen Unterrichts I, 3. Aufl., Opladen: Leske 1978, S. 225.
2 *René König:* Die Beobachtung. In ders. (Hg.): Handbuch der empirischen Sozialforschung, 3. Aufl., Bd. 2 in Stuttgart: dtv und Enke 1973, S. 53.
3 *Renate Mayntz, Kurt Holm, Peter Hübner:* Einführung in die Methoden der empirischen Soziologie, Köln: Westdt. Verlag 1969, S. 94.
4 *Konrad Thomas:* Analyse der Arbeit, Stuttgart: Enke 1969, S. 56ff.
5 *Hans Peter Dreitzel:* Die gesellschaftlichen Leiden und das Leiden an der Gesellschaft, Stuttgart: Enke 1968, S. 543.
6 *Dreitzel,* ebenda S. 154.
7 *Wilhelm Bernsdorf* (Hg.): Wörterbuch der Soziologie, 2. Aufl., Stuttgart: Enke 1969, Art. „Definition der Situation", S. 175–177, hier S. 176.

8 *William Isaak Thomas:* Person und Sozialverhalten, hrsg. von Edmund H. Volkert, Neuwied: Luchterhand 1965, S. 84f.
9 *Hermann Giesecke:* Didaktik der politischen Bildung, N.A., 10. Aufl., München: Juventa 1976, S. 143. *Bernhard Sutor:* Didaktik politischer Bildung im Verständnis Praktischer Philosophie. In Kurt Gerhard Fischer (Hg.): Zum aktuellen Stand der Theorie und Didaktik der Politischen Bildung, 4. Aufl., Stuttgart: Metzler 1980, S. 128.
10 So *Volkert* in Thomas (Anm. 8) S. 28.

Grundlegend und instruktiv für die Verwendung des symbolischen Interaktionismus:
Klaus Mollenhauer: Theorien zum Erziehungsprozeß, München: Juventa 1972, 3. Aufl. 1976.
Ausführlicher und mit weiteren Beispielen zur Verwendung dieses Situationsbegriffs:
Walter Gagel: Sozialstaat und situatives Handeln. In: Geschichte in Wissenschaft und Unterricht 1979, H. 12, S. 748–764.

2.4 Konkretes Wissen und wissenschaftliches Wissen

Nach dieser Beschäftigung mit Inhaltsstrukturen der konkreten Erkenntnisebene muß an die Bedeutung der abstrakten Erkenntnisebene wieder erinnert werden.

Wir hatten die konkrete Erkenntnisebene wegen ihres Lebensbezuges didaktisch bevorzugt, aber wir hatten die abstrakte Erkenntnisebene für unentbehrlich angesehen, weil sie die Generalisierungen ermöglicht, weil sie den Zugang zu einem übergreifenden sozialen *System* eröffnet und dadurch überhaupt erst Orientierung in einer komplexen Gesellschaft ermöglicht.

Daran haben wir ein didaktisches Grundproblem sichtbar gemacht, das wir in die *Frage* gekleidet hatten (s. oben, S. 48): Wie werden Lebensbezug und wissenschaftliches Wissen miteinander in Verbindung gebracht? Oder – um es jetzt wieder anders auszudrücken: Wie kann der Lehrer die Systemstrukturen erkennen lehren, ohne auf den konkreten Lebensbezug zu verzichten? Es geht also um den *Zusammenhang zwischen konkretem Wissen und wissenschaftlichem Wissen.*

Über das Verhältnis von Konkretem und Abstraktem hatten wir gesagt (2.2.2), daß Abstraktes und Konretes nicht zu trennen sind, sondern beides immer in einer Beziehung zueinander steht; daß Abstraktes ohne den Bezug zu Konkretem, Konkretes ohne abstrakte Begriffe nicht *gedacht* werden kann. Kennzeichen des Abstrakten ist seine „Relationalität". Wir hatten aber auch gesagt, daß wir das

Konkrete als Lerngegenstand bevorzugen, weil es den Lernenden den *Zugang* zur abstrakten Erkenntnisebene eröffnet.

Wir betrachten dies aber nicht als ein methodisches Problem. Es ist nicht gemeint, daß der Lerngegenstand lediglich die Treppe darstellt, die den Aufstieg zum Wesentlichen erleichtert. Der Zusammenhang zwischen konkretem Wissen und abstraktem Wissen wird nicht pädagogisch konstruiert, sondern ist als Problem des *Alltagsbewußtseins* immer schon vorhanden. Die Soziologen Berger/Berger machen dies durch die Begriffe „Mikrowelt" und „Makrowelt" bewußt.[1] Sie sagen: Wenn wir „Gesellschaft" erfahren, dann leben wir gleichzeitig in verschiedenen Welten. Einerseits leben wir in der *Mikrowelt* unserer unmittelbaren Erfahrung, in der uns vertrauten Umwelt, in den face-to-face-Beziehungen mit anderen. Alltagsleben: das ist der Streit zwischen dem Sozialarbeiter und dem Jugendlichen, den wir besprochen haben. Aber beide befinden sich, ob sie es wissen oder nicht, in einer *Makrowelt,* die aus viel größeren Strukturen besteht, die aber nicht konkret erfaßbar sind; durch sie kommen wir zwar auch in Beziehung zu anderen, aber diese Beziehungen sind meist abstrakt, anonym und weit entfernt. Ein Beispiel hierfür ist die Beziehung des einzelnen Lehrers zum Kultusminister. Die Makrowelt ist also viel schwerer zu erfassen, überhaupt nur über Begriffe, Symbole, – aber sie ist nicht weniger real als die Mikrowelt, denn Wirkungen gehen auch von Institutionen der Makrowelt aus.

Wir haben bisher Mikrowelt und Makrowelt in andere Begriffe übersetzt:

Mikrowelt	*Makrowelt*
Fall, Konflikt	Institution, System
konkret	abstrakt
Lebensbezug, „subjektiver Faktor"	wissenschaftliches Wissen

Alltagsleben: in der phänomenologischen Soziologie und im symbolischen Interaktionismus gebrauchte Bezeichnung für das Erleben und Handeln von Personen in allgemein bekannten und vertrauten Situationen auf der Basis selbstverständlicher Erwartungen.

Mikrowelt und Makrowelt: „Zunächst, zuerst und immerfort bewohnen wir die Mikrowelt unserer unmittelbaren Erfahrungen mit anderen in Vis-à-vis-Beziehungen. Darüber hinaus bewohnen wir ... eine Makrowelt, die aus viel größeren Strukturen besteht und uns in Beziehungen zu anderen bringt, die meistens abstrakt, anonym und entfernt bleiben."

Peter L. Berger, Brigitte Berger: Wir und die Gesellschaft, Reinbek: Rowohlt 1976, S. 15.

Wir haben deutlich gemacht, wie wichtig es ist, konkret zu sein, die Themen so auszuwählen, daß die Erfahrung der Schüler berücksichtigt werden kann, daß die Lerngegenstände einen Bezug zum Leben der Schüler haben. Dabei haben wir aber nicht ausdrücklich bewußt gemacht, daß die Schüler und die Erwachsenen, also wir alle, gleichzeitig in beiden Welten leben, also in der Mikrowelt *und* in der Makrowelt.

Das didaktische Problem besteht also darin, wie den Schülern ein Wissen über „Gesellschaft", also die *Makrowelt*, vermittelt werden kann. Oder anders ausgedrückt: *Wie* sollen Schüler sozialwissenschaftliche Abstraktionen und Generalisierungen lernen, und wie macht man ihnen einsichtig, daß diese sozialwissenschaftlichen Inhalte etwas mit ihrem Leben zu tun haben? Die Antwortet lautet: Indem man ihnen die Möglichkeit gibt, *in der Mikrowelt die Makrowelt zu entdecken.* Die Abb. 7 soll dies veranschaulichen.

Abb. 7: Die „Nahtstelle" zwischen Mikrowelt und Makrowelt

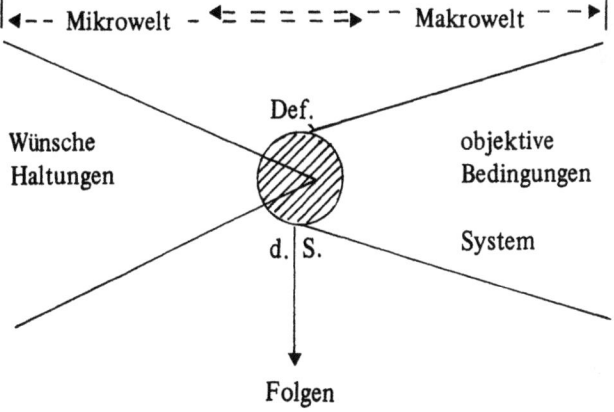

Zu den einzelnen Kategorien s. oben S. 59.

Den Alltag der Mikrowelt erlebt der einzelne in Situationen. Aber die Betrachtung von Situationen ergab ja, daß in der konkreten Situation immer auch die Makrowelt enthalten ist; wir hatten dies die „objektiven Bedingungen" genannt. In einer Situation handeln Menschen miteinander (Interaktion) in einer gegebenen Umwelt (objektive Bedingungen). In jeder Situation begegnet der einzelne immer auch der *Gesellschaft,* sei es als Ausschnitt (Institution, Teilsystem), sei es als Ganzes (Gesamtsystem). Er begegnet also in der Mikrowelt immer auch der Makrowelt. Er muß sie nur entdecken, also sehen lernen.

Daraus ist zu folgern, wie didaktisch ergiebig der Lerngegenstand Situation ist. Dies drückt die These von der „Nahtstelle" aus:

> „Situation" ist ein sozialwissenschaftliches Konstrukt, das als „Nahtstelle" zwischen Individuum und Gesellschaft, zwischen Mikro- und Makrowelt angesehen werden kann.

Unter „Konstrukt" ist zu verstehen, daß der Begriff „Situation" ein wissenschaftlicher Begriff ist, der also hergestellt wurde, um etwas sichtbar zu machen, hier das Verhalten von Menschen in Situationen.

„Nahtstelle" oder begriffliches Bindeglied: Das meint, daß Gegenstände, also konkrete Ereignisse oder Erlebnisse von Personen, Allgemeines und Abstraktes enthalten. Daher können solche Lerngegenstände den *Zugang zum Allgemeinen* eröffnen, wissenschaftliches Wissen vermitteln.

Das gilt aber nicht allein für die Inhaltsstruktur „Situation", sondern trifft auch auf „Fall" und „Problem" zu. Wir können daher *Gemeinsamkeiten* zwischen diesen drei Inhaltsstrukturen feststellen. Dies soll an einem Unterrichtsbeispiel verdeutlicht werden[2]:

> Das Thema „Hausbesetzungen" läßt sich sowohl als Fall, als Problem und als Situation im Unterricht behandeln.
> a) Der „*Fall*" einer Hausbesetzung, in Form eines Berichtes. Er leitet zur Frage, ob Gewaltanwendung und Rechtsbruch vertretbar sind, also einem generellen Problem des politischen Handelns.
> b) Das „*Problem*" der strukturellen Verzerrung des Wohnungsmarktes; dieses kann durch Statistiken dargelegt werden und führt zu Fragen der Wohnungspolitik, z.B. marktkonform oder dirigistisch.
> c) Die „*Situation*" von Hausbesetzern, faßbar in Selbstzeugnissen, also Interviews. Darin sind Fragen des Selbstverständnisses der Beteiligten enthalten, z.B. die Frage, inwieweit Selbstverwirklichung in unserer Gesellschaft möglich ist und was dies eigentlich bedeutet. Allgemeiner ist das Problem: Welche Bedürfnisse können in unserer Gesellschaft befriedigt werden und wer bestimmt darüber?

Es ist also möglich, dasselbe Thema den Schülern als Fall, Problem oder als Situation vorzulegen. Gemeinsam ist diesen drei Inhaltsstrukturen, daß sie zu allgemeinen Fragen führen, also den Zugang zum Allgemeinen eröffnen.

Aber sie weisen auch *Unterschiede* auf. Sie vermitteln dem Lernenden eine jeweils andere *Beobachtungsperspektive:* einerseits Außenperspektive (Fall, Problem), andererseits Innenperspektive (Situation).

Nach den Methoden der Sozialwissenschaften: Außenperspektive ist die empirisch-analytische Methode, nämlich objektivierende Beobachtung, die als

Fallanalyse oder Problemanalyse angewendet werden kann. Die Innenperspektive wird durch hermeneutische Verfahren eröffnet; eine Analogie bietet sich an zur teilnehmenden Beobachtung als Instrument der soziologischen Forschung. Diese läßt sich anwenden in der Form der Situationsanalyse.

Die Gegenstände unterscheiden sich also hinsichtlich der Beobachtungsperspektive. Die Lernenden gewinnen jeweils ein anderes Verhältnis zum Gegenstand. In dem einen Fall treten sie gleichsam von außen heran, also an den Fall oder an das Problem, im anderen von innen, indem sie sich in die Situation hineinversetzen müssen. Das hat Konsequenzen. Die drei Arten von Inhaltsstrukturen haben unterschiedliche Wirkungsrichtungen, und das ist an den unterschiedlichen *Zieldimensionen* zu erkennen, welche sich aus diesen Arten von Inhaltsstukturen ergeben. Durch „Fall" und „Problem" wird primär „problemlösendes Verhalten" aktiviert; die Absicht besteht im Erlernen komplexer kognitiver Operationen. Anders bei „Situation". Sie verlangt ein Hineindenken, ein Verstehen der anderen Menschen, und daher regt die Beschäftigung mit ihr eine sozialpsychologische Fähigkeit an, die man „Empathie" nennt.

Diese Unterschiede sind demnach sowohl didaktisch als auch pädagogisch wichtig. *Didaktisch:* Der Lehrer kann die Besonderheit der jeweiligen Lernaufgabe erkennen, also Analysieren, Problemlösen, Interpretieren. *Pädagogisch:* Er kann sehen, welche dieser Lernaufgaben am wirkungsvollsten die Einstellungen und Haltungen der Lernenden beeinflussen kann.

Aber wir wollen am Schluß auch die *Gemeinsamkeiten* nochmals hervorheben. Wir hatten nach Wegen gesucht, durch welche Lebenserfahrung und wissenschaftliches Wissen in Verbindung gebracht werden können. Die beschriebenen Arten von Inhaltsstrukturen stellen solche Wege dar. Durch Fall, Problem oder Situation kann der Lehrer den Schülern die Möglichkeit geben, in der Mikrowelt des Alltags, der Umwelt und ihres eigenen Lebens die Makrowelt zu entdecken. Diese hilft ihnen, ihre Erlebnisse und Beobachtungen zu ordnen und zu erklären; sie ist die Voraussetzung für *kognitive Orientierung.* Die Behandlung von Problemlösungen und globalen Konflikten, die durch Fälle, Probleme und Situationen erschlossen werden, verhelfen aber auch zu normativen Klärungen und vermitteln demnach außerdem eine *evaluative Orientierung* über richtiges oder verantwortbares Handeln. Insgesamt sollen durch das Entdecken der Makrowelt in der Mikrowelt bei den Schülern Fähigkeiten geweckt werden, die ihnen helfen, jetzige und zukünftige Lebenssituationen rational zu bewältigen, also vernünftig zu handeln, – dann nämlich, wenn aus den Denkspielen des schulischen Lernens Ernst geworden ist.

Literatur

1 *Peter L. Berger, Brigitte Berger:* Wir und die Gesellschaft. Eine Einführung in die Soziologie – entwickelt an der Alltagserfahrung, Reinbek: Rowohlt: 1976 (6955), S. 11–17.
2 *Gotthard Breit, Hermann Harms:* Hausbesetzungen. Unterrichtsplanung mit Lerngegenständen unterschiedlicher Inhaltsstruktur: Problem – Fall – Situation. In: Gegenwartskunde 1981, H. 4, S. 529 – 560.

Walter Gagel: Fall, Problem, Situation – Zugänge zum systematischen Wissen. In: Gegenwartskunde 1981, H. 1, S. 64–66.

3. Einheit: Was ist wichtig? Das Problem der Inhaltsauswahl

Wer Klarheit über Inhaltsstrukturen, über die Beschaffenheit von Lerngegenständen gewonnen hat, wie sie in der zweiten Einheit vermittelt werden sollte, der steht immer noch vor der Frage nach dem „Was" des Unterrichts. Die Entscheidung für das Fallprinzip oder die Absicht, Situationen für den Unterricht auszuwählen, entbindet den Lehrer nicht von der Frage, *welche* Fälle für den Unterricht in einer bestimmten Klasse wichtig sind.

Lehrer antworteten auf die Frage nach der Auswahl ihrer Themen und nach der Rolle der Lehrpläne:
„Ich behandle die Themen je nach der politischen Lage, manches ausführlicher, manches weniger. Ich orientiere mich an diesen Plänen, aber nicht so streng."
„Ich nehme die Auswahl der Stoffe aus den Bildungsplänen vor in dem Sinne, was ich für die Orientierung im Leben . . . am wichtigsten halte."
„Ich habe mich vor allem an die Stoffe gehalten, die ich den Kindern vermitteln kann, ohne in eigene Konflikte zu kommen."

Zur Wirksamkeit politischer Bildung Teil I: Eine soziologische Analyse des Sozialkundeunterrichts. *Forschungsberichte der Max Traeger Stiftung*, Frankfurt 1966, S. 113, 121.

In diesen Äußerungen werden *Auswahlkriterien* mehr oder weniger deutlich genannt: Aktualität, Lebenshilfe und Konfliktvermeidung. Jedoch: Sind diese Kriterien klar und eindeutig? Sind sie überdies annehmbar, weil begründbar? Mit diesen Fragen befaßt sich diese Einheit.

3.1 Die Notwendigkeit von Auswahlprozessen

Zunächst aber soll herausgestellt werden, daß es sich bei der Auswahl von Unterrichtseinheiten um ein generelles *Problem* handelt. Für den Lehrer in der Praxis, der täglich den Kampf mit der Fülle des „Stoffes" angesichts begrenzter Unterrichtszeit führt, ist das selbstverständlich. Aber es ist wichtig, sich bewußt zu machen, daß diese Auswahlentscheidungen dem Lehrer weder von Richtlinien noch von Lehrbüchern abgenommen werden können. Deshalb gehört es zum Bestandteil fachdidaktischer Ausbildung, sich mit diesem didaktischen Problem zu beschäftigen.

Dabei liegt die Betonung auf dem Wort „Problem". Die Auswahl der Lerninhalte ist ein Problem in dem oben (S. 54) definierten Sinne wegen seiner Dringlichkeit, der Notwendigkeit. Diese hat folgende Ursachen:

- *Wissensexplosion:* Das verfügbare Wissen ist quantitativ enorm angestiegen und steigt auch weiter an, aber das Bewußtsein der Individuen ist immer weniger in der Lage, diese Wissensmenge zu verarbeiten.
- *Spezialisierung der Wissenschaften:* Durch ihre segmentartige Begrenzung auf ein Gebiet oder eine Fragerichtung sind wissenschaftliche Disziplinen nicht in der Lage, von sich aus zu definieren, was gelernt werden muß.

Nun bietet sich zur Beschreibung des Auswahlvorganges eine sozialwissenschaftliche Parallele an: *„Reduktion von Komplexität"* als Leistung von Systemen nach Niklas Luhmann. Wir übersetzen dies zunächst einmal in eine näherliegende Vorstellung: in den Kommuni-

---

Reduktion von Komplexität: Nach der Systemtheorie (Luhmann) sollen Systeme die Komplexität (die unüberschaubare Vielfalt und Fülle) der in einer wissenschaftlich-technischen Gesellschaft gegebenen Möglichkeiten und Notwendigkeiten dadurch bewältigen, daß sie die *Komplexität reduzieren*, d.h. auf wenige Möglichkeiten zurückführen; so bleiben dann überschaubare und wirklich zu bewältigende Handlungsmöglichkeiten übrig. Zugleich aber muß *Spielraum* für die Wahrnehmung noch nicht ausgeschöpfter Möglichkeiten übriggelassen werden, und das wird Kontingenz genannt. Kurz: Es geht darum, aus der Fülle auszuwählen (Komplexitätsreduktion), zugleich aber Vielfalt und Spielraum zu erhalten (Kontingenz).

Systeme, die ihre Aufgaben leisten, vermitteln „Sinn"; d.h. sie ermöglichen es dem Menschen durch Komplexitätsreduktion und Kontingenz überhaupt erst zu überleben.

Wolfgang Hilligen: Zur Didaktik des politischen Unterrichts I, 3. Aufl., Opladen: Leske 1978, S. 85.

kationsprozeß und seine Selektivität. Die Ereignisse der Welt sind uns nur durch technische Medien zugänglich. In dem Prozeß, in welchem die Informationen über die Welt zu uns transportiert werden, findet eine *Selektion*, eine Auswahl statt. Das Medium (Fernsehen) ist ein Filter. Wir erfahren nur das, was die Nachrichtenredaktion ausgewählt hat, und wir erfahren es so, wie diese Redaktion das Ausgewählte darbietet, also auch in ihrer Deutung.

So *reduziert* sich die Fülle des Weltgeschehens auf die Bilder von den großen Weltereignissen. Aber andererseits: Das Medium „Fernsehen" *erweitert* auch den Gesichtskreis des Menschen und erhöht damit Komplexität. Der Bauer zu Beginn des vorigen Jahrhunderts hatte ein Gesichtsfeld, das bis zum nächsten Dorf reichte. In dem Gesichtsfeld des Landbewohners in unserer Gegenwart liegen sowohl Afghanistan und Polen als auch das Problem der Arbeitslosigkeit. Das Medium als System leistet also zweierlei: Reduktion und Steigerung von Komplexität des Wahrnehmbaren. Freilich ist diese Steigerung von Komplexität etwas durchaus Zwiespältiges, weil sie die Verarbeitungskapazität des einzelnen immer wieder zu übersteigen droht.

Dieser Kennzeichnung des Kommunikationsprozesses als Beispiel können wir eine *Folgerung* entnehmen. Sie soll hier als Maßstab für die Beurteilung von Auswahlkriterien verwendet werden. In einem Aufsatz, in welchem Hartmut von Hentig die Diskussion zwischen Niklas Luhmann und Jürgen Habermas untersucht, findet man folgende Thesen:

— „Vereinfachung ist nötig, wenn wir Herr unserer Mittel und Mittelsysteme bleiben oder werden wollen."
— „Vereinfachung kommt nicht durch Leugnung der Komplexität ... unserer Welt."
— Das Komplexitätsgefälle darf durch Reduktion nicht verschwinden.

Und dann schließt von Hentig den Gedanken an, daß Komplexität eine Vorbedingung für Handeln sei, denn Handeln bedeute „Alternativen haben", unter mehr als einer Möglichkeit wählen können.

In unserem Zusammenhang ist der politische Aspekt dieser Überlegungen wichtig. Sicherlich ist es nicht leicht, die Komplexität unserer Welt auszuhalten. Einfacher ist es, sich ein für allemal zu entscheiden. Man bekennt sich also zur Friedensbewegung, und dann weiß man, wo die Gegner zu finden sind. Oder man engagiert sich für den Umweltschutz, dann zerfällt die Welt in die gefährlichen Wachstumsfetischisten einerseits und die zukunftsbewußten Umweltschützer andererseits, und es ist für einen selbst gar keine Frage, wo man steht und was man zu tun hat.

Diese Denkweise kann als „politischer Reduktionismus" bezeichnet und folgendermaßen beschrieben werden:

„Es besteht ein Hang zu vereinfachenden Erklärungen und zu reduzierten Alternativen. Das ‚Entweder-Oder' ist typischer als das abwägende ‚Sowohl-als-Auch'. Es wird angenommen, daß es für schwierige Probleme eine wahre Lösung gibt. Wer im Besitz dieser Lösung ist, verteufelt die Andersdenkenden bestenfalls als Dummköpfe ..., schlimmstenfalls als Verräter oder Lügner ... Diese deutsche ‚Sucht nach der Wahrheit' (Dahrendorf) verhindert nicht selten den politischen und wissenschaftlichen Disput darüber, was richtig und gut ist. Die Meinung der anderen wird nicht angehört, sondern sie wird von vorneherein abgelehnt. Nahtlos in diese Tradition paßt das gern gepflegte Freund/Feind-Schema, das Andersdenkende nicht toleriert, sondern ausschließt."[2]

„Politischer Reduktionismus" bewirkt also die Vereinfachung der Fronten, die Teilung der Welt in Freunde und Feinde, so wie es früher durch den Gegensatz zwischen Kommunismus und Antikommunismus geschah oder wie kürzlich noch in einem Wahlkampf die Frontlinien mit dem Schlagwort gezogen wurden: Freiheit oder Sozialismus. Dieses „Entweder-Oder-Denken" bedeutet auch, daß ein Ziel verabsolutiert wird und Zwischenlösungen dadurch verhindert werden.

Jedoch: „Alternativen haben" bedeutet, daß man *immer wieder* Entscheidungen angesichts von Alternativen trifft, also nicht nur einmal, gleichsam als Bekehrung, und dann nie wieder. Denn trotz der notwendigen Reduktion von Komplexität müssen „Vielfalt und Spielraum" (Hilligen) erhalten bleiben. „Politischer Reduktionismus" in dem beschriebenen Sinne wird hier aus zwei Gründen abgelehnt:

— *pädagogisch:* Er verhindert selbständige Denk- und Lernprozesse (Option für den „Klärer" statt den „Vereinfacher" als kognitiver Stil[3]).
— *politisch:* Er verleitet zu unversöhnlicher Feindschaft und wandelt politische Auseinandersetzungen in Glaubenskriege um.

Daraus ergibt sich für uns die didaktische Notwendigkeit, die komplexe, gegensätzliche Struktur des jeweiligen Problemfeldes zu erhalten, und das heißt im Sinne der Beispiele: Ökologie *und* Ökonomie, Freiheit *und* Gleichheit. Daher soll hier das Auswahlproblem in antinomischer Weise beschrieben werden:

Die Auswahl von Lerninhalten muß zwei entgegengesetzte Leistungen vollbringen: sowohl Reduktion von Vielfalt als auch Bewahrung von Vielfalt.

Literatur

1 *Hartmut von Hentig*: „Komplexitätsreduktion" durch Systeme oder „Vereinfachung" durch Diskurs? In Franz Maciejewski (Hg.): Theorie der Gesellschaft oder Sozialtechnologie. Beiträge zur Habermas-Luhmann-Diskussion, Frankfurt: Suhrkamp 1973, S. 115-144; hier S. 120, 128, 129.
2 *Carl Böhret u.a.*: Innenpolitik und politische Theorie. Ein Studienbuch, Opladen: Westdt. Verlag 1979, S. 87 f.
3 *W. Fuchs u.a.* (Hg.): Lexikon zur Soziologie, 2. Aufl., Opladen: Westdt. Verlag 1978, S. 751.

Das Thema an der „Originalstelle":
Niklas Luhmann: Das Problem der Komplexität. In Jürgen Habermas, Niklas Luhmann: Theorie der Gesellschaft oder Sozialtechnologie, Frankfurt: Suhrkamp 1971, S. 292-316.
Die Bedeutung für die Didaktik:
Wolfgang Hilligen: Zur Didaktik des politischen Unterrichts I, 3. Aufl., Opladen: Leske 1978, S. 85, 105, 125.

3.2 Beispiele für Auswahlkriterien

Mit der zuletzt genannten „Regel" haben wir so etwas wie eine Sonde, mit deren Hilfe wir Vorschläge für Auswahlkriterien überprüfen können. Wir wählen die Vorschläge in den didaktischen Konzeptionen von Hermann Giesecke, Rolf Schmiederer und Bernhard Sutor aus.

3.2.1 Konflikt

Für Hermann Giesecke ist der „Konflikt" der bevorzugte Lerngegenstand. Er bezeichnet Konflikte als die „eigentliche Triebfeder des politischen Prozesses"[1]; Konflikt und Politik sind für ihn demnach so gut wie identisch. Der Begriff kennzeichnet folglich nicht nur einen Lerngegenstand, sondern stellt auch ein Auswahlkriterium dar.

Konflikt: Soziologisch bedeutet K. jede durch Gegensätzlichkeit gekennzeichnete Beziehung zwischen Personen, Gruppen, Klassen. Sie äußert sich in Auseinandersetzungen und Kämpfen. Dabei kann es um Werte, um Anrecht auf verbesserten Status, um mehr Macht und um Mittel gehen. *Latenter* K. ist im Unterschied zum *manifesten* K. ein solcher, der nicht erkennbar ist und daher auch nicht zum offenen Austrag kommt, aber potentiell dazu kommen kann, weil er eine tiefere Ursache darstellt. Zu unterscheiden sind *Verteilungskonflikte* von *Wert- und Zielkonflikten*, ferner *totale* von *partiellen* (strukturellen) Konflikten.

Um das zu verstehen, muß man auf die Entstehungsgeschichte von Gieseckes didaktischer Konzeption zurückblicken. Die erste Auflage seiner „Didaktik der politischen Bildung", die 1965 erschien, begann er mit der Darstellung und der Analyse eines Konfliktes, und zwar eines solchen, der damals noch allen gegenwärtig war: der Spiegel-Affäre von 1962.

Der Spiegel hatte im Herbst 1962 einen Bericht über das NATO-Manöver „Fallex" angefertigt und veröffentlicht. Daraufhin wurden Spiegel-Redakteure verhaftet, der Verlag durchsucht. Die Auseinandersetzung im Bundestag führte zum Rücktritt der FDP-Minister unter Adenauer. Adenauer konnte eine neue Regierung nur dadurch bilden, daß er seinen Rücktritt im folgenden Jahr versprach.

Anhand dieses Beispiels entwickelte Giesecke seine Didaktik. In der Neubearbeitung hat er dann aber gesehen, daß „Konflikt" als Auswahlkriterium noch zu unspezifisch ist. Er hat dann ergänzt:

— Konflikte müssen *objektiv* sein im Unterschied zu subjektiven, also individuellen psychischen Konflikten. Sie sind also „öffentliche" Konflikte und nicht „private".
— Auf Konflikte muß sein *Kategorien-Modell* anwendbar sein, was ebenfalls unpolitische Konflikte ausschließt.
— *Manifeste* Konflikte müssen auf *latente* Konflikte zurückzuführen sein. „Manifest" heißt: wahrnehmbar; Konflikt wird hier zum Ereignis. Aber hinter dem Ereignis steht ein grundlegender und das Ereignis überdauernder Konflikt: Latenz.
Dieser Konflikt ist verborgen, bricht aber immer als manifester Konflikt auf: z. B. Klassengegensatz als latenter Konflikt, Tarifkonflikt als manifester.
Für Giesecke sind latente Konflikte solche, die „den Kern des Demokratisierungs- und Emanzipationsprozesses betreffen", sie beziehen sich also auf Herrschaft.

Mit dieser Anbindung der Latenz von Konflikten an eine geschichtstheoretische Interpretation hat Giesecke jedoch andere Konfliktarten ausgeschlossen:

— Sein Konfliktbegriff bezieht sich auf *Verteilungskonflikte,* d. h. es geht um die Aufhebung der ungleichen Verteilung von Macht. Nicht berücksichtigt werden dabei Wert- und Zielkonflikte.
— Er bevorzugt die *totalen* vor den partiellen Konflikten.
— Zum partiellen Konflikt läßt sich auch der *strukturelle* Konflikt zählen, der von Giesecke ebenfalls nicht berücksichtigt wird. Dazu gehört z. B. ein möglicher Konflikt zwischen Betriebsrat und Gewerkschaft.

Mit diesen Kriterien ist der Konfliktbegriff sicherlich präziser geworden. Aber Giesecke nimmt dabei eine erhebliche *Reduktion* in Kauf, wenn diese Kriterien ernst genommen werden. Es wurde schon angedeutet, daß ein Konflikt zwischen Betriebsrat und Gewerkschaft eigentlich ausgeschlossen werden müßte. Es wäre auch zu fragen, ob die Spiegel-Affäre diesen Kriterien noch gerecht wird. Man kann diesen Konflikt nämlich gerade mit den ausgeschlossenen Kriterien kennzeichnen:

– *Wert- und Zielkonflikt:* Pressefreiheit
– partieller Konflikt, weil es sich um einen *strukturellen* Konflikt handelt: nämlich das gesellschaftliche Gefüge, hier das Verhältnis der Institutionen „Presse" und „Regierung" zueinander.

Sieht man Demokratisierung in der Aufhebung des Privateigentums, dann sind „latente" Konflikte solche, die mit dem Grundwiderspruch zwischen Kapital und Arbeit zu tun haben. Politik wäre dann ähnlich zu definieren, wie Marx Geschichte definiert hat: als Geschichte von Klassenkämpfen. Das wäre Vereinfachung und Verordnung *eines* Geschichts- und Politikbildes, das eben die Möglichkeit anderer Deutungen ausschließt und damit Reduktion, die nicht den Zugang zur Vielfalt offenhält.

Das wird besonders augenfällig, wenn man dieses Politikverständnis auf die Dimensionen des Politikbegriffes (s. oben S. 43) bezieht. Durch die Bevorzugung des „Konfliktes" liegt das Schwergewicht auf der Dimension „Prozeß". Die Dimension „Form", welche die Institutionen und den Handlungsrahmen enthält, berücksichtigt Giesecke durch das Systemwissen als Lernziel.

Jedoch die Dimension, in der es um Problemlösung, Aufgabenerfüllung, Wert- und Zielorientierung geht, – diese Dimension „Inhalt" tritt ganz zurück, wird gleichsam ausgeblendet. Demgegenüber wird hier die gleichmäßige Berücksichtigung dieser Dimensionen als Indikator für die Bewahrung von Vielfalt angesehen.

Wie bereits erwähnt, ist Giesecke neuerdings von seinem Auswahlkriterium „Konflikt" abgerückt (s. oben S. 52). Er spricht jetzt von Problemorientierung. Politische Beteiligung ist für ihn seitdem die Beteiligung an der Beurteilung und Lösung von politischen Problemen. Aber er hat dadurch kein neues Kriterium für die Inhaltsauswahl gewonnen. Problemorientierung reicht hierfür nicht aus, weil jetzt ein Kriterium für die Priorität von Problemen benannt werden müßte, was Giesecke nicht tut.

Dieser Wechsel von der Konflikt- zur Problemorientierung stellt sicherlich einen Beleg für unzulässige Reduktion der Inhalte durch den Konfliktbegriff dar; dies würde die hier vorgetragene Kritik bestätigen.

Literatur

1 *Hermann Giesecke:* Didaktik der politischen Bildung, N.A., 10. Aufl., München: Juventa 1976, S. 179.
2 ebenda S. 143.
3 *Walter Gagel:* Politik – Didaktik – Unterricht. Eine Einführung in didaktische Konzeptionen des politischen Unterrichts, 2. Aufl., Stuttgart: Kohlhammer 1981, S. 73 f.
4 ebenda S. 77.

Zu einer „konfliktorientierten" Didaktik neuerdings:
Heinz Dedering (Hg.): Konflikt als paedagogicum. Bestandsaufnahme und Weiterentwicklung konfliktorientierter Didaktik, Frankfurt: Diesterweg 1981. Dort auch eine gute Analyse der Didaktik Gieseckes von Kurt Fackiner.

3.2.2 Bedürfnisse und Interessen

Viel einleuchtender ist sicherlich die Forderung, der Lehrer solle sich im Unterricht an den *Bedürfnissen und Interessen* seiner Schüler orientieren. Auch das sind demnach Auswahlkriterien für Unterrichtsinhalte. Für derartige Kriterien können wir Rolf Schmiederer als Beispiel nehmen.

Auswahlprinzip ist bei ihm der „subjektive Faktor", wie er es nennt: nämlich „Bedürfnisse, Interessen und Wünsche der Schüler"[1]. Wir haben es hier mit einem zentralen Gedanken der Unterrichtskonzeption eines *schülerorientierten Unterrichts* zu tun, zu dem Schmiederer sich sehr entschieden bekennt. Der Titel seines letzten Buches heißt denn auch „Politische Bildung im Interesse der Schüler".

Was gemeint ist, geht am besten aus einem Praxisbericht hervor.

Diskutiert und gearbeitet wurde zunächst nur über Themen, die die Schüler unmittelbar betrafen und deshalb auf allgemeines Interesse stießen (Lehrerautorität, Vorgänge in der Schule und der Klasse, Elternprobleme, Freundschaft, Liebe). Bei der Behandlung dieser Themen übte die Klasse Gruppenarbeit, wobei zugleich die dabei auftauchenden organisatorischen, technischen und sozialen Probleme der Arbeitsweise thematisiert und zum gleichrangigen Unterrichtsstoff erhoben wurden. In dem Maße, in dem die eigenen disziplinären, organisatorischen und sozialen Probleme von der Klasse gelöst wurden, weitete sich auch der Interessenhorizont der Schüler allmählich aus.

„Wir können ja nicht immer nur über uns selbst reden; – wir müssen uns ja auch mal um die Probleme anderer kümmern!" – Dieser Einwand wurde nach etwa zwei Monaten erhoben. Es wurden daraufhin Themen gesammelt, die behandelt werden sollten. Der Vorschlag eines sonst sehr zurückhaltenden Jungen, über die Lage der Gastarbeiter zu arbeiten, wurde aufgegriffen. Der Schüler war durch eine Fernsehsendung auf das Problem aufmerksam geworden und erzählte deshalb zunächst von dieser Sendung.

Barbara Schaeffer, Ursula Lambrou: Politische Bildung als Unterrichtsprinzip, Frankfurt: EVA 1972, 2. Aufl. 1973, S. 123

In diesem Unterricht wurden zunächst Themen aus der Lebenswelt der Schüler behandelt. Die Schüler spüren: Die Fragen gehen sie etwas an. Sie empfinden einen Problemdruck, welcher die Lernmotivation bewirkt. Die Wendung von Themen, die um das eigene Ich kreisen, zu solchen, die andere Menschen betreffen, erfolgt durch die Schüler selbst: „Wir können ja nicht immer nur über uns selbst reden," Das Thema „Gastarbeiter" bezieht sich dann auch auf die Probleme anderer Menschen. Nicht gesagt wird, wie es zu der Auswahl dieses Themas unter mehreren Vorschlägen kam. Aber es wird geschildert, wie der eine Schüler auf die Lage der Gastarbeiter aufmerksam gemacht wurde: durch das Fernsehen.

Es ist zweckmäßig, zum Verständnis des Unterrichtsbeispiels die Begriffserklärungen zu Hilfe zu nehmen. Dann läßt sich sagen, daß die Schüler zunächst ausschließlich an ihren *Bedürfnissen* orientiert waren, aus denen sich dann die *subjektiven Interessen* im psychologischen Sinne ergaben, die in der Erlangung eines Ergebnisses der Unterrichtsarbeit lagen. Aber mit dieser Bedürfnisorientierung ist das Thema „Gastarbeiter" nicht ohne weiteres vereinbar.

Ferner ist zu bedenken, daß dieses Thema „Gastarbeiter" dem Schüler durch die Massenmedien vermittelt worden war. Sicherlich ist der Informationsbereich der Schüler durch die Medien erheblich erweitert worden. Damit wurde aber auch die Abhängigkeit durch die Auswahlkriterien dieser Medien und durch die Zufälligkeit des eigenen Medienkonsums erhöht.

Schließlich ist in dem Beispiel der Anteil des Lehrers an der Themenauswahl nicht erwähnt worden. Hätte er ein abwegiges Thema verhindert? Und wenn ja: Was ist „abwegig"? Warum ist das Thema „Gastarbeiter" offenbar nicht abwegig?

Diese Fragen machen deutlich, daß in den Begriffen „Bedürfnisse und Interessen" ein Gemenge von Bedeutungsinhalten ruht, das durch den umgangssprachlichen Gebrauch dieser Worte nicht sofort sichtbar wird. Nutzt man die *Definitionen* und ihre Bedeutungsaspekte, dann ist eine wichtige Frage, ob der Lehrer die Unterscheidung von subjektiven und objektiven *Interessen* akzeptiert.

Gegensätzliche didaktische Positionen werden durch folgende Zitate belegt: Schuch konstatiert eine Umorientierung der Didaktik, seitdem die Faktoren der Erziehung dem „privaten Bereich" entnommen werden. „Die Erziehung konnte auf dem aufbauen, was die Individuen vorstellten. Es gab wenig erfahrungsfremdes Wissen zu vermitteln. Normierungen schienen vom Ansatz her nicht notwendig. Die Zumutung an die Individuen lag offenbar ‚allein' darin, sich ihrer Erfahrungen, Bedürfnisse und Interessen bewußt zu werden und in der Konsequenz dieses Bewußtseins ihr Leben einzurichten."[2]

Bedürfnis: Gefühl eines Mangels, verbunden mit dem Bestreben, ihn zu beseitigen. Anders ausgedrückt, können wir Bedürfnis als einen Spannungs- oder Konfliktzustand innerhalb des personalen Systems bezeichnen: Eine Person nimmt wahr, daß es ein Mittel der Bedürfnisbefriedigung gibt, über das sie gern verfügen möchte; sie nimmt zugleich wahr, daß sie unter den gegebenen Umständen nicht sofort über dieses Mittel verfügen kann. Eine Spannung besteht also zwischen diesen beiden Wahrnehmungen, ... zwischen der Wahrnehmung eines Ist-Zustandes (tatsächliche Verfügung über Mittel der Bedürfnisbefriedigung) und einem Soll-Zustand (angestrebte Verfügung über Mittel der Bedürfnisbefriedigung).

Karl Otto Hondrich: Menschliche Bedürfnisse und soziale Steuerung. Eine Einführung in die Sozialwissenschaft, Reinbek: Rowohlt 1975, S. 27 f.

Interesse: (1) *subjektives* I., psychologisch die Ausrichtung von Aufmerksamkeit, Gedanken und Absichten einer Person auf einen Gegenstand oder Sachverhalt, dem ein subjektiver Wert zugeschrieben wird.
(2) Soziologisch die Bezeichnung für Absichten und Ziele (vor allem materielle, ökonomische und politische Ziele), deren Verwirklichung für eine Person oder Personengruppe nützlich oder vorteilhaft ist. In diesem Sinne ist I. häufig gleichbedeutend mit (persönlichem oder Gruppen-)Vorteil, Nutzen. Dabei wird das, was für eine gegebene Person oder Gruppe vorteilhaft sei, nicht selten aus Annahmen über deren Bedürfnisse und Möglichkeiten zu deren Befriedigung abgeleitet. Unter der Voraussetzung, daß Menschen sich über das, was für sie in einer gegebenen Situation von Vorteil wäre, *subjektiv* täuschen können, nennt man die diesem Vorteil tatsächlich entsprechenden Ziele auch *objektive* I. Subjektives I. kann „falsch" sein, (a) wenn die Betreffenden nicht über ausreichende Informationen und damit Interpretationsmöglichkeiten verfügen, oder (b) bewußt und manipulativ von anderen an der „richtigen" Artikulation ihrer Interessen gehindert werden, oder (c) die Bedingungen der eigenen „objektiven" sozialen Situation im gesellschaftlichen Prozeß die Abbildung der Interessen im Bewußtsein der Betroffenen unmöglich machen.

W. Fuchs u.a.: Lexikon zur Soziologie, 2. Aufl., Opladen: Westdt. Verlag 1978, S. 355 f. *Günter Hartfiel:* Wörterbuch der Soziologie, 2. Aufl., Stuttgart: Kröner 1976, S. 315 f.

Anders Moser: „Denn wenn die Erfahrungswelt des Schülers als oberste Ressource genommen wird, so droht der gesellschaftliche Bezug dieser Lebenssituationen — nämlich deren Zugehörigkeit zu einem ökonomisch-gesellschaftlichen System — unterschlagen zu werden: Die Erfahrungswelt wird unkritisch als Ausgangspunkt für Lernprozesse vorausgesetzt; daß diese Erfahrungswelt selbst kritisch reflektiert werden müßte, wird übersehen."[3]

Geht man davon aus, daß Individuen durch ihr gesellschaftliches Dasein immer in überindividuelle Strukturen einbezogen sind, die Bedingungen ihres Handelns und Verhaltens sind, dann muß man auch berücksichtigen (a) die potentielle Begrenztheit der individuellen Perspektive, die durch Lernprozesse erweitert werden kann, (b) den Zusammenhang, „Relationalität", zwischen Individuellem und Überindividuellem, Konkretem und Abstraktem, Alltagserfahrung und generalisierbarem Wissen. Dann ist es auch sinnvoll, einen Unterschied zwischen subjektiven und objektiven Interessen zu machen und das Erkennen der objektiven Interessen als Lernaufgabe zu wählen, um so den Zustand der Ich-Bezogenheit und Medienge-prägtheit zu überwinden.

In diesem Sinne fordert auch Schmiederer: „Der Schüler soll befähigt werden, seine (objektiven) sozialen und politischen Interessen zu erkennen."[4] Diesen Erkenntnisprozeß beschreibt er in der Weise, daß der Schüler eine „Verbindung zwischen diesen ‚objektiven' Interessen und seinen subjektiven Bedürfnissen" herstellen soll[5].

Freilich kommt eine neue Schwierigkeit hinzu. Diese ist darin begründet, daß das, was die objektiven Interessen sind, wiederum ein Definitionsproblem darstellt. Wenn wir z. B. prüfen, warum subjektives Interesse im Einzelfall „falsch" ist (vgl. oben S. 76), kann es durchaus strittig sein, ob dies (a) auf fehlende Informationen, (b) auf Manipulation oder (c) auf Hemmnisse der sozialen Lage zurückzuführen ist. In jeder dieser Erklärungen ist eine vorgängige Deutung dessen, was „objektiv" ist, bereits enthalten. Aus diesem Grunde genügt die Unterscheidung zwischen subjektiv und objektiv noch nicht, weil sonst die Gefahr einer dogmatischen, also autoritären Vorweg-Definition entsteht. Daher macht Heinze eine weitere Unterscheidung:

„Es stellt sich heraus, daß eine Differenzierung zwischen objektiver (= sozialstruktureller) Interessenlage und objektiven (= wahren) Interessen angebracht ist. Ohne bewußte Zustimmung oder außerhalb der Individuen kann es demnach keine verallgemeinerungsfähigen, wahren Interessen geben."[6]

Das aber würde bedeuten, daß die objektiven Interessen das Ergebnis eines Erkenntnisprozesses sind, das unter mehreren Individuen durchaus verschiedenartig sein kann, daß sie also eine inhaltlich *offene* Kategorie darstellt. Dann aber ist sie als Auswahlkriterium ungeeignet.

So bleibt als Ergebnis, daß die Bedürfnisse und (subjektiven) Interessen ein geeigneter Ausgangspunkt sein können, um Schüler zu motivieren, eine Problemlösung zu erarbeiten, die ihren Erfahrungshorizont erweitert. Wenn der Lehrer jedoch anstrebt, diesen Horizont zu erweitern, dann bringt er selber eine Vorstellung von dem ein, was er für wichtig und für bedeutsam hält. Das wiederum macht erforderlich, daß er über objektive, weil begründbare Kriterien der Inhaltsauswahl nachdenkt.

Literatur

1 *Rolf Schmiederer:* Politische Bildung im Interesse der Schüler, Köln: EVA 1977, S. 114.
2 *Hans Waldemar Schuch:* Prinzip oder Erfahrung? Integrationsprobleme politischer Erziehung. In ders. (Hg.): Der subjektive Faktor in der politischen Erziehung, Stuttgart: Klett 1978, S. 30 f.
3 *Heinz Moser:* Handlungsorientierte Curriculumforschung, Weinheim: Beltz 1974, S. 76.
4 *Schmiederer* (Anm. 1) S. 115.
5 ebenda
6 *Rolf G. Heinze:* Verbändepolitik und „Neokorporatismus". Zur politischen Soziologie organisierter Interessen, Opladen: Westdt. Verlag 1981, S. 33.

Die einseitige Betonung des „subjektiven Faktors", die für Schmiederer nicht zutrifft, bei Schuch (s. Anm. 2) und
Ingo Scheller: Erfahrungsbezogener Unterricht. Praxis, Planung, Theorie, Königstein: Scriptor 1981.

Weiterführend, weil erkenntnistheoretische Probleme und strukturelle Zusammenhänge berücksichtigend:
Barbara Schaeffer: Erfahrung als Grundlage politischen und sozialen Lernens. Überlegungen zu einer Didaktik der Gesellschaftslehrer. In Ulf Preuss-Lausitz u.a. (Hg.): Fachunterricht und politisches Lernen, Weinheim: Beltz 1976, S. 87-113.

3.2.3 Struktur der Wissenschaft

Ein ganz andersartiges Auswahlkriterium im Vergleich zu den bisher geprüften ist dasjenige, welches „Struktur der Wissenschaft" genannt wird. Im Grunde stellt dies ja kein Kriterium dar, sondern es benennt eine *Instanz,* welche die Auswahl der Inhalte leistet oder die Kriterien hierfür entwickelt, – nämlich die dem Unterrichtsfach zugehörige Fachwissenschaft. Daraus folgt eine didaktische Konzeption, welche auch als „disziplin- oder strukturorientierter Ansatz" bezeichnet und folgendermaßen beschrieben wird:

„Vertreter dieses disziplin- oder strukturorientierten Ansatzes gehen davon aus, daß zum einen in jeder Disziplin eine begrenzte Menge von Grundgedanken, prinzipiellen Einsichten und Begriffen verfügbar ist, mit denen Erfahrungen und Situationen strukturiert werden können, und daß zum anderen dieses begriffliche und methodische Instrumentarium für Wissenschaftler wie für Kinder gleichermaßen geeignet ist, Erfahrungen zu erschließen und zu organisieren."[1]

Für den politischen Unterricht wären demnach die Politikwissenschaft oder mit ihr zusammen auch die anderen sozialwissenschaftlichen Disziplinen Soziologie und Wirtschaftswissenschaft die Instanzen, welche die wichtigen Inhalte auswählen.

Welche Probleme dabei jedoch auftreten, läßt sich der Didaktik Bernhard Sutors entnehmen. Sutor berichtet über das Verfahren, mit welchem Wolfgang Hilligen seine didaktischen Kategorien findet, die er später in seiner sog. „Matrix" zusammengefaßt hat[2] und welche ja ebenfalls die Funktion von Auswahlkriterien haben. Mit ihrer Hilfe gewichtet Hilligen die Inhalte im Hinblick darauf, ob sie „Bedeutung für das Leben" haben. Auch Sutor verwendet diese pädagogische (und nicht eigentlich wissenschaftliche) Fragestellung. Und dann stellt er fest:

„Unser Vorgehen ist von dem Hilligens nicht weit entfernt, nur ist unser politikwissenschaftliches Kategoriensystem differenzierter, und was Hilligen didaktische Kategorien nennt, finden wir auch in praktisch orientierter Politikwissenschaft als Auswahl- und Strukturprinzipien. Auch dort wird gefragt nach Aufgaben der Gegenwart, Interdependenz der Phänomene, Bedeutung für das Leben, dringenden Problemen der Menschheit (so Hilligen). Die systematische Ordnung einer Wissenschaft, die diese Fragen stellt, kann eigentlich nicht leicht in Gegensatz zu den Unterrichtsaufgaben geraten."[3]

Setzen wir voraus, daß Sutors Prämisse, beide Autoren kämen zu gleichen Ergebnissen, zutrifft. Dann aber bleibt noch der wesentliche Unterschied, daß es sich um zwei verschiedene Instanzen handelt, welche die Auswahlkriterien entwickeln: Politikwissenschaft auf der einen, Fachdidaktik auf der anderen Seite. Folglich sind für den einen politikwissenschaftliche Kategorien, was für den anderen didaktische sind.

Jedoch handelt es sich dabei nicht um einen Streit um Worte. Sutors Aussage ist zunächst so zu verstehen, daß er aus dem Spektrum der Politikwissenschaft einen Teil herauslöst, nämlich den normativ-ontologischen Ansatz („praktisch orientierte Politikwissenschaft"), welcher in Konkurrenz steht mit dem empirisch-analytischen Ansatz auf·der einen und dem kritisch-dialektischen auf der anderen Seite. Sutors Option für eine Richtung in der Politikwissenschaft wäre eine didaktische Entscheidung, wenn nur diese eine didaktische Relevanz hätte, also deswegen, weil auch sie die Frage nach der „Bedeutung für das Leben" stellt. Aber auch der kritisch-dialektische Ansatz nimmt für sich in Anspruch, wissenschaftliches Forschen an existentiellen Fragen auszurichten, die lediglich anders formuliert werden, so die Frage nach den geschichtlichen Barrieren für mehr Autonomie, mehr Demokratie und die Chancen der Selbstverwirklichung. Und wenn eine Parallelität der Fragestellung bestehen sollte, so sind doch die Antworten jedenfalls unterschiedlich.

Demzufolge müßte die Option für den normativ-ontologischen Ansatz, also die Wahl der sog. „Freiburger Schule" der Politikwissenschaft, wie sie Sutor seiner Didaktik zugrundelegt, als didaktische Entscheidung angesichts von Alternativen sichtbar und einsichtig gemacht werden. Das geschieht bei Sutor nicht. Es ist auch fraglich, ob das in dieser Form sinnvoll wäre. Denn eine derartige Entscheidung für die Wissenschaft setzt „ein einheitliches Wissenschaftsverständnis und eine durchgehende Kanonisierung von Methoden und Inhalten" voraus.[4] Dies aber widerspricht der Struktur moderner Wissenschaft, deren Merkmale Pluralität und Kontroversheit sind. Das Vorgehen Sutors bedeutet, daß er die Komplexität der Bezugswissenschaft im vorhinein reduziert und dadurch den Weg verbaut, bei der Bearbeitung und Beurteilung von Problemen die unterschiedlichen Zugangsweisen und kontroversen Interpretationen, welche die konkurrierenden wissenschaftstheoretischen Ansätze erzeugen, mit ins Spiel zu bringen.

Ein solches Verfahren delegiert das Problem der Auswahl an eine Autorität, nämlich die Wissenschaft, und das entspricht dem oben (S. 31) als „Transfermodell" gekennzeichneten Verhältnis von Wissenschaft und Didaktik. Die Gefahr entsteht, daß Wissenschaft dadurch zu einer Instanz des Wahrheitsanspruchs wird, indem ihre Aussagen und Verfahren sich zu „einer kaum hinterfragbaren Autorität verfestigen"[5]. Das aber verdeckt die Tatsache, daß wissenschaftliche Erkenntnis immer nur „Annäherungen" an die Erfassung von Realität leisten kann.

Wenn damit also Bedenken gegen die Verwendung von „Struktur der Wissenschaft" als Auswahlkriterium angemeldet werden, so ist damit nicht gemeint, daß der politische Unterricht wissenschaftsfern sein solle. Nicht das wissenschaftliche Wissen wird abgelehnt, sondern es wird die Frage gestellt: Welches Wissen ist von größtem Wert?[6] Dies aber ist ein pädagogisches Kriterium, und mithin ist für diese Frage die Fachdidaktik als Instanz zuständig, um die „Vermittlung" zwischen den Lebensbedürfnissen und dem wissenschaftlichen Wissen zu leisten. Die Fachwissenschaft kann von der Suche nach didaktischen Kriterien der Inhaltsauswahl nicht suspendieren.

Literatur

1 *Klaus P. Hemmer, Jürgen Zimmer:* Der Bezug zu Lebenssituationen in der didaktischen Diskussion. In Karl Frey (Hg.): Curriculum-Handbuch, Bd. II, München: Piper 1975, S. 189.
2 *Wolfgang Hilligen:* Zur Didaktik des politischen Unterrichts I, 3. Aufl., Opladen: Leske 1978, s. das Faltblatt im Anhang.
3 *Bernhard Sutor:* Didaktik des politischen Unterrichts, 2. Aufl., Paderborn: Schöningh 1973, S. 162.
4 *Hemmer, Zimmer* (Anm. 1) S. 190.
5 *Hemmer, Zimmer* (Anm. 1) S. 190.
6 *Heinz Moser:* Handlungsorientierte Curriculumforschung, Weinheim: Beltz 1974, S. 67.

Beispiele für den wissenschaftsorientierten Ansatz außer Sutor:
Elke Callies u.a.: Sozialwissenschaften für die Schule, Stuttgart: Klett 1974.
Handbuch der Unterrichtsplanung und Curriculumentwicklung nach
Hilda Taba, Stuttgart: Klett 1974.
Klaus Rothe: Didaktik der Politischen Bildung, Berlin: Wiss. Verlag Heidi Gercke 1981.

Ein theoretischer Versuch der Vermittlung zwischen Struktur- und Situationsansatz:
Heinz Moser (Anm. 6), S. 65 ff.

3.3 Betroffenheit und Bedeutsamkeit

In den beiden letzten Abschnitten sind wir zu Ergebnissen gelangt, die einander zu widersprechen scheinen. Zunächst hatten wir festgestellt, daß die subjektive Perspektive der Schüler, also ihre Bedürfnisse und Interessen, allein nicht ausreicht, um zu ermitteln, was unterrichtet werden soll. Danach wurden Einwände dagegen erhoben, eine wissenschaftliche Systematik zum Auswahlprinzip der Inhalte zu erheben, obwohl dadurch eine Art objektive Perspektive gewählt werden könnte.

Dieser Widerspruch läßt sich auflösen, wenn gezeigt werden kann, daß weder das eine noch das andere allein ausreicht, sondern daß geeignete Unterrichtsinhalte das Kriterium der Verschränkung beider Perspektiven erfüllen müssen. Dabei erinnern wir an die theoretische Vorstellung von dem Ineinander von Mikro- und Makrowelt, auf die wir uns oben bereits bezogen haben (s. S. 62).

Jedoch beobachten wir diese Verschränkung an dieser Stelle nicht an der Beschaffenheit der Lerngegenstände, der Inhaltsstruktur, sondern versuchen, sie auch durch die Wahl geeigneter Auswahlkriterien zu berücksichtigen, die also die subjektive wie die objektive Perspektive einschließen. Freilich müssen wir trotz dieser Verschränkung gedanklich und begrifflich trennen.

Wir wählen die Kategorie der „Betroffenheit" als Auswahlkriterium. Sie ist in der Didaktik des politischen Unterrichts weit verbreitet, in der Regel mit dem Zusatz „subjektiv" und „objektiv". Das macht eine gewisse Unzulänglichkeit sichtbar, welche dem Begriff allein anhaftet, da er ja offenbar nicht anders diese zwei Dimensionen ausdrücken kann, die auch hier als erforderlich angesehen werden.

Deshalb wird zunächst eine terminologische Klärung unternommen, durch welche die beiden Dimensionen der Betroffenheit erkennbar werden sollen.

Literatur

Zur Verwendung der Kategorie „Betroffenheit" bei Ernst-August Roloff und Rolf Schmiederer:
Walter Gagel: Politik – Didaktik – Unterricht. Eine Einführung in didaktische Konzeptionen des politischen Unterrichts, 2. Aufl., Stuttgart: Kohlhammer 1981, S. 162-163 und 196-198.

3.3.1 Die zwei Dimensionen der Betroffenheit

Diese beiden Dimensionen können durch ein Beispiel veranschaulicht werden.

Otto Beknis war von Beruf Dreher. Er hatte zweimal geheiratet, wurde zweimal Witwer und verlor seinen einzigen Sohn 1954 bei einem Autounfall. Über 35 Jahre hatte er im gleichen Mietshaus gelebt. Eines Tages stürzte er beim Kohleschleppen und kam mit einem komplizierten Oberschenkelhalsbruch ins Krankenhaus.

Nach seiner Entlassung mußte er noch acht Wochen liegen, um wieder völlig gesund zu werden. Wie sollte er sich in dieser Zeit zurechtfinden? Wer würde für ihn einkaufen und kochen?

Otto Beknis war ein Pflegefall. Das hatten auch die Nachbarn gemerkt. Der Hausverwalter rief das Sozialamt an. Die Behörde schickte einen Fürsorger. Der jungen Mann riet dem alten Mann, sich in ein Pflegeheim einweisen zu lassen. Dort war er mit seiner Unterbringung in einem Sechs-Betten-Zimmer gar nicht zufrieden. Anfangs nörgelte er über alles. Nach zehn Tagen sprach er mit niemanden mehr, am elften Tag stand er nicht mehr auf, am zwölften Tag verweigerte er

das Essen. Dreizehn Tage nach seiner „Einlieferung" in das Pflegeheim war er tot.
Der Stern Nr. 50/1977, S. 118-121. Zit. nach *Gerhard Himmelmann, Gotthard Breit:* Sozialpolitik angesichts der Wachstumskrise. Sozialwissenschaftliche Materialien, Stuttgart: Klett 1978, S. 94.

Versuchen wir zunächst einmal festzustellen, worin hier die Betroffenheit besteht.

In diesem Beispiel ist es ja ganz offenkundig. Das, was Otto Beknis zugestoßen ist, hat ihn *betroffen* gemacht: Der Unfall, dessen Folge: seine Hilflosigkeit, Verlust seiner Selbständigkeit, das erzwungene, enge Zusammenleben mit den Leidensgenossen, seine Unzufriedenheit, vielleicht: seine Lebensmüdigkeit. Betroffenheit wird hier sichtbar in Symptomen des Leids und des Leidens, das ein Mensch empfindet. Wir sehen darin die eine Dimension der Betroffenheit.

Aber gibt es auch eine andere Dimension? Was wir bisher zusammengestellt haben, ging einen bestimmten Menschen an. Aber es gibt doch so viel private Schicksale, so viel individuelles Leid, das uns tief berühren kann, und trotzdem kämen wir nicht auf den Gedanken, es mit Schülern zu besprechen. Trifft dies auch für unser Beispiel zu?

Unser Beispiel enthält Bestandteile, die auch andere Menschen angehen. Wenn wir die oben (S. 59) schon gebrauchte Schlüsselfrage „Welches sind die objektiven Bedingungen?" hier anwenden, so ergibt sich folgendes: Sozialamt, Fürsorger und Pflegeheim sind Teile des Systems der sozialen Sicherheit. Dieses System besteht aus Institutionen und Rechtsnormen. Die Mitglieder dieses Systems handeln nach Normen oder Regeln. Danach wird der Mensch Otto Beknis unter eine Rechtsnorm untergeordnet: „Pflegefall". Diese Einordnung löst bestimmte Leistungen aus, hier die Einweisung in die dafür bestehende und geeignete Institution: Pflegeheim. So ist für jeden gesorgt, wenn ihn ein Schicksalsschlag trifft.

Aber läßt sich dies noch mit dem Begriff „Betroffenheit" fassen? Hier ist doch nichts anderes geschehen, als daß die Institutionen des Systems der sozialen Sicherheit oder des Sozialstaates beschrieben wurden, genauer: eines Teiles dieses Systems.

Die Betroffenheit ist jedoch darin zu sehen, daß an dem individuellen Schicksal das System gleichsam auf dem Prüfstand steht. Es wird geprüft in seiner Wirkung auf einzelne. Und da läßt sich freilich sehr genau sagen, daß Otto Beknis an den Eigentümlichkeiten des Verwaltungshandelns zugrundegegangen ist. „Pflegefall": das bedeutet, daß hier der Kranke nicht als der bestimmte Mensch Otto Beknis behandelt wird, nicht als der Mensch, der einen Sohn verloren hat, lange

Zeit allein gelebt hat und offensichtlich auch allein leben konnte und wollte. „Pflegefall" bedeutet, daß Otto Beknis auf ein bestimmtes Merkmal reduziert wurde, nämlich der Pflegebedürftigkeit, und insofern erscheint er dem Fürsorger und der Behörde als eine Abstraktion, entkleidet von allem, was seine Individualität ausmacht. Das ist Voraussetzung dafür, daß er unter die Rechtsnorm der Sozialhilfe eingeordnet werden kann, welche das Handeln, nämlich die Hilfe, also die soziale Dienstleistung erst auslöst. Dadurch entsteht ein Rechtstitel für die Berechtigung, daß die Verwaltung Geld und sonstige Leistungen ausgeben darf.

Diese Reduktion des Menschen auf den *Fall* ist ein generelles Merkmal unserer „verwalteten Welt". Man findet diese Denkweise auch in anderen Bereichen: Vor Gericht wird der Mensch auf sein Delikt reduziert, im Krankenhaus auf seine Krankheit. Die Menschen beklagen sich, daß sie „nur als Fall" behandelt werden. Der Arzt spricht über *die* Krankheit des Patienten, aber nicht über *seine* Krankheit.[1]

Die Gewährung von größtmöglicher *Gerechtigkeit* und die *Reduzierung des Lebensrisikos* einerseits werden erkauft durch *Bürokratisierung* und *Entindividualisierung* der Dienstleistungen andererseits. Dies ist ein *generelles* Problem, dessen Bedeutung sich in umgangssprachlicher Formulierung niederschlägt, wenn wir etwa angesichts des Beispiels sagen: Dann ist die Welt nicht in Ordnung, wenn so etwas geschehen kann.

Wenn es jedoch auch andere angeht, weil auch sie einmal davon betroffen werden können, dann liegt darin zwar ebenfalls eine Art Betroffenheit, aber eine, die generell wirksam ist und daher für die meisten im Augenblick nicht direkt spürbar ist. Wir sehen darin die andere Dimension der Betroffenheit.

Fassen wir zusammen: Wir können zwei Dimensionen unterscheiden:

— die *subjektive Dimension der Betroffenheit,* die sich auf das Leid bezieht, das dem einzelnen zustößt und das er spürt;
— die *objektive Dimension der Betroffenheit,* welche die generellen Probleme der Umwelt umfaßt, die vielen anderen Menschen Leid zufügen und den einzelnen in Zukunft einmal treffen können.

Wichtig ist außerdem die *Verschränkung der Dimensionen;* das Beispiel war nur deshalb erwägenswert, weil eine Wirkung der objektiven Dimension vorlag; der objektive Sachverhalt wurde nur deshalb interessant, weil er derartig tragische Wirkungen hervorbringen konnte. Das vorläufige Ergebnis lautet also: Unterrichtsgegenstände sind dann wichtig, wenn sie beide Dimensionen der Betroffenheit erschließen.

Wir fügen noch einen Vorschlag für die terminologische Klärung an. Wir verwenden im folgenden zwei Begriffe, die mit jeweils einem Wort die eine und die andere Dimension der Betroffenheit bezeichnen. Dies entspricht dem Vorschlag von Uwe Uffelmann.[2] Und zwar soll jetzt heißen:

— die subjektive Dimension *„Betroffenheit"*, weil die Bedeutung des Wortes eben die Subjektivität bereits ausdrückt;
— die objektive Betroffenheit nennen wir *„Bedeutsamkeit"*, weil das Wort eher auf die objektive Seite oder die Generalisiertheit verweist.

Danach lautet die neuerliche Formulierung des Ergebnisses:

> Lerngegenstände sind wichtig, wenn auf sie die Kriterien „Betroffenheit" und „Bedeutsamkeit" zutreffen.

Freilich müssen wir auch zugestehen, daß diese Kriterien noch so abstrakt sind, daß man sie nicht so leicht anwenden kann. Daher soll im folgenden versucht werden, diese beiden Kriterien etwas handhabbarer zu machen, sie also zu instrumentalisieren.

Literatur

1 *Konrad Thomas:* Analyse der Arbit. Stuttgart: Enke 1969, S. 53 f. Selbstverständlich ist dieser Fallbegriff nicht identisch mit dem oben S. 59 ff. verwendeten Begriff für eine Inhaltsstruktur.
2 *Uwe Uffelmann:* Problemorientierter Geschichtsunterricht. Aus Politik und Zeitgeschichte, Beilage zur Wochenzeitung Das Parlament B 4/78 vom 28. 1. 1978, S. 25-45.

3.3.2 Betroffenheit

In dem Beispiel, von dem wir ausgegangen waren, bestand die Betroffenheit in dem *Leid,* das der kranke Mann zu spüren bekommt. Sollte man nicht annehmen, daß auch die Schüler von dem Schicksal dieses Mannes betroffen sind? Bei anderen erkanntes und mitempfundenes Leid erweckt *Mitleid* — auch dies ist eine Weise der Betroffenheit. Ferner gibt es vorgestelltes Leid, das man erwartet oder befürchtet; dies erzeugt *Angst*.

In diesen unterschiedlichen Weisen der Betroffenheit liegt eine Schwierigkeit, welche die didaktische Verwendung dieser Kategorie berührt. Denn es wechselt der Bezugspunkt der Betroffenheit: Man ist selber betroffen, weil einem von außen etwas zugestoßen ist, oder man ist betroffen von etwas, was anderen zustößt.[1] Letzteres trifft auf das Beispiel zu. Das didaktische Problem dieser zweiten Weise der Betroffenheit liegt nun darin, daß die Bereitschaft zur Betroffenheit vom Leid anderer bei den Schülern vorausgesetzt werden müßte, also die Mitleidsfähigkeit oder Empathie, wenn dies als Auswahlkriterium verwendet werden sollte. Jedoch häufig muß diese Betroffenheit der Schüler erst erzeugt werden durch die Arbeit an einem Beispiel wie dem hier gewählten; dann aber wäre dies kein Auswahlkriterium, sondern ein Ziel des Unterrichts. Diese Unklarheit soll im folgenden dadurch reduziert werden, daß Betroffenheit auf etwas Feststellbares, nämlich Bedürfnisse, bezogen und damit zu etwas Beobachtbarem wird. Als Auswahlkriterium wird sie damit gelöst von der Bereitschaft oder Fähigkeit der Lernenden zur Empathie, obwohl diese bei prägnanten Beispielen in der Regel vom Lehrer erwartet werden kann.

Die genannten Weisen der Betroffenheit sind seelische Empfindungen. Sachverhalte oder Ereignisse werden als Gefühl des Mangels, als Defizit, als Störung eines Gleichgewichtszustandes empfunden; sonst würden sie auch nicht zu der Anstrengung der Lösungssuche motivieren. Sicherlich läßt sich Motivation auch positiv ausdrücken: Streben nach *Befriedigung,* Streben nach *Glück* und die *Hoffnung* auf etwas Besseres wären die Kehrseiten; man entdeckt Probleme, weil man die Vorstellung von etwas Besserem plötzlich gewonnen hat. Sicherlich ist das Negative, also Leid, Angst, Enttäuschung, das intensiver Spürbare. Aus diesem Grunde wird man die negativen seelischen Befindlichkeiten vorzugsweise als Indikatoren, als Anzeiger für Betroffenheit verwenden können.

Betroffenheit ist demnach eine *seelische Befindlichkeit,* die sich in der Empfindung von *Unlustgefühlen* manifestiert.

Daran ist nun zweierlei wichtig: (1) Betroffenheit wird von Subjekten wahrgenommen. Kennzeichen ist das Selber-Spüren, die Empfindung, eben: die Wahrnehmung. Damit ist nicht gesagt, daß der Betroffene auch alles durchschaut. Aber daß mit ihm etwas geschah, was er nicht aushalten konnte, das hatte Otto Beknis ja ohne Zweifel wahrgenommen. (2) Wahrnehmung ist hier nicht kognitive, erkenntnismäßige Verarbeitung, im Gegenteil: Wahrgenommen wird das problemgeladene Ereignis durch Empfindung, – entweder ausschließlich oder mit ihr gemischt. Befindlichkeit ist die *gefühlsgefärbte* oder sogar *gefühlsbeladene Wahrnehmung* von etwas, das Leid, Mitleid oder Angst hervorruft. Weil es sich um Befindlichkeit von Subjekten handelt, die hier bewußt gemacht wird, müssen wir von der *subjektiven Perspektive* sprechen: Es sind die Empfindungen und die Arten der Wahrnehmung des jeweiligen Subjekts.

Freilich nehmen wir mit dieser Einsicht einen Nachteil in Kauf: Was jemand als negativ empfindet und was ihn daher betroffen macht, das ist eben subjektiv, und d. h. denn leicht auch: individuell, *unverbindlich*. Wir wollen hier mit dem Einwand sehr vorsichtig umgehen, weil wir zu leicht in die Generalisierung hineingeraten; das Leiden des einzelnen soll ja hier ernst genommen werden. Dennoch hilft vielleicht die Frage, wie die Leidempfindung erklärt werden kann, in der Weise weiter, daß sie zu zusätzlichen Kriterien verhilft.

Karl Otto Hondrich führt Betroffenheit auf das Phänomen der *Bedürfnisse* zurück (zum Begriff s. oben S. 76).

Betroffenheit, so sagt er, äußert sich in zwei Problemlagen:

a) Ein schon erreichter Stand der Bedürfnisbefriedigung erscheint durch die neue Situation gefährdet.

b) Neue Möglichkeiten der Bedürfnisbefriedigung werden wahrgenommen und führen zu einem höheren Bedürfnisniveau, ohne daß die angestrebte Befriedigung schon realisiert werden kann.[3]

Das Empfinden und Wahrnehmen eines Mangels, eines Defizits läßt sich also darauf zurückführen, daß der Betroffene zu spüren bekommt, wie eines seiner Bedürfnisse nicht befriedigt wird. Dabei sind Bedürfnisse nicht nur *gegeben*, sondern auch *lernbar*, sie können geweckt werden.

Nun gibt es mehrere Versuche, solche Bedürfnisse zu kategorisieren und zu gewichten.

Hilfreich ist auf jeden Fall ein Überblick über mögliche Bedürfnisse, die betroffen machen können, wenn sie unberücksichtigt bleiben. Uwe Uffelmann hat mehrere Vorschläge von Bedürfniskatalogen zusammengefaßt; dies soll hier als Orientierung dienen, sie gelten aber nur als *Hypothesen*.

Bedürfniskategorien

Erste Kategorie: Überlebensbedürfnisse
– Bedürfnisse zu überleben im engeren Sinn;
– Bedürfnisse, „gut", „richtig", „besser" zu leben;
– Bedürfnisse nach Sicherheit.

Zweite Kategorie: Bedürfnisse nach gesellschaftlichem Kontakt, Austausch und sozialer Anerkennung
– Bedürfnisse nach Zugehörigkeit und Liebe;
– Bedürfnisse nach Achtung.

Dritte Kategorie: Bedürfnisse nach Selbstverwirklichung
– Bedürfnisse nach Wirksamkeit generell;
– Bedürfnisse nach Selbstdefinition und Ich-Stärke.[3]

Man darf sich durch die Abstraktheit der Begriffe nicht abschrecken lassen. Bedürfnisse lassen sich auch durch Alltagssprache feststellen.

Jugendliche suchen in Jugendgruppen:	Bedürfniskategorien
„... daß was Interessantes los ist"; also anregende und vielfältige Erfahrungen im Gegensatz zum öden Alltag.	
„... daß man akzeptiert wird", ein Bedürfnis, das auf eine gleichberechtigte und anerkannte Stellung in der Gesellschaft hinzielt.	Achtung
„... daß man nicht dauernd gegängelt wird"	Selbstdefinition
„... Leute, zu denen man Vertrauen hat", „wo ein Zusammenleben besteht; eine Haltung also, die sich auf das Überwinden von Vereinzelung, die gemeinsame Bewältigung von Problemen, die sich dem einzelnen stellen, bezieht.	Zugehörigkeit und Liebe
„... daß man Probleme bequatschen kann", „mal andere Meinungen hören"	gesellschaftlicher Austausch
„... daß man was machen kann", das Bedürfnis, etwas herzustellen, etwas zu planen, aber auch, Lebensverhältnisse zu verbessern.	Wirksamkeit

Bezieht man das Problem, vor welches sich der kranke Mann in dem behandelten Beispiel gestellt sah, auf dieses System der Bedürfnisse, dann läßt sich wohl sagen, daß ihm in einer elementaren Weise verwehrt wurde, sein Bedürfnis nach Selbstverwirklichung zu befriedigen.

Betroffenheit wird also ausgelöst, wenn Bedürfnisse nicht befriedigt werden. Es können dies Bedürfnisse der Lernenden wie die anderer Menschen sein. Für das Auswahlkriterium genügt es, daß der Unterrichtsinhalt eine Beeinträchtigung des Befindens von Personen aufweist. So läßt sich an dieser Stelle vorläufig zusammenfassen:

Betroffenheit ist die Wahrnehmung nicht gelungener Bedürfnisbefriedigung.

Literatur

1 *Günther C. Behrmann:* Politik – Zur Problematik des sozialkundlich-politischen Unterrichts und seiner neueren Didaktik. In ders., Karl-Ernst Jeismann, Hans Süssmuth: Geschichte und Politik. Didaktische Grundlegung

eines kooperativen Unterrichts, Paderborn: Schöningh 1978, S. 139. Dort auch zum Problem der Bezüge: S. 138-141.
2 *Karl Otto Hondrich:* Menschliche Bedürfnisse und soziale Steuerung, Reinbek: Rowohlt 1975, S. 23-25; hier S. 23.
3 *Uwe Uffelmann:* Problemorientierter Geschichtsunterricht. Aus Politik und Zeitgeschichte, Beilage zur Wochenzeitung Das Parlament B 4/78 vom 28. 1. 1978, S. 41.
4 *Diethelm Damm:* Politische Jugendarbeit, München: Juventa 1971, S. 32.
Hilfreich zur Klärung der „subjektiven Dimension", wenngleich mit anderer Definition:
Otthein Rammstedt: Betroffenheit – was heißt das? In: Politische Psychologie, Sonderheft 12/1981 der PVS, hrsg. Hans-Dieter Klingemann und Max Kaase, Opladen: Westdt. Verlag 1981, S. 452–461.

3.3.3 Bedeutsamkeit

Die andere, objektive Dimension, die wir Bedeutsamkeit nennen, wurde am Beispiel des kranken Mannes schon beschrieben. Wir hatten oben (S. 84) zusammengefaßt:

> Die Gewährung von größtmöglicher Gerechtigkeit und die Reduzierung des Lebensrisikos einerseits werden erkauft durch Bürokratisierung und Entindividualisierung der sozialen Leistungen andererseits.

Das Ziel ist also Bedürfnisbefriedigung; befriedigt wird das Bedürfnis nach Sicherheit und nach Gleichmäßigkeit der Leistungen. Diese Bedürfnisbefriedigung wird durch soziale Systeme oder Institutionen geleistet, hier das System der sozialen Sicherheit. Diese Art und Weise der Bedürfnisbefriedigung in modernen Gesellschaften führt jedoch dazu, daß die Befriedigung eines Bedürfnisses auf Kosten von anderen geschieht, in unserem Beispiel: zwar Sicherheit, aber nicht Selbstverwirklichung.

Die Dimension der Bedeutsamkeit bezieht sich nicht, wie die der Betroffenheit, auf die Wirkungen in Personen, den Subjekten, sondern auf die *Ursachen* dieser Wirkungen, soweit sie in Sachverhalten der *Umwelt* zu suchen sind. Dabei kann es sich um die natürliche oder um die soziale Umwelt handeln; es sind also Naturereignisse oder gesellschaftliche Ereignisse. Es geht um die Beziehung zwischen Person und Umwelt. Otto Beknis lebte im Einklang mit der Umwelt, so lange er sich selbst versorgen konnte. Die Umwelt änderte sich in dem Augenblick, da er hilflos wurde. Es tritt eine Störung in der Beziehung zwischen Person und Umwelt ein, die bisherige Weise der Bedürfnisbefriedigung reicht nicht mehr aus, neue Verfahren müßten an die Stelle treten, doch bergen sie die Unsicherheit einer adäquaten Bedürfnisbefriedigung in sich.

Wichtig ist an diesen Überlegungen, daß das Problem oder das Defizit, welches der Mann so elementar spürt, nicht in seiner Person seine Ursache hat, also nicht in dem individuellen Schicksal seiner Erkankung. Diese Erkrankung ist lediglich der Anlaß für den Wandel seiner Bedürfnisstruktur. Dabei erfährt er etwas, was als *Sachverhalt* in der Umwelt bereits vorhanden, nämlich daß diese Umwelt neuauftretende oder spezifische Bedürfnisse nicht angemessen befriedigen kann. Indem der Kranke plötzlich auf Institutionen angewiesen ist, erfährt er die strukturellen Nachteile von Sozialleistungen, die in Form von Bürokratie organisiert sind.

Jedoch ist nicht gesagt, daß er die Ursache seiner Misere als Defizit seiner Umwelt wahrnimmt. Als Strukturmerkmal seiner sozialen Umwelt ist Bürokratisierung ein Phänomen, das nicht durch alltägliche Erkenntnisweise wahrgenommen werden kann; sie ist Inhalt eines wissenschaftlichen Wissens mit seinen Merkmalen *Generalisierung* (Verwaltung überhaupt) und eine *Abstraktion* (nicht das konkrete Amt oder der Fürsorger, sondern Bürokratie). Es sind Bestandteile der „Makrowelt", die durch ihre Wirkungen in die „Mikrowelt" hineinreichen. Aber sie müssen erst durch spezifische Erkenntnisweisen begrifflich erfaßt und interpretiert werden.

Damit haben wir zunächst die objektive Dimension sichtbar gemacht und können definieren:

Bedeutsamkeit bezieht sich auf Sachverhalte der natürlichen und sozialen Umwelt, die existenz- oder identitätsbedrohende Wirkungen auf Personen haben oder haben können.

In dieser Definition ist eine *Wertung* enthalten, indem von einer „bedrohenden" Wirkung gesprochen wird. Nicht jeder Sachverhalt hat Bedeutsamkeit, sondern nur solche, die in der soziologischen

---

Herausforderung – Erwiderung: engl. challenge – response, ist als Begriffspaar von A.J. Toynbee zur Erfassung des kulturellen Wandels eingeführt worden. Jede Gesellschaft muß Änderungen, seien sie in der Gesellschaft selbst, seien sie in ihrer Umwelt, als Herausforderung betrachten, die im Hinblick auf einen Gleichgewichtszustand Erwiderungen der Gesellschaft erforderlich machen. Je genereller Erwiderungen auf Herausforderungen sind, um so mehr werden sie in ihren Folgewirkungen in der Gesellschaft zu Herausforderungen, die neue Erwiderungen hervorrufen und damit den kulturellen Wandel vorantreiben.
W. *Fuchs u.a.* (Hg.): Lexikon zur Soziologie, 2. Aufl, Oplden: Westdt. Verlag 1978, S. 127.

Literatur „*soziale Probleme*" genannt werden (s. oben S. 55). Sie sind die objektive oder objektivierte Seite dessen, was Personen subjektiv als Belastungen zu spüren bekommen.

Aber da soziale Probleme selber nur die Folge von etwas anderem sein können, empfiehlt es sich, die in strukturellen Defiziten zu suchenden Ursachen mit Wolfgang Hilligen „*Herausforderungen*" zu nennen, allgemein: „Herausforderungen des wissenschaftlich-technischen Zeitalters".[1] Hilligen sieht darin Strukturmerkmale der Umwelt, die vor allem durch die Modernität unserer Industriekultur bedingt sind. Sie resultieren aus „Veränderungen" und damit aus Vorgängen, welche das eingespielte Verhältnis zwischen Person und Umwelt stören. Die „Herausforderungen" können nach Hilligen „*Chancen* und *Gefahren*" mit sich bringen, also im Hinblick auf die Befriedigung und Versagung von Bedürfnissen.

Nun können Zweifel entstehen, ob dieser sehr allgemeine Begriff der „Herausforderungen" überhaupt an das Schicksal eines einzelnen Menschen wie das des kranken Mannes heranreicht. Hilligen nennt als Herausforderungen: weltweite Interdependenz, industrielle Massenproduktion, Möglichkeiten der Selbstvernichtung und Zerstörung unserer Lebensgrundlagen. Das ist zunächst sehr weit abgehoben vom Alltag. Aber Hilligen stellt die Verbindung her, indem er sagt, daß den Herausforderungen entgegengesetzte „Folgen" entsprechen, und die für unser Beispiel zutreffende Folge lautet:

Notwendigkeit umfassender Regelungen – Gefährdungen der Selbstbestimmung (Interdependenz – Dependenz)".[2]

Sozialpolitik ergibt sich aus der Notwendigkeit, umfassende Regelungen für die soziale Sicherung aller Menschen in einer Gesellschaft zu treffen. Sie bietet als *Chance* die Minderung des sozialen Lebensrisikos (Alter, Krankheit, Arbeitslosigkeit), aber sie steigert auch die Abhängigkeit des einzelnen, weil er generellen Regelungen unterworfen und an zuteilende Institutionen verwiesen wird, was zur *Gefahr* für seine Selbstbestimmung werden kann.

Damit haben wir die Beziehung zwischen einer allgemeinen Problemformulierung und einem alltäglichen Einzelschicksal hergestellt. Es ist ja nicht zu verkennen, daß das genannte Problem zum tragischen Ende von Otto Beknis geführt hat. Die „Herausforderungen" haben also eine existenzielle Bedeutung und eine relativ allgemeine und dauerhafte Wirkung. Als „Herausforderungen" rufen sie jedoch auch „Erwiderungen" hervor (challenge – response, s. oben S. 90) und veranlassen Betroffene oder Beteiligte zum Handeln.

Wir können nun unsere Definition ergänzen:

> **Bedeutsam** sind Herausforderungen der natürlichen und sozialen Umwelt, die Chancen und Gefahren für die Existenz und das Wohlergehen von Personen, Gruppen oder Gesellschaften mit sich bringen und daher zum Handeln veranlassen.

Eine Erleichterung in der Anwendung dieser Definition kann mit sich bringen, wenn diese Definition in eine *didaktische Frage* umformuliert wird:

Welche Sachverhalte, die Personen betroffen machen, können auf Herausforderungen der Umwelt zurückgeführt werden, die für viele Menschen Chancen und Gefahren bewirken?

Freilich fehlt noch ein letzter Schritt in unseren definitorischen Bemühungen. Es muß nämlich berücksichtigt werden, daß Bedeutsamkeit in dem hier definierten Sinne sich zwar auf Strukturen der Umwelt bezieht, die Betroffenheit verursachen. Aber mißverständlich wäre es zu meinen, hier hätte man feststehende Größen gefunden, die exakt nachgewiesen werden können. Bedeutsamkeit wird jeweils *definiert,* also gleichsam deklariert.

Was hier gemeint ist, haben wir bereits bei der Klärung der Inhaltsstruktur „Problem" festgestellt (s. oben S. 55). Ein Problem aufgreifen, so haben wir gesagt, bedeutet, daß der Lehrer die Sichtweise derjenigen übernimmt, welche eine ausreichende *Definitionsmacht* besitzen, um die Anerkennung eines Sachverhaltes als Problem durchzusetzen. Wie „Dringlichkeit" bezeichnet „Bedeutsamkeit" eine *Rangfolge* von Problemen und stellt mithin ein *Auswahlkriterium* dar.

Für Bedeutsamkeit gilt ferner wie für die Dringlichkeit, daß sie *hergestellt* wird. Soziale und politische Probleme sind das Ergebnis kollektiver Definitionen oder von Konflikten um diese Definitionen. In gleicher Weise ist auch nicht vorgegeben, was als Herausforderung, als Chance und als Gefahr begriffen wird; in diesem Sinne ist dies nicht „objektiv", sondern muß in einer Gesellschaft erst Anerkennung finden, muß *definiert* werden.

Für den Lehrer ergibt sich daraus eine Konsequenz. Er kann die Problemdefinitionen, die sich im Felde der Politik durchsetzen, übernehmen. Aber eingedenk dessen, daß diese Probleme „hergestellt" sind, vermag er auch didaktische Reflexien als *Korrektiv* einzusetzen, er kann z. B., wie oben schon erwähnt, verdrängte Probleme in das Bewußtsein der Schüler heben. Daher ist es erforderlich, nach *Gründen* zu suchen, durch welche die Zustimmung zu Problemen erzeugt werden kann, durch die man also für Bedeutsamkeit zu argumentieren vermag. Derartige Gründe beziehen sich auf *Werte,*

deren Verletzung von vielen oder allen in einer Gesellschaft als unerträglich angesehen wird. Für unsere Gesellschaft sind solche Werte z. B.:
- *Menschenwürde,*
- *Gleichheitsprinzip* und die Forderung nach
- *Handlungsspielraum.*[3]

Bedeutsamkeit wird also an Indikatoren gemessen, die Werte darstellen, deren Verletzung von vielen oder allen Menschen nicht geduldet wird. Zugleich signalisiert aber auch das Auftreten von
- *Konflikten,*

daß eine solche Verletzung vorliegt oder befürchtet wird.

Beziehen wir uns nun noch einmal auf unser Beispiel. Daß der Mann verunglückte, war sein persönliches Schicksal. Daß er damit nicht fertig werden konnte, benachteiligte ihn gegenüber anderen: denen, die jünger sind, denen, die gesund sind, denen, die einen Partner haben – Verletzung des *Gleichheitsprinzips.* Daß er im Pflegeheim dahinkümmerte, das verletzte seine *Menschenwürde:* das Recht eines jeden, unverwechselbare Person zu sein. Daß dies ganzen Gruppen von Menschen (Kranken, Alten) widerfahren kann, macht es zum öffentlichen Problem: also das Gegenteil von einem privaten Problem. Daß keine *Konflikte* entstehen, verweist darauf, daß diese Gruppen von Menschen sich nicht wehren können: sie sind nicht konfliktfähig. Damit dies trotzdem zum sozialen und politischen Problem wird, ist es erforderlich, daß andere/viele die Verletzung der Werte wahrnehmen und sie als unerträglich empfinden.

Wir müssen also die Definition ergänzen, wiederholen aber der Vollständigkeit halber an dieser Stelle auch ihren ersten Teil:

> Bedeutsam sind Herausforderungen der natürlichen und sozialen Umwelt, die Chancen und Gefahren für die Existenz und das Wohlergehen von Personen, Gruppen und Gesellschaften mit sich bringen und daher zum Handeln veranlassen.
> Was als Chance oder Gefahr und was demnach als Herausforderung gilt, das hängt davon ab, ob eine reale oder erwartete Beeinträchtigung oder Verletzung von Werten kollektiv als unerträglich angesehen und dadurch als „Problem" definiert wird.

Literatur

1 *Wolfgang Hilligen:* Zur Didaktik des politischen Unterrichts I, 3. Aufl., Opladen: Leske 1978, S. 28.
2 ebenda S. 29.
3 Dies entspricht in etwa den drei Optionen Hilligens, vgl. ebenda S. 30.

3.3.4 Der Zusammenhang zwischen beiden Kriterien

Es bleibt jetzt noch, etwas über die Anwendung dieser Kriterien der Inhaltsauswahl und ihre Beziehung zueinander zu sagen.

Die bisherigen Überlegungen zu „Betroffenheit" und „Bedeutsamkeit" sind in Abb. 8 zusammengefaßt. Die beiden senkrechten Spalten enthalten die *Indikatoren* für Betroffenheit und Bedeutsamkeit. Indikatoren sind „Anzeiger"; sie helfen bei der Antwort auf die Frage: Woran kann man Betroffenheit bzw. Bedeutsamkeit erkennen? Diese Indikatoren sind die in der Abb. kursiv hervorgehobenen Begriffe, die in Fragen umgewandelt werden können:

Empfindungen → Bedürfnisse → Betroffenheit
Werte → Herausforderungen → Bedeutsamkeit

Abb. 8: Der Zusammenhang der subjektiven und objektiven Auswahlkriterien

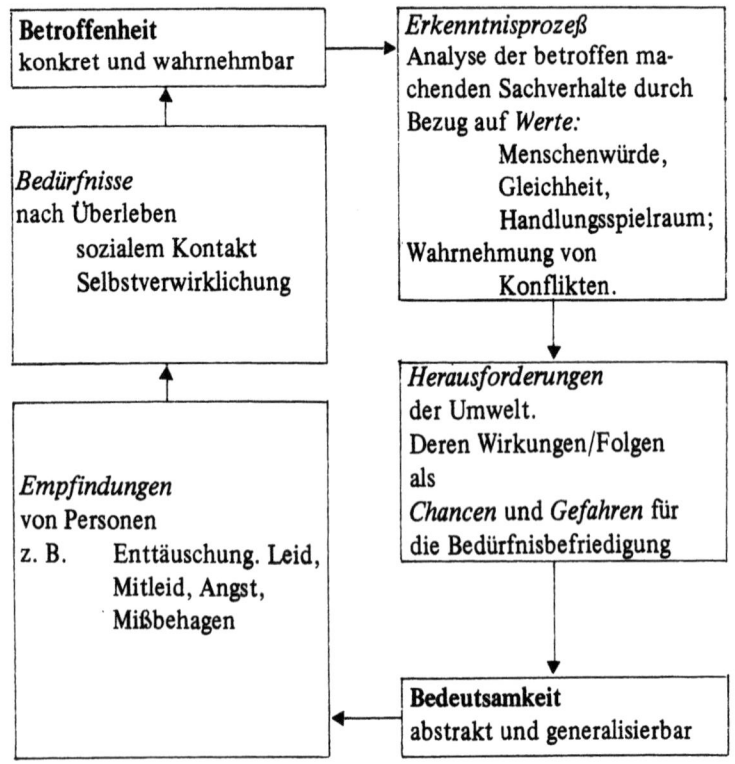

Durch diese Indikatoren sollen die Auswahlkriterien handhabbar gemacht werden; sie werden dadurch „operationalisiert".

Die Abb. bietet jedoch nicht nur eine Auflistung von Indikatoren, sondern sie stellt auch einen *Arbeitsvorgang* dar und zeigt demzufolge, wie man vorgehen kann. Verfolgt man die Pfeile, dann bilden sie einen Kreis. Was bedeutet das?

Wir betrachten zunächst ein anderes Beispiel. Uwe Uffelmann, von dem diese beiden Kriterien übernommen worden sind, empfiehlt eine feste Reihenfolge des Vorgehens:

Erst sei die Bedeutsamkeit zu ermitteln und – wenn diese Prüfung positiv ausfällt – dann die Betroffenheit. Ein geeigneter Lerngegenstand liegt dann vor, wenn das Ergebnis unter beiden Aspekten positiv ist.[1]

Wir folgen dem nicht, weil hier zwischen *Arbeitsvorgang* und *Gewichtung* der Kategorien unterschieden wird.

(1) Was den *Arbeitsvorgang* anbelangt, also die Verwendung der Grafik als Handlungsanweisung, so sei daran erinnert, was oben (S. 84) über die Verschränkung der subjektiven und objektiven Perspektive in einem und demselben Sachverhalt gesagt wurde. Wegen dieser Verschränkung kann man von beiden Seiten an die Klärung der Frage nach dem Wichtigen herangehen. Der Lehrer trifft auf eine „Herausforderung", ein fundamentales Problem, und sieht darin eine Lernnotwendigkeit. Dann muß er zugleich prüfen, ob das fundamentale Problem seine Wirkung auf Personen hat: Empfindungen, Bedürfnisse. Dadurch stellt er fest, ob Betroffenheit vorliegt.

1. Beispiel:
Herausforderung ist „die Möglichkeit der Zerstörung unserer Lebensgrundlagen".
– Wahrnehmbar durch *Empfindungen*, z. B. Verunsicherung durch Hormone in der Babynahrung (Fertigkost).
– *Bedürfnis* nach Überleben: Gesundheit beeinträchtigt durch Gift in Nahrungsmittel.
→ Betroffenheit.

Andererseits: Der Lehrer entdeckt einen Fall, der ihn oder die Schüler beeindruckt, weil er Aufsehen erregt hat oder weil Menschen

Indikator: In der Sozialforschung Repräsentant, „Anzeiger" für untersuchte Sachverhalte oder Eigenschaften sozialer Tatsachen oder Prozesse.

Operationalisierung: Angabe des meßbaren oder beobachtbaren Ereignisses, die das Vorliegen eines gesuchten Sachverhaltes anzeigen (Übersetzung in Indikatoren). In den Erziehungswissenschaften speziell die Angabe der beobachtbaren Verhaltensweise, die das Erreichen eines Lernzieles anzeigt (und ihre Übersetzung in Tests o. ä.).

in Mitleidenschaft gezogen worden sind. Nehmen wir hierfür ein Beispiel aus der Erfahrungswelt der Schüler:

2. Beispiel:
Jugendliche nehmen die Schwierigkeiten der Berufswahl wahr.
- *Empfindung* der Enttäuschung.
- *Bedürfnisse* nach Sicherheit, nach Selbstdefinition sind beeinträchtigt:
→ Betroffenheit.

Der Sachverhalt wird zu *Werten* in Beziehungen gesetzt:
- *Werte* wie Chancengleichheit, Handlungsspielraum nicht realisierbar. Ursache: die besonderen Bedingungen des Arbeitsmarktes und Schwierigkeiten der Informationsvermittlung.
- *Herausforderungen* sind die fundamentalen Probleme:
„Abhängigkeit des Einzelschicksals von politischen Entscheidungen – Aufklärungsmangel als Barriere für Interessenkenntnis und Einflußnahme".[2]
→ Bedeutsamkeit.

Was ist hier geschehen? Die Betroffenheit lag für den Lehrer auf der Hand, – er konnte sie bei seinen Schülern beobachten. Dann prüfte er die objektive Dimension: Handelt es sich um ein privates Problem oder um ein strukturelles? Dabei konnte er entdecken, daß es sich bei der Schwierigkeit der Berufswahl um eine „Herausforderung" handelt, um die Folge eines fundamentalen, generell gültigen Problems.

Der *Arbeitsvorgang* kann also an beiden Seiten ansetzen. *Im Besonderen das Allgemeine entdecken, das Allgemeine in Besonderes übertragen:* das sind die Denkvorgänge, durch welche Konkretes in Abstraktes und Abstraktes in Konkretes überführt wird, weil beides miteinander verschränkt ist.

(2) Anders ist es unter dem Aspekt der *Gewichtung* der Kategorien. Denn in unseren Überlegungen und vor allem in den Beispielen haben wir etwas stillschweigend vorausgesetzt. Hätte sich beim Beispiel „Berufswahl" kein Bezug zu einer Herausforderung ergeben, dann wäre es ein Thema der Lebenshilfe, nicht der Politik gewesen. Somit untersuchen wir mögliche Themen daraufhin, ob sie das Kriterium der Bedeutsamkeit erfüllen. Also ist *dieses* Kriterium unverzichtbar. Ferner setzen wir voraus, daß Bedeutsamkeit einen existentiellen Bezug enthält, also die Wirkung auf Leben und Wohlergehen von Menschen mißt. Dadurch ist immer auch Betroffenheit gegeben, wenn Bedeutsamkeit vorliegt; allenfalls muß sie den Lernenden erst bewußt gemacht werden.

Daraus folgt das Postulat vom *Vorrang der Bedeutsamkeit vor der Betroffenheit*. Lerngegenstände sind für den politischen Unterricht geeignet, so soll damit gesagt werden, wenn sie ein generalisierbares, fundamentales Problem enthalten.

Dieses Postulat ist nicht überflüssig, wie derjenige vielleicht meinen könnte, der den Gedankengang aufmerksam verfolgt hat. Es richtet sich nämlich gegen ein Mißverständnis, das bei der Lektüre der neuen Didaktik von Rolf Schmiederer entstehen kann.[3]

Wir haben dies schon festgestellt: Seine Auswahlkriterien sind die „Bedürfnisse und Interessen" der Schüler. Da Schmiederer diesen „subjektiven Faktor" breit ausführt, ergibt sich leicht der Eindruck, als gebe es nur „subjektive" Betroffenheit, sei diese allein ausschlaggebend für die Wahl der Unterrichtsthemen. Das meint Schmiederer nicht, aber er verhindert auch nicht das Mißverständnis. Der Lehrer kann dadurch leicht zur Auffassung geführt werden: Nur was Schüler unmittelbar angeht, sei Thema des Unterrichts. Dem kann man entgegenhalten: Das ist Verwechslung von sozialem Lernen mit politischem Lernen.[4]

Mit der These vom *Vorrang der Bedeutsamkeit* vor der Betroffenheit soll also verhindert werden, daß der Lehrer sich damit begnügt, die Themen zu behandeln, welche die Schüler in ihrer eigenen Welt unmittelbar erfahren. Bedeutsamkeit meint dagegen, daß die Lerngegenstände ein Problem enthalten müssen, das *universelle Geltung* hat: Es geht nicht nur die Schüler der Klasse an, sondern es geht *viele* oder *alle* an (Gesellschaft), es geht Menschen in *anderen Regionen* an, es geht *zukünftige Generationen* oder die *Menschheit* an. Dem entspricht auch, daß wir Bedeutsamkeit auf *Werte* bezogen haben, daß also die Gefährdung oder Verletzung dieser Werte als Herausforderung verstanden wird. Es sind dies *universell* gültige Werte im Sinne von *Menschenrechten:* Menschenwürde, Gleichheit, Entfaltungschancen.

Das berechtigt, ja verpflichtet den Lehrer, auch im schülerorientierten Unterricht Lern- und Arbeitsgegenstände einzuführen, die *nicht* im Erfahrungs- und Interessenbereich der Schüler liegen. Beispiele derartiger Themen sind die Entwicklungspolitik oder die Folgen des gesellschaftlichen Wandels. Die Aufgabe des Lehrers ist es dann, die Bedeutsamkeit didaktisch zu erschließen.

Andererseits: Das genannte Postulat muß auch ergänzt werden. Vorrang der Bedeutsamkeit – aber *nicht Vernachlässigung der Betroffenheit.* Der existentielle Bezug schließt ja die Betroffenheit ein. Die Auswirkungen einer generellen Struktur – Bürokratisierung der Sozialhilfe – auf ein individuelles Schicksal wie dasjenige des kranken Mannes muß ernst genommen werden. Wir müssen hier erinnern an das, was wir über das Verhältnis von Abstraktem und Konkretem gesagt haben: die „Relationalität" des Abstrakten (oben S. 47). Jede Bedeutsamkeit, jede Herausforderung unserer wissenschaftlich-technischen Zivilisation schließt die Betroffenheit von einzelnen Personen ein. Oder wissenschaftlich kühl ausgedrückt:

„Auch wenn in einer hochkomplexen Gesellschaft die spezifischen Probleme, die sich aus dem Verhältnis sozialer Systeme zueinander ergeben, von den meisten Personen nicht erkannt werden, so bekommen sie doch die Auswirkungen dieser Probleme zu spüren. Man braucht nicht zu erkennen, daß sich ein soziales Problem wie das der ‚Inflation' aus einer schlechten Abstimmung verschiedener sozialer (politischer und ökonomischer) Systeme entwickelt; man wird aber trotzdem Preissteigerungen als ein soziales Problem erfahren, von dem man selbst betroffen ist. Es gibt also immer einen Punkt, an dem die Probleme sozialer Systeme sich in – wenn auch anders formulierten – Problemen von Personen äußern."[5]

Bedeutsamkeit ist der Test für die allgemeine Geltung eines Sachverhaltes, Betroffenheit ist der Test für die Menschlichkeit, welche den Umgang mit Sachverhalten prägen sollte, also die humane Substanz des Unterrichts. Anderenfalls treten „Gefahren der Terminologie" auf, wie es Max Horkheimer einmal genannt und beschrieben hat; die Abstraktionen sind so unpersönlich! Denn:

„Durch die wissenschaftliche Einordnung wird der Schrecken über das Faktum gewissermaßen als unangebracht hingestellt."[6]

Damit die Schülerinnen und Schüler als zukünftige Erwachsene immer wieder erschrecken können, wenn Anlaß dazu besteht, muß die Abstraktion stets mit einer Konkretisierung verbunden sein, muß der Lehrer „Bedeutsamkeit" immer auch auf eine Art von Betroffenheit zurückführen.

Das *Ergebnis* dieser Überlegungen enthalten die folgenden *Schlüsselfragen*, die eine gedankliche Hilfe bieten können:

Zur Betroffenheit: Wie läßt sich individuelles Leiden und das Gefühl der Bedrohung in unserer Gesellschaft erfahrbar machen und verarbeiten? –
Sie hat als Kehrseite die Schlüsselfrage nach der darin enthaltenen Bedeutsamkeit:
Wie läßt sich die relative Autonomie der Menschen bewahren angesichts der Zunahme zentraler Regelungen in der verwalteten Welt? –
Aber auch wieder umgekehrt:
Wie äußert sich Letzteres in Problemen von Personen, also in Betroffenheiten?

Literatur

1 *Uwe Uffelmann:* Problemorientierter Geschichtsunterricht. Aus Politik und Zeitgeschichte, Beilage zur Wochenzeitung Das Parlament B 4/78 vom 28. 1. 1978, S. 44.
2 Vgl. die „Matrix" bei *Wolfgang Hilligen:* Zur Didaktik des politischen Unterrichts I, Opladen: Leske 1978, Faltblatt im Anhang; dort Spalte 1, B. 5.

In dieser Matrix gibt Hilligen Beispiele, wie man die sehr abstrakten Herausforderungen, die unten S. 133 wiedergegeben sind, in konkretere aufschlüsseln kann.

3 *Rolf Schmiederer:* Politische Bildung im Interesse der Schüler, Köln: EVA 1977. S. auch oben S. 74ff.
4 So *Karin Priester* in Volker Briese u.a. (Hg.): Entpolitisierung der Politikdidaktik? Weinheim: Beltz 1981, S. 154.
5 *Karl Otto Hondrich:* Menschliche Bedürfnisse und soziale Steuerung, Reinbek: Rowohlt 1975, S. 25.
6 *Max Horkheimer:* Dämmerung (unter dem Pseudonym: Heinrich Regius), Zürich 1934. Hinweis von Hans-Otto Mühleisen.

4. Einheit: Denkenlernen oder Handelnlernen? Ziele und Zielarten des politischen Unterrichts I

4.1 Einführung

Diese und die folgende Einheit behandeln die Ziele des politischen Unterrichts, also die Frage nach dem „Wozu". Dieser Einheit ist eine Entscheidungsfrage vorangestellt. Zu prüfen wäre, ob die Frage richtig gestellt ist und ob sie sich eindeutig beantworten läßt. Unabhängig davon, wie die Antworten ausfallen, − die Entscheidungsfrage „Denkenlernen oder Handelnlernen?" dient an dieser Stelle als Einstieg, der helfen soll, die *Schwierigkeiten* sichtbar zu machen, die sich ergeben, wenn man sich mit den Zielen des politischen Unterrichts beschäftigt.

4.1.1 Ein Beispiel für kontroverse Zielbeschreibungen

Für jede dieser beiden Zielbestimmungen ist im folgenden ein Text als Beispiel widergegeben, − interessanterweise vom gleichen Autor.

1 „Die Gestaltung des gesellschaftlichen Lebens wird nicht durch die Politische Bildung entschieden, sondern durch die politische Praxis; an dieser kann Politische Bildung teilhaben, wenn es ihr gelingt, die rigide Trennung von Theorie und Praxis, von Bildung und Aktion tendenziell aufzuheben oder wenigstens zu relativieren. Jedenfalls kann sie die Praxis vorbereiten, indem sie gesellschaftliche Institutionen und Zusammenhänge transparent macht, Ideologien und Verschleierungen auflöst und indem sie gesellschaftliche Organisationen und politisches Handeln als Ausdruck von Interessenstrukturen aufzeigt und die Gesellschaft als vom Menschen gestaltete und gestaltbare, also als veränderbare erklärt. Aus der Einsicht in den Zusammenhang zwischen persönlichem Schicksal und gesellschaftlicher Entwicklung können Motivationen zum politischen Engagement entstehen. Ein reflektiertes Engagement ist unter den gegebenen Umständen wohl das höchste erreichbare Ziel Politischer Bildung. Auch die Beseitigung der gesellschaftlich bedingten Trennung von

Theorie und Praxis des Politischen kann letztlich nicht durch die Politische Bildung selbst erreicht werden, sondern kann nur das Ergebnis von Strukturveränderungen in der Gesellschaft sein."

Rolf Schmiederer: Zur Kritik der Politischen Bildung, Frankfurt: EVA 1971, S. 43-44

2 „Selbsterkenntnis und Umwelterkenntnis als oberstes Ziel politischer Bildung ist im Kontext einer schülerzentrierten Didaktik keine willkürliche Setzung. Vielmehr ergibt sich dieses Ziel einerseits — wie oben, Kap. 6, zeigt — aus den Grenzen politischer Bildung im öffentlichen Bildungswesen und aus dem Bemühen um einen partiellen Ziel-Konsens; es ergibt sich andererseits aus der begründeten Entscheidung für ein Unterrichtsprinzip, in dessen Zentrum der Schüler als wichtigste Legitimationsgrundlage steht."

Rolf Schmiederer: Politische Bildung im Interesse der Schüler, Köln: EVA 1977, S. 110.

Didaktische Texte erschließen sich nicht leicht. Daher helfen wir uns mit Fragen:

1) *Welches ist der jeweilig oberste Zielbegriff?*
Text 1: „Reflektiertes Engagement". Politisches Engagement bedeutet „aktive Stellungnahme in politischen Auseinandersetzungen und Eintreten für die Realisierung sozialer Interessen und Ziele".[1] Reflektieren meint „das prüfende und vergleichende Nachdenken über etwas".[2] Der aktiven Stellungnahme soll also Erkenntnis, Erklärung und Einsicht vorausgehen; das ergibt sich aus der Aufgabenbeschreibung im Text. Also: „Handeln".
Text 2: „Selbsterkenntnis und Umwelterkenntnis" — deutlich ist hier die Beschränkung auf die Erkenntnis. Also: „Denken".

2) *Sind Rahmenbedingungen des jeweiligen Zielbegriffs erkennbar?*
Das ist die Frage nach dem Kontext im Textauszug.
Text 1: Zunächst werden *Grenzen* der politischen Bildung aufgezeigt: Sie kann nicht die Gesellschaft verändern. Aber sie kann auf Praxis *vorbereiten,* kann einen Beitrag zur Aufhebung der Trennung von Bildung und Aktion leisten, indem sie dadurch „tendenziell" aufgehoben oder die Trennung wenigstens relativiert wird. Prämisse ist, daß Denken (Theorie) zum Handeln (Praxis) führen muß; es ist gesellschaftsverändernde Praxis. Die politische Bildung leistet dazu einen Beitrag *in Richtung auf* Handeln. Politische Rahmenbedingung ist die Notwendigkeit von Strukturveränderung der Gesellschaft.

Text 2: Als Kontext wird ausdrücklich „schülerzentrierte Didaktik" genannt, also ein didaktischer Kontext. Dieses Unterrichtsprinzip legt auf eine Lernzielbestimmung fest, die ausschließlich auf den Schüler bezogen ist; man kann dies als eine *individualistische* Zielbestimmung im Unterschied zu einer *gesellschaftsbezogenen* bezeichnen. Die Rahmenbedingungen dieser Zielformulierungen sind (a) die *„Grenzen* politischer Bildung": Sie sind jetzt offenbar enger und lassen eine Bezugnahme auf politische Praxis nicht mehr zu, – es sind Widerstände der politischen Öffentlichkeit. Zum anderen sind die Rahmenbedingungen (b) das Streben nach einem *„partiellen* Ziel-Konsens": Es erscheint dem Autor jetzt wünschenswert, sich auf das Minimum zu beschränken, auf das sich Didaktiker unterschiedlicher Richtungen einigen können.

Mit der Frage nach den Rahmenbedingungen haben wir einen Spalt breit den Blick auf die Geschichte der politischen Bildung in den 70er Jahren eröffnet. Der Autor hat seine Aussage revidiert, und die Veranlassung war die gesellschaftliche Umwelt: der Streit um die politische Bildung in den Jahren 1972-1974 (s. unten S. 191ff.). Aber das soll hier nicht weiter verfolgt werden. Von Interesse ist das Ergebnis: Es gibt Modelle von Zielbestimmungen, in denen das Schwergewicht entweder auf das Denken oder auf das Handeln gelegt wird. Freilich muß betont werden, daß es dabei nur um eine Akzentuierung, um eine *Gewichtung* geht, nicht um das ausschließende Entweder-Oder.

Diese Gewichtung kann grafisch veranschaulicht werden:

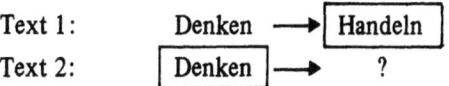

Der Erwerb kognitiver Fähigkeiten soll zum Handeln führen, – das ist die Intention des ersten Textes, während im zweiten Text der Handlungsbezug nicht ausdrücklich ausgeschlossen wird, aber unerwähnt und somit offen bleibt.

Literatur

1 *Christoph Wulf* in ders. (Hg.): Wörterbuch der Erziehung, München: Piper 1974, S. 451.
2 Philosophisches Wörterbuch, bearb. von *Georgi Schischkoff,* 20. Aufl., Stuttgart: Kröner 1978, S. 559.

4.1.2 Schwierigkeiten und Perspektiven

Mit der Betrachtung dieser beiden Texte haben wir also keine Antwort auf die eingangs gestellte Frage „Denkenlernen oder Handelnlernen?" gefunden. Das ist keineswegs lediglich auf die Auswahl der Texte zurückzuführen, sondern hat sachliche Gründe.

1) Der erste Grund ist in der *Unzulänglichkeit oberster Zielbestimmungen* ganz allgemein zu suchen. Schon das Wort „Engagement" ist nicht eindeutig; es wurde hier – im Sinne von Schmiederer – als Aktivität definiert, kann aber auch bloße innere Anteilnahme bedeuten. „Mitbestimmung" ist ebenfalls kein eindeutiger Begriff; sie kann Partizipation, Teilnahme, Teilhabe, Mitwirkung bedeuten, doch damit sind unterschiedliche Grade von Mitbestimmung bezeichnet. Jeder ist für Menschenwürde, aber hinsichtlich der didaktischen Folgerungen unterscheiden sich z. B. Sutor und Roloff, die sich beide an diesem Ziel orientieren, erheblich.[1]

Die Schwierigkeit hat ihre Ursache in dem hohen Abstraktionsgrad dieser Zielbegriffe. Deshalb können sie vielerlei bedeuten; wegen ihrer Unbestimmtheit werden derartige Begriffe gelegentlich auch „Leerformeln" genannt. Im Gebrauch verwandeln sie sich leicht zu Schlagwörtern, zu Slogans; im politischen Streit werden sie gerne als Waffen verwendet, beispielsweise der Begriff „Konflikt". Es handelt sich hierbei um ein semantisches Problem, welches darin besteht, daß sich die Bedeutung von Wörtern je nach der Sprechsituation ändern kann.[2]

2) Eine eindeutige Antwort kann auch deshalb nicht gefunden werden, weil *Denken und Handeln in einem komplementären, sich ergänzenden Verhältnis* stehen. In dem ersten Text handelt es sich in der Tat nur um eine Akzentuierung; Denkenlernen ist nicht ausgeschlossen, sein Stellenwert ist nur anders bestimmt als im zweiten Text: Es dient im ersten als Vorbereitung auf die Praxis, auf Handeln. Freilich ist die Unterscheidung zwischen Denken und Handeln durchaus nützlich, weil didaktische Konzeptionen und Formulierungen oberster Lernziele daraufhin geprüft werden können, auf welche Seite der Akzent gelegt wird und ob sie den Handlungsbezug nicht vielleicht ausdrücklich ausschließen.

Als Beispiel diene folgende Zielbeschreibung des politischen Unterrichts: „ . . . auf das Mögliche wie das nicht mehr Mögliche gerichtete emphatische und reflektierende, betrachtende Teilnahme".[3] Den Adjektiven ist zu entnehmen, das es um eine innerliche Anteilnahme am politischen Geschehen im Sinne des verständigen Beobachters geht, nicht aber um politische Beteiligung.

3) Schließlich muß auch auf die *Unvereinbarkeit von politischem Lernen und politischer Aktion* hingewiesen werden. Der in der Institution Schule stattfindende politische Unterricht ist zu verstehen als von anderen für andere veranstaltetes und verantwortetes Lehren und Lernen, und damit ist er strukturell verschieden von Situationen politischen Handelns, in denen jeder Handelnde virtuell für sich entscheidet und das Risiko dieser Entscheidungen auch tragen muß. Aus diesem Grunde kann politischer Unterricht nur propädeutische Funktion haben; er bereitet auf Handeln vor, aber er organisiert nicht Handlungen. In diesem Sinne definiert Christoph Wulf die Aufgabe der politischen Bildung (im vollständigen Zitat; s. oben S. 102) als „Erziehung zur *Bereitschaft* zum politischen Engagement"[4]. Sie vermittelt also eine Disposition, eine innere Verfaßtheit der Persönlichkeit, die den Lernenden außerhalb der Schule und in späteren Lebensjahren befähigt, politisch zu handeln, aber auch den Willen hierzu weckt. Daher kann immer nur vom Handlungs*bezug* der Lernziele gesprochen werden. Wenngleich nicht so eindeutig, tendiert doch auch der erste Text im wesentlichen zu diesem Handlungsbezug und erkennt die Aufhebung der Trennung von „Bildung und Praxis" nur als einen Wunsch, der nicht erfüllbar ist.

Die Aufzählung dieser Schwierigkeit macht einsichtig, daß eine Antwort auf die Alternative „Denkenlernen oder Handelnlernen?" nicht ohne weiteres möglich ist, weil die Frage falsch gestellt ist. Die Trennung der Zielbegriffe ist zweckmäßig, soweit sie eine *heuristische* Funktion erhalten, also zu Erkenntnissen verhelfen, indem mit ihrer Hilfe Zielkonzeptionen interpretiert, Akzentuierungen aufgedeckt und dadurch kritisiert werden können. Notwendig ist freilich auch, mit „Werten" einen dritten Zielbegriff zwischen Denken und Handeln einzufügen, weil dem Handeln als Wahl unter Handlungsalternativen immer das Werten vorausgeht.

Um daraus eine Gliederung der Zielarten abzuleiten, sei an den Vorschlag erinnert, der in der ersten Einheit gemacht wurde. Bei der Darlegung der „Aufgaben des politischen Unterrichts" wurde zwischen *kognitiver und evaluativer Orientierung* unterschieden, also zwischen erkennender und wertender Orientierung. Kognitive Orientierung sollte durch sozialwissenschaftliche Bildung vermittelt werden, evaluative Orientierung durch politische Bildung (im engeren Sinne). Dabei wurde auch festgestellt, daß *beides* zu den Aufgaben des politischen Unterrichts gehöre. Wenn wir die zuletzt genannten Zielbegriffe verwenden, so heißt dies, daß politischer Unterricht Denken *und* Werten intendiert, ferner Handeln insofern, als evaluative Orientierung als „vergleichende Auswahl aus den möglichen Handlungsalternativen" definiert wurde (s. oben S. 15).

Dieser Gliederung folgen wir in diesen beiden Einheiten. Wir beschäftigen uns in der 4. Einheit mit dem „Denkenlernen" oder den kognitiven Lernzielen, die im wesentlichen Bestandteil einer kognitiven Orientierung sind. Danach erörtern wir in der 5. Einheit die Wertorientierung und stellen dabei evaluative Lernziele dar, in denen auch der Handlungsbezug enthalten ist.

Doch wir haben ja auch von der Schwierigkeit gesprochen, die in der Abstraktionshöhe der Zielbegriffe beruht. Aus diesem Grunde beginnen wir mit möglichst konkreten und begrenzten Lernzielen des Unterrichts im kognitiven Bereich, um das Einarbeiten zu erleichtern. Freilich: Hierbei handelt es sich im wesentlichen um Lernziel*arten*, und das bedeutet: Dem Leser werden die Ziele des Unterrichts nicht gleichsam aufgetischt, sondern er erhält die Möglichkeit, Arten von Lernzielen zu entdecken, Lernaufgaben zu stellen, Lernschwierigkeiten zu beurteilen. Wir behandeln die Begriffe, die der Lehrer als Instrumente benötigt, um seinen Unterricht vorbereiten zu können.

Literatur

1 *Walter Gagel:* Politik – Didaktik – Unterricht. Eine Einführung in didaktische Konzeptionen des politischen Unterrichts, 2. Aufl., Stuttgart: Kohlhammer 1981, S. 119 und 153.

2. S. hierzu *Rolf Schörken:* Verständigungsprobleme in Politik-Lehrplänen. In Kurt Gerhard Fischer (Hg.): Zum aktuellen Stand der Theorie und Didaktik der politischen Bildung, 4. Aufl., Stuttgart: Metzler 1980, S. 218 ff.

3 *Günter C. Behrmann* in ders., Karl-Ernst Jeismann, Hans Süssmuth: Geschichte und Politik. Didaktische Grundlegung eines kooperativen Unterrichts, Paderborn: Schöningh 1978, S. 150.

Für die Trennung von politischem Lernen und politischer Aktion immer noch grundlegend:
Hermann Giesecke: Didaktische Probleme des Lernens im Rahmen von politischen Aktionen, in ders. u.a.: Politische Aktion und politisches Lernen, München: Juventa 1970, S. 11-45.

4.2 Strukturelles Lernen

Wenn die im folgenden dargestellten Lernzielarten unter der Überschrift „Strukturelles Lernen" zusammengefaßt werden, so wird damit eine Beziehung zur kognitiven Lerntheorie hergestellt, die aber erst später Thema unserer Überlegungen wird. Nur soviel sei hier bereits erläuternd gesagt: Mit dieser Überschrift wird ein Lernen gekennzeichnet, dessen Ziel nicht in Wissensmengen besteht, die angeeignet werden sollen, sondern in dem Erwerb von Schemata, Denk„strukturen", durch welche Wissen geordnet werden kann. Als Bestandteile einer Denkstruktur werden hier aufgeführt: Begriffe, Grundbegriffe und Operationen.

4.2.1 Begriffe

Angenommen, ein Lehrer wollte mit seiner Klasse das Thema „Konsum" behandeln. Er wählt als Beispiel den Kauf eines Mopeds. Bei der Suche nach Unterrichtsmaterial findet er in zwei Schulbüchern folgende Texte:

1 „Für eine qualitäts- und kostenbewußte Kaufentscheidung sind folgende Gesichtspunkte zu beachten und gegeneinander abzuwägen:

Qualität   *Kosten*
— Handhabung   — Kaufpreis
— Komfort   — Unterhaltskosten
— Sicherheit

Unter diesen Gesichtspunkten prüft der Käufer das Angebot. Er kann *Informationen* über die verschiedenen Marken, die angeboten werden, in eine Tabelle eintragen und auf diese Weise *vergleichen,* um sich für das günstigste Angebot zu entscheiden. Dabei wird er häufig *abwägen* müssen, ob weniger Komfort und daher auch billiger oder umgekehrt."

Wolfgang Hilligen u. a.: Sehen, Beurteilen, Handeln. Arbeitsbuch für den politischen Unterricht Kl. 7 - 10, Frankfurt: Hirschgraben 1978, S. 58

2 „Sieben Goldene Regeln für den preisbewußten Verbraucher:

— *Kauf geplant — Geld gespart*
Ein Einkaufszettel bewahrt vor unüberlegten Spontaneinkäufen!
— *Barkauf ist Sparkauf*
Raten- und Kreditzinsen sind teuer; Barzahlungsrabatte sparen!
— *Qualität vergleichen*
Das Teuerste ist nicht immer das Beste!
— *Preise vergleichen*
Verbraucherberatungsstellen helfen Ihnen dabei!
— *Bei Verpackungen aufpassen*
Aufwendige Verpackungen bezahlt der Verbraucher!
— *Saison- und Sonderangebote nützen*
aber Vorsicht vor Lockvogelangeboten!

— *Überhöhte Preise ablehnen* und das Geschäft wieder verlassen; das gibt dem Verkäufer zu denken."
Horst Becker u. a.: Thema Politik. Lese- und Arbeitsbuch für die Sek. I., Stuttgart: Klett 1976, S. 59

Wir nehmen an, daß der Lehrer unter diesen beiden Texten wählen möchte. Um diese Wahl nachvollziehen zu können, müssen die Unterschiede dieser Texte hervorgehoben werden.

Text 2 gibt nützliche Verhaltensregeln. Aber sie sind nicht ohne weiteres auszuführen. Was ein Einkaufszettel ist, weiß jeder, – das bietet keine Schwierigkeiten. Auch was Qualität ist, davon hat jeder seine Vorstellung. Aber wenn sich zwei darüber unterhalten, was an einem Moped „das Beste" ist, werden sie so schnell nicht zu einer Einigung gelangen. Der eine sagt: Es ist „Klasse", und meint, daß es gut aussieht. Der andere sagt dasselbe und meint vielleicht, daß man gut auf ihm sitzen kann. Demnach verbergen sich in dem Wort „Qualität" sehr verschiedene Aspekte. Ähnlich ist es mit dem Wort „Preise". Exakter wäre, von den „Kosten" zu sprechen, weil damit sowohl die Aufwendungen für den Erwerb als auch diejenigen für den Gebrauch gemeint sind. Also bleiben auch in dieser zunächst so einleuchtend erscheinenden Regel wichtige Gesichtspunkte verborgen.

Der Text 1 enthält demgegenüber eine Übersicht über Begriffe und Gesichtspunkte, die bei einer rationalen Kaufentscheidung zu berücksichtigen sind. Diese können noch ergänzt werden:

Qualität
– Haltbarkeit
– Leistungsfähigkeit
– Sicherheit
– Ausstattung

Kosten
– Anschaffungskosten
– Unterhaltskosten

Nutzen
– Grundnutzen: ist zweckmäßig
– Zusatznutzen: sieht nach etwas aus (Mode, Prestige)

In diesem Beispiel sind die Begriffe in einzelne Merkmale entfaltet worden. Diese Begriffe sind sinngemäß auch in den „Goldenen Regeln" enthalten, aber sie treten dort nicht in dieser Weise deutlich hervor. Sie ermöglichen in dem Beispiel das Durchschauen eines Sachverhaltes, und daher sehen wir darin eine erste Art von Lernzielen: das Lernen von Begriffen.

Was ein Begriff ist, geht aus folgender Definition hervor:

„Wir sprechen . . . von einem Begriff, wenn eine Anzahl von Objekten oder Ereignissen aufgrund gewisser übereinstimmender Merkmale mit einem gemeinsamen Namen belegt wird."[1]

In dem Beispiel bestehen die gemeinsamen Merkmale darin, daß man das Genannte jeweils als „gut" ansieht: Begriff der *Qualität*, oder daß sie jeweils finanzielle Aufwendungen erfordern: Begriff der *Kosten*. Freilich zeigt das Beispiel auch, daß es keine feststehende Anzahl von Einheiten oder Merkmalen für Qualität gibt; sie können von Ware zu Ware wechseln.

Ein Kennzeichen dieser Begriffe ist ihre *Abstraktheit*. Konkret ist Haltbarkeit, wenn man sie beschreiben kann (was halten muß, wie lange etwas halten muß). Begriffe sind folglich Abstraktionen von konkreten Personen, Objekten, Ereignissen oder Situationen.[2]

Darin liegt ein Vorzug: Wegen ihrer Abstraktheit können Begriffe in neuen, andersartigen Situationen verwendet werden. Was ein Schüler beim Planspiel „Kauf eines Mopeds" gelernt hat, kann er beim Kauf seines Kassettenrecorders wieder anwenden. Demnach läßt sich ihre *Funktion* so bestimmen:

„Ein Begriff kann . . . als ein Ordnungssystem, als ein kategoriales Schema angesehen werden, durch welches die aufgenommenen Reize gefiltertert, geordnet und bewertet werden, bevor sie eine Reaktion auslösen."[3]

Bei der Kaufentscheidung werden die Reize bzw. die Wahrnehmungen daraufhin gefiltert, ob sie einen *Wert* darstellen (Qualität) und welche Art von *Kosten* sie verursachen. Sie veranlassen aber auch, zusätzliche Informationen zu erfragen. Die Anwendung derartiger Begriffe stellt eine Art Handlung dar, genauer: eine *Denkhandlung*. So nennt Edelmann das Anwenden von Begriffen „Kategorisierung" und erläutert, daß dabei „Entscheidungen" getroffen werden müßten, z. B. diejenige, „in welche Kategorie die Informationen eingeordnet werden sollen".[4] Ein Beispiel wäre: Soll die Farbe eines Autos der Qualität (Sicherheitsfarbe) oder dem Nutzen („wirkt vornehm") zugerechnet werden? Wir können also sagen: Begriffe ermöglichen das Durchdenken eines Sachverhaltes.

Schließlich stellen Begriffe auch eine Art *lebenspraktische Hilfe* dar, indem sie uns die Auseinandersetzung mit der Umwelt überhaupt erst ermöglichen.

„Sie reduzieren die Komplexität der Umwelt, sie erleichtern die Identifikation und Nutzung von Objekten und Ereignissen: sie verringern die Notwendigkeit permanenter Neuorientierung und ununterbrochenen Neulernens . . ."[5]

Die Fülle der Informationen, die auf den Käufer eindringt, wenn er überlegt eine Ware auswählen will, wird auf die für seine Entscheidung *relevanten* reduziert: Qualität, Kosten, Nutzen. Dadurch wird seine Entscheidung erleichtert, er vermeidet Enttäuschungen, und er kann Erfahrungen früherer Käufe verwerten.

Das Erlernen von Begriffen hat demnach zum *Ziel,* die Fähigkeit zum aktiven Wahrnehmen, die Denkfähigkeit zu verbessern. Begriffe sind gleichsam das tragende Korsett von Denkvorgängen.

Das Ergebnis kann in *Schlüsselfragen* zusammengefaßt werden, die als Arbeitshilfe beim Nachdenken über Ziele einer Unterrichtsstunde dienen können:

> **Welche Begriffe muß der Schüler lernen (haben, beherrschen), um mit einem Sachverhalt umgehen zu können?**
> **Durch welche Begriffe kann ein Sachverhalt erschlossen werden?**

Literatur

1 *Franz E. Weinert* in ders. u.a. (Hg.): Funk-Kolleg Pädagogische Psychologie, Band 2, Frankfurt: Fischer 1974, S. 664.
2 ebenda S. 664.
3 ebenda S. 665.
4 *Walter Edelmann:* Einführung in die Lernpsychologie, Band 2: Kognitive Lerntheorie und schulisches Lernen, München: Kösel 1979, S. 22.
5 *Weinert* (Anm. 1) S. 665.

4.2.2 Grundbegriffe

In einem Unterrichtsbeispiel „Schuheinkauf" kommen die Autoren an folgende Stelle:

„Die Frage nach der Geldausgabe für Schuhe führt zu einer Zusammenschau aller bisher genannten Punkte.

Die Überlegungen vollziehen sich in einem Feld, das durch vier Punkte bestimmt ist:

Alle *vier* Bestimmungsfaktoren stehen in einem interdependenten Zusammenhang. Zwar hat jeder der vier Faktoren seine eigenständigen Bestimmungsgründe, aber keine der vier Größen ist unveränderlich".

Friedrich-Wilhelm Dörge, Heiko Steffens: Verbraucherbildung. Prinzipien und Anwendung – Fallstudie „Schuheinkauf" für die Sekundarstufe I, Gegenwartskunde 1974, H. 4, S. 495.

Wir stellen zunächst den Zusammenhang her: Wir hatten die Aspekte Qualität, Kosten, Nutzen ja schon behandelt, wenngleich in einem etwas anderen Zusammenhang. Es werden hier also ähnliche oder gleichwertige Begriffe verwendet, aber jetzt kommt eine neue Überlegung hinzu: Die Begriffe sind *interdependent*, stehen im Verhältnis gegenseitiger Abhängigkeit. Denn ob Wünsche befriedigt werden können, hängt ab a) vom Einkommen und b) vom Angebot an Gütern oder Dienstleistungen. Aber ob das Einkommen ausreicht, hängt wiederum davon ab, ob der Preis der begehrten Ware „erschwinglich" ist. Freilich ist die Erkenntnisrichtung jetzt eine andere: Es geht nicht mehr darum, den günstigsten Kauf zu tätigen, sondern eine generelle, grundsätzliche *Erkenntnis* zu gewinnen: In welchem übergeordneten Zusammenhang steht meine Kaufentscheidung? Dieser wird hier gekennzeichnet durch die Interdependenz der vier genannten Faktoren.

Interdependenz ist ebenfalls ein Begriff, aber ein Begriff höherer Ordnung. Sein Merkmal ist, a) daß er mehrere Begriffe verbindet, und daß b) diese Verbindung einen Erklärungswert besitzt. Denn „Interdependenz" besagt hier, daß die Erfüllung der Wünsche abhängig ist vom Einkommen, und erklärt, warum man nicht alles bekommen kann, was man sich wünscht.

Diese Art von Begriffen soll hier *Grundbegriffe* genannt werden. Sie werden auch „Erklärungsbegriffe" genannt; denn sie erklären „den Zusammenhang zwischen mehreren Ereignissen". In der Didaktik des politischen Unterrichts wird auch die Bezeichnung „Kategorien" verwendet, so bei Giesecke, Hilligen und Sutor. Hierbei wird jedoch weniger Gewicht auf die erklärende, sondern vor allem auf die heuristische, die erkenntnisermöglichende Funktion gelegt.

Als Beispiele für solche Grundbegriffe können einem amerikanischen Curriculum entnommen werden: Kausalität, Konflikt, Kooperation, kultureller Wandel, Unterschiede, Interdependenz, Modifikation, Macht, soziale Kontrolle, Tradition, Werte, Institutionen.[2]

Hilligen nennt als politische Kategorien: Macht, Aufgaben, Gewalt, Reform, Konflikt, Institution.[3]

Sutor ordnet seine Grundbegriffe in ein System[4]:
Situationsanalyse: Problem/Konflikt; Interesse/Betroffenheit; Meinung/Interpretation/Ideologie; Geschichtlichkeit/soziale Struktur.
Möglichkeitserörterung: Macht/Recht; Institutionen/Regeln/Kompetenzen; Beteiligung/Mitbestimmung; Koalition/Kompromiß/Durchsetzung.

Entscheidungsdiskussion: Entscheidungsmöglichkeiten/Zielkonflikte; Freiheit/ Gerechtigkeit/Friede (Gemeinwohl/Allgemeininteresse); Zumutbarkeit/Legitimität; Wirksamkeit/Folgen/Verantwortbarkeit.

Die Beispiele weisen zwar partielle Übereinstimmungen auf, von einem einheitlichen System von Grundbegriffen oder Kategorien kann man jedoch nicht sprechen. Vielmehr sind diese in jeder didaktischen Konzeption neu zu erarbeiten. Es bleibt daher auch dem Lehrer nicht erspart, aus den vorliegenden Vorschlägen auszuwählen. An dieser Stelle genügt es, wenn die Lernzielart „Grundbegriffe" im Unterschied zu „Begriffen" erkennbar und ihre eigene Funktion sichtbar wurde.

Die folgenden *Schlüsselfragen* sollen auch hier wieder die Anwendung erleichtern:

> Läßt sich mit Hilfe von Grundbegriffen oder Kategorien eine Verbindung zwischen mehreren Begriffen oder Informationen herstellen, und läßt sich dadurch etwas erklären?
> Welche Grundbegriffe benötigt der Schüler, um sich in seiner Umwelt zurechtzufinden, sich in ihr zu orientieren?

Literatur

1 *Walter Edelmann:* Einführung in die Lernpsychologie, Band 2, Kognitive Lerntheorien und schulisches Lernen, München: Kösel 1979, S. 42.
2 Handbuch der Unterrichtsplanung und Curriculumentwicklung nach *Hilda Taba*, Stuttgart: Klett 1974, S. 28–31.
3 *Wolfgang Hilligen u.a.:* Lehrerband zu Sehen, Beurteilen, Handeln, Frankfurt: Hirschgraben 1979, S. 14–16.
4 *Bernhard Sutor* in Kurt Gerhard Fischer (Hg.): Zum aktuellen Stand der Theorie und Didaktik der Politischen Bildung, Stuttgart: Metzler 1980, S. 133.

4.2.3 Operationen

Wie wir sahen, kennzeichnen die Lernzielarten Begriffe und Grundbegriffe bzw. Kategorien Aktivitäten des Bewußtseins; denn Begriffe „haben" bedeutet zugleich, Begriffe „anwenden" können. Dennoch sind sie lediglich Teile von komplexeren „Denkhandlungen", die als besondere Lernzielart herausgestellt werden müssen und die hier „Operationen" genannt werden.

Um diese Lernzielart an einem unterrichtspraktischen Beispiel zu veranschaulichen, wählen wir das Thema „Berufswahl":

Die Schüler erhalten den Auftrag, eine Umfrage über den Berufs-

wunsch ihrer Altersgenossen zu veranstalten. Die Antworten werden dann ausgewertet.
- Mein Vater will, daß ich die Werkstatt übernehme.
- Ich werde Sekretärin, ich kann schon Schreibmaschine.
- ... Kellner, weil es dort viele Arbeitsplätze gibt.
- Die Ausbildung als Elektriker dauert mir zu lange, ich will gleich verdienen.
- ... weil ich dort schnell vorankommen kann.
- Eine Buchhändlerschule gibt es hier nicht, daher gehe ich zu ...
- Ich werde Fußballspieler in der Bundesliga.

1. Antworten ordnen: Am besten schreibt man jede Antwort auf einen Zettel.
   Dann lassen sich die Zettel nach folgenden Gesichtspunkten ordnen:
   – eigene Fähigkeiten, Interessen, Persönlichkeitsmerkmale (persönliche Voraussetzungen).
   – Einfluß der Umwelt, z. B. Eltern, Bekannte, Wohnlage (gesellschaftliche Faktoren)
   – Informationsstand über das Ausbildungs- und Berufsangebot
   – Veränderungen im Berufsleben und im Bedarf an Arbeitskräften (veränderte Berufsstrukturen)
2. Beurteilung: Sind diese Gesichtspunkte alle gleich wichtig? Wo hat man mehr, wo weniger Einfluß?

Sehen–Beurteilen–Handeln, Arbeitsbuch für den politischen Unterricht Kl. 7 – 10, von *Wolfgang Hilligen* u.a., Frankfurt: Hirschgraben 1978, S. 91.

Die Vorgehensweise ist sichtbar: Die Schüler sollen die Antworten nach vorgegebenen Gesichtspunkten ordnen und diese dann prüfen, um ihre Bedeutung feststellen zu können. Diese Gesichtspunkte oder Begriffe lassen sich ebenfalls veranschaulichen:

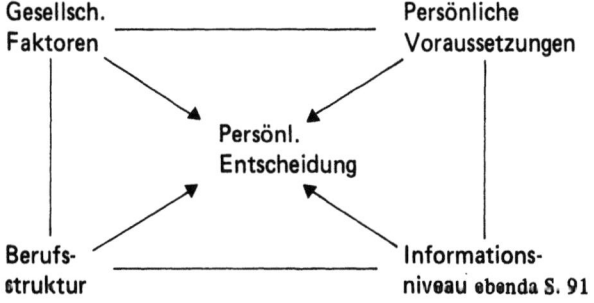

ebenda S. 91

Gibt es auch hier wieder einen Zusammenhang zwischen den Begriffen? Steht darüber ein Erklärungsbegriff? Es liegt nahe, wieder den Grundbegriff „Interdependenz" zu wählen. Dennoch ist etwas anderes gemeint. Zwar handelt es sich um interdependente Faktoren. Aber das Ziel des Unterrichts ist es nicht, diese Interdependenz erkennen zu lassen. Sondern der Lehrer stellt eine Untersuchungsaufgabe: Informationen zu den Faktoren zu sammeln. Die Absicht ist, daß die Schüler den eigenen Berufswunsch durchdenken. Dazu ist erforderlich, daß sie die *Faktoren* kennenlernen (Begriffe), daß ihnen deren *Wirkung* bewußt wird (Grundbegriff) und daß sie beides in einen *Arbeitsvorgang* einbringen, der methodisch verläuft und zu einem Ergebnis (Entscheidung) führt. Dieser Arbeitsvorgang spielt sich in diesem Beispiel ausschließlich im Bereich des Denkens ab, er ist eine Denkhandlung oder Operation, wie oben bereits definiert wurde.

Derartige Operationen haben unterschiedliche Komplexität. Von geringerer Komplexität sind folgende Operationen[1]:

a) Begriffe bilden.

In unserem Beispiel könnte der Lehrer den Schülern helfen, diese Faktoren selber zu finden, also jeweils den Oberbegriff für eine Anzahl von Informationen bilden lassen: induktives Verfahren.

b) Interpretieren, Schlußfolgern, Verallgemeinern.

Zur Berufsstruktur muß eine Statistik über die Entwicklung der Zahl der Schulabgänger und derjenigen der Ausbildungsplätze interpretiert werden. Veränderungen der Nachfrage in einzelnen Berufen lassen sich verallgemeinern: Zunahme der Dienstleistungsberufe. Schüler ziehen aus der Tatsache, daß z. B. der Beruf des Druckers ausstirbt, eine Folgerung.

c) Anwenden von Verallgemeinerungen

Die Schüler habe zu den einzelnen Faktoren auf diese Weise Informationen erarbeitet. Jetzt versuchen sie, diese auf ihren eigenen Berufswunsch anzuwenden.

In dieser Beschreibung eines Unterrichtsprozesses wurden die *einzelnen* Denkhandlungen, welche die Schüler vornehmen und dadurch lernen, besonders hervorgehoben. Diese Denkhandlungen fügen sich zusammen zu der *umfassenden,* dem Durchdenken eines Entscheidungsproblems. Die Schüler erwerben dadurch die Fähigkeit, ihre Berufswahl methodisch vorzubereiten.

Zum Begriff „Operation": Er wird unterschiedlich definiert. So unterscheidet Dörner zwischen Operation und Operator. „Ein Operator ist die allgemeine Form einer Handlung, wohingegen die Operation die konkrete Realisierung derselben ist. Ein Operator ist ein allgemeines Handlungsprogramm, die Operation die konkrete Ausführung derselben."² Aber es wird nicht zwischen inneren und äußeren Operationen unterschieden. Dagegen wird mit der hier verwendeten, von Piaget hergeleiteten Definition gerade dieser Unterschied gemacht, der Operationen speziell als Denkvorgänge bezeichnet, weil sich schulischer Unterricht im wesentlichen in mentalen Prozessen abspielt.

Die Beispiele und die Definition legen nahe, Operationen und Handlungen voneinander zu unterscheiden. Merkmal von *Operationen* in diesem Sinne ist ihre Reversibilität: Eine Abstraktion kann in eine Konkretisierung zurückverwandelt werden, eine Deduktion in eine Induktion. Wenn der Schüler das Entscheidungsproblem „Berufswahl" durchdacht hat und zu einem Ergebnis gekommen ist, kann er dieses Ergebnis gedanklich wieder revidieren. Dagegen ist die einmal realisierte *Handlung* nicht reversibel, sie kann nicht rückgängig gemacht werden, sondern sie kann durch Folgehandlungen bestenfalls korrigiert werden.

Im Unterricht sind die Schüler zwar an einer Handlung beteiligt, in deren Verlauf sie auch mancherlei Tätigkeiten ausführen. Das Ziel ist jedoch, Formen, Pläne oder Programme in Denkprozessen durchzuspielen und sie auf diese Weise zu erwerben, damit sie jetzt oder später in Handlungen umgesetzt werden können. Oder in der Terminologie Dörners formuliert: Ziel eines solchen Unterrichts ist das Erlernen von allgemeinen Handlungsprogrammen an inhaltlich bezogenen Aufgaben, z. B. am Thema „Berufswahl".

In diesen Ausführungen ist eine bestimmte Vorstellung von Lernen enthalten, die von der kognitiven Lerntheorie entwickelt wurde. Sie geht davon aus, daß Wahrnehmungs- und Informationsprozesse immer schon eine kognitive Struktur im Bewußtsein des Individuums an-

---

Operationen: „Die verinnerlichten Aktivitäten des Geistes im Gegensatz zu den sensomotorischen und physischen Aktivitäten des Körpers. Charakterisiert durch logische Prozesse, welche umkehrbar sind."

Mary Ann Pulaski: Piaget. Eine Einführung in seine Theorien und sein Werk, Frankfurt: Fischer 1978, S. 182.

Kognitive Struktur: Bezeichnet als wissenschaftliches Konstrukt, daß der Organismus über alternative Kategorisierung-, Problemlösungs- und Verhaltensprogramme in gewissen Grenzen und je nach Situation beliebig verfügen kann. Sie werden auch Schemata, Pläne, Regeln oder kognitive Landkarten genannt. Einbeschlossen ist der Anspruch auf Allgemeingültigkeit der Strukturelemente über die Zeit, über einzelne Realitätsbereiche und über verschiedene Individuen.

Vgl. *Bernhard Seiler* in ders. (Hg): Kognitive Stukturiertheit. Theorien, Analysen, Befunde, Stuttgart: Kohlhammer 1973, S. 9f.

treffen. Auch im Unterricht muß der Lehrer eine kognitive Strukturiertheit der Schüler voraussetzen; Ziel seines Unterrichts ist lediglich, durch das Erkennen von Begriffen, Grundbegriffen und Operationen das Denkvermögen der Schüler umzustrukturieren und dadurch zu verbessern. Die kognitive Struktur ist demnach ein Gefüge von Begriffen und Operationen, die, im Bewußtsein verankert, dort auch verändert werden und als Ordnungsschemata oder Verfahrensweisen für künftige Erkenntnis- und Problemlösungsakte bereitstehen.

Die Überlegungen dieses Abschnitts können wieder in *Schlüsselfragen* zusammengefaßt werden:

> Welche Operationen benötigt der Schüler, um ein Thema, eine Aufgabe, ein Problem zu bearbeiten?
> Welche Operationen sind erforderlich, wenn man sich mit seiner Umwelt politisch auseinandersetzen will?

Literatur

1 Handbuch der Unterrichtsplanung und Curriculumentwicklung nach *Hilda Taba*, Stuttgart: Klett 1974, S. 61–72.
2 *Dietrich Dörner:* Problemlösen als Informationsverarbeitung, 2. Aufl., Stuttgart: Kohlhammer 1979, S. 15.

Repräsentanten für strukturelles oder kategoriales Lernen, teils ohne, teils mit Bezugnahme auf kognitive Lerntheorie sind:
Hermann Giesecke: Didaktik der politischen Bildung, N.A., 10. Aufl, München: Juventa 1976: „Kategorien der Konfliktanalyse" S. 159 ff.
Bernhard Sutor: Didaktik des politischen Unterrichts, 2. Aufl., Paderborn: Schöningh 1973: Philosophische und politikwissenschaftliche Kategorien einer Theorie der Politik.
Wolfgang Hilligen: Zur Didaktik des politischen Unterrichts I, 3. Aufl., Opladen: Leske 1978: Schlüsselbegriffe, Schlüsselfragen, kategoriale Probleme, unter Bezugnahme auf die kognitive Lerntheorie J. Bruners.
Kritisch:
Antonius Holtmann: Sozialisation, Lernen und Theoriebildung. In: Historischer Unterricht im Lernfeld Politik, Schriftenreihe der Bundeszentrale für politische Bildung Heft 96, Bonn 1973, S. 127–159, bes. 153.

4.3. Exkurs: Zur Bedeutung der kognitiven Lerntheorie für den politischen Unterricht

Die Aufgabe dieses exkursartigen Abschnittes ist es, die vorher beschriebenen Lernzielarten in die ihnen angemessene Lerntheorie einzuordnen. Dadurch soll die Reichweite dieser Lernziele und diejenige der Lernziele des Abschnittes 4.4 erkennbar werden.

4.3.1 Was ist „kognitive Struktur"?

Der Begriff „kognitive Struktur" wurde bereits (oben S. 115f.) erläutert. Wir hatten gesagt: Die kognitive Struktur ist ein Gefüge von Begriffen und Operationen, das im Bewußtsein des Individuums verankert ist, dort auch verändert werden kann und für künftige Erkenntnis- und Denkakte zur Verfügung steht. Erkennen bedeutet demnach Entdecken einer bereits gewußten Struktur in einem neuen Sachverhalt der Umwelt oder das Einordnen von wahrgenommenen Sachverhalten in die Struktur des Bewußtseins. Denken bedeutet den Vollzug von Operationen, die als Programme oder Pläne im Bewußtsein bereitstehen. Entsprechend meint Lernen die Veränderung, also Anreicherung oder Differenzierung dieser Struktur, wodurch der Umfang und die Qualität der Erkenntnisse und des Denkvermögens verbessert werden können.

Primäre Aufgabe des Lehrens ist demnach, den Lernenden geeignete Strukturen zu vermitteln, die Erkenntnisse und Denken ermöglichen. Diese Aufgabenbeschreibung orientiert sich an dem theoretischen Schema, nach welchem Lernen die Übertragung einer Sachstruktur in die kognitive Struktur von Lernenden bedeutet.

Aber weder dieser Vorgang noch jede scheinbar repeztive Wahrnehmung sind als ein passiver Prozeß zu verstehen. Vielmehr lösen beide ein aktives Verhalten im Lernenden bzw. im Wahrnehmenden aus. Das kann ein Beispiel verdeutlichen. Die Wahrnehmung „Der Benzinpreis steigt um 2 Pfennige" wird für ein Individuum erst sinnvoll, wenn es sie in die kognitive Struktur „Abhängigkeit von Erdölländern" einordnet; zu anderen Zeiten wäre vielleicht treffender: „Marktstrategie der Multis". Es ist also eine Aktivität des Individuums erforderlich, um der Information eine Bedeutung zu geben. Dies kann auch mißlingen. Die Bedeutung der Wahrnehmung „Yamani widersetzt sich der Erhöhung des Erdölpreises" wird nämlich nur derjenige erkennen, der die kognitive Struktur „gegenseitige Abhängigkeit" besitzt und sie darin einordnen kann. Denn gemeint ist ja, daß der saudi-arabische Ölminister in der Zeit expansiver Ölpolitik berücksichtigte, daß es auch eine Abhängigkeit der Erdölländer von den Verbraucherländern gibt, und zwar wegen deren Marktverhalten und wegen der Auswirkungen des Ölpreises auf Kaufkraft und Geldwertstabilität.

Eine solche Information könnte daher zum Anlaß von „Lernen" werden: wenn nämlich diese kognitive Struktur nicht bereitsteht und die Inadäquatheit dieser Wahrnehmung mit der eigenen kognitiven

Struktur als Defizit, als Nicht-Wissen empfunden wird. Im Unterricht kann dann als Erklärung der Grundbegriff „wechselseitige Abhängigkeit" angeboten und verständlich gemacht werden. In diesem Augenblick dient er dem Lernenden als Schlüssel zur Auflösung des „Rätsels", er wird dabei – das ist die Erwartung – im Gedächtnis verankert und ist dann geeignet, als Erkenntnishilfe für ähnliche Informationen in Zukunft zu dienen, indem das Individuum diese mit dem genannten „Erklärungsbegriff" verbindet.

In dieser Beschreibung sind folgende Annahmen über die Beschaffenheit von „kognitiver Struktur" enthalten:

a) Die kognitive Struktur läßt sich *inhaltlich* beschreiben, nämlich durch Bestandteile der Sachstruktur, also durch Begriffe, Grundbegriffe und die Beziehungen zwischen diesen; im Beispiel war es der Grundbegriff „Interdependenz".

b) Kognitive Struktur bedeutet *Generalisierung;* sie unterscheidet sich von den einzelnen Wahrnehmungen durch ihre weiterreichende Gültigkeit aufgrund von Einheit und Geschlossenheit. Diese Gültigkeit erstreckt sich über die Zeit, über die einzelnen Sachverhalte und über die verschiedenen Individuen hinweg.

c) Lernen bedeutet *Veränderung* der kognitiven Struktur, im Beispiel in der Weise, wie der Begriff „Dependenz" (Abhängigkeit) durch den komplexeren Begriff „Interdependenz" (wechselseitige Abhängigkeit) ergänzt und dieser neue Begriff „verankert" wird.

d) Diese Veränderung der kognitiven Struktur wird durch *Lernmaterial* bewirkt, das den gewünschten Begriff repräsentiert, hier also durch das sprachliche Material, welches die erwähnte Information vermittelt. Das Material hat eine Sachstruktur, die in die kognitive Struktur der Lernenden übertragen werden kann, wenn sie es bearbeiten.

Wir können daraus eine Folgerung für die didaktische Analyse des Unterrichts, speziell für die Sachanalyse, ziehen. Der Lehrer wird Sachverhalte und Lernmaterialien auf ihre strukturbildenden Bedeutungen hin verdichten, um die Sachstruktur zu ermitteln. Demnach wird die Aufmerksamkeit des Lehrers in eine bestimmte Richtung gelenkt. Er wird veranlaßt, auf das zu achten, was in der Fülle alles Wißbaren „Bedeutsamkeit" hat, er wird fragen: „Worauf es ankommt", um seinen Schülern ebenfalls den Blick für das strukturell Wichtige zu eröffnen.

Literatur

1 *Thomas Bernhard Seiler* in ders. (Hg.): Kognitive Strukturiertheit. Theorien, Analysen, Befunde, Stuttgart: Kohlhammer 1973, S. 10.

4.3.2 Theoretische Ansätze

Gegen diese Definition der didaktischen Aufgabe könnte man einen Einwand vorbringen: Hier würden ausschließlich die Inhalte berücksichtigt, nicht aber die Lehrverfahren; die Aufmerksamkeit des Lehrers richte sich auf das „Was", nicht auf das „Wie". In der Tat lassen sich am Leitfaden dieses Einwandes zwei Positionen oder Gruppen von kognitiven Lerntheorien unterscheiden. Sie sind an den jeweiligen Basisbegriffen „kognitive Struktur" einerseits und „kognitive Strukturiertheit" andererseits festzumachen.

1) *Kognitive Struktur.* An diesem Begriff orientieren sich die Theorien des „sinnvollen" oder „einsichtigen Lernens". Bei ihnen wird die bereits erwähnte Unterscheidung zwischen Struktur des Gegenstandes und der kognitiven Struktur des Lernenden gemacht. Im wesentlichen ist die Gegenstandsstruktur jedoch identisch mit der Struktur der Fachwissenschaft. Darunter ist aber nicht lediglich deren Systematik zu verstehen, also die Form, unter der ihr Informationsbestand geordnet ist. Die lernrelevante Struktur wird vielmehr von den „fundamentalen Begriffen" gebildet, deren Merkmale sind, daß sie grundlegende Beziehungen zwischen Sachverhalten herstellen und eine „umfassende wie durchgreifende Anwendbarkeit" besitzen.[1] Die Lernrelevanz der Gegenstandsstruktur besteht also in ihrer Ordnungsfunktion (zwei Dinge werden sinnvoll einander zugeordnet) und in der Generalisierung (Grad der Übertragbarkeit und Anwendbarkeit). Beispiele für derartige Systeme von Grundbegriffen wurden oben angeführt (s. S. 111f.).

Daraus ergibt sich ein Modell des strukturellen Lernens, das Helmut Skowronek als lineares Transfermodell grafisch dargestellt hat[2]:

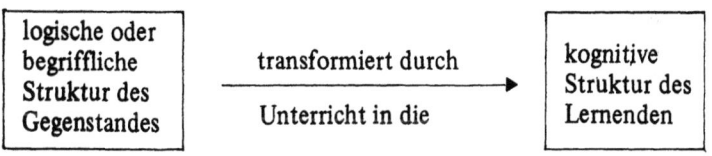

Diesem Modell liegt die Annahme zugrunde, daß Sachstruktur und kognitive Struktur einander entsprechen. In der Struktur eines Gegenstandes oder Faches ist der Stoff sinnvoll, nicht-willkürlich, also nach logischen Grundsätzen angeordnet, die als Denkregeln auch beim Lernenden vorausgesetzt oder als lernbar angesehen werden können. Es besteht, so die Annahme, ein „enger Zusammenhang zwischen allgemein logischer und individueller psychologischer Struktur eines Faches oder Lerngegenstandes".[3] Dies wird auch als „grundlegende Isomorphie zwischen Außen und Innen" bezeichnet[4], was also eine Gestaltgleichheit von Erkenntnis- und Gegenstandsstrukturen meint. Sie ist dadurch zu erklären, daß in einer Wissenschaft Systematik und Grundbegriffe, ja sogar der Gegenstand von erkennenden Subjekten „kontruiert" worden sind. Durch Lernen wird dann das logisch Vorstrukturierte als neues Wissen in die grundsätzlich gleich disponierte Denkstruktur des Individuums übernommen, oder diese Denkstruktur wird zwecks Anpassung an neue Strukturmomente umorganisiert.

Diese Theorie ist ergiebig, weil sie dreifache Hilfe bietet: Sie hilft bei der Reduktion von inhaltlicher Komplexität eines Sachbereiches, sie bietet Verfahren des „sinnvollen" Lernens im Unterschied zum mechanischen Lernen, z. B. durch Vermittlung von „Ankerbegriffen"[5], und sie kann ein Modell der Abbildung von Realitätsbereichen als „aktives semantisches Netzwerk"[6] bieten.

Die Grenze der Theorie ist durch den Strukturbegriff bedingt. Da Struktur die Repräsentation eines Sach- oder Realitätsbereiches nach wissenschaftlicher Begriffsbildung bedeutet, so hat dies zur Folge, daß der Strukturbegriff inhaltlich derartig aufgefüllt ist, daß er eine Konkurrenz kontroverser oder alternativer Repräsentationen nicht erfassen kann. Wenn beispielsweise in der Politikwissenschaft einmal von Staat und Gesellschaft, ein anderes Mal von System und Subsystemen Politik, Gesellschaft, Wirtschaft und ein drittes Mal vom Gesellschaftssystem als dem Politik und Wirtschaft Umgreifenden gesprochen wird, dann sind damit völlig unterschiedliche Repräsentationen von Wirklichkeit gekennzeichnet, denen unterschiedliche Sinndeutungen zugrundeliegen. Was ist aber dann *die* Sachstruktur? Diese Frage macht deutlich, daß im Begriff der Sachstruktur als zentrale Annahme dieser Theorie die Kontroverse über konkurrierende Strukturkonzepte in Bezug auf Politik nicht einbezogen ist. Dann muß man sich freilich von der Vorstellung der Isomorphie oder dem Abbildcharakter lösen; man muß fragen, ob nicht hinter den konkurrierenden Konzepten von Sachstruktur noch eine höhere Ebene spezifischer, sachbereichsunabhängiger Denkstrukturen zu suchen ist.

2) *Kognitive Strukturiertheit.* Diesen Versuch machen die Theorien einer zweiten Gruppe von kognitiven Lerntheorien. Der aufgezeigten Schwierigkeit entgeht man, wenn der Strukturbegriff erweitert wird und darunter nicht allein die Repräsentation eines Sachbereichs in

der Gestalt inhaltlicher, begrifflich geordneter Strukturen verstanden wird, sondern auch das „Wie der kognitiven Strukturiertheit"[7]. Gegenstand der Analyse sind dann nicht nur die kognitiven Prozesse, wie sie der vorher beschriebene Ansatz erfaßt, sondern die kognitiven „Systeme". Damit ist die „Gesamtheit der Vorstellungen, Begriffe, Meinungen, Einstellungen und Motive und ihre für ein Individuum charakteristische Organisation" gemeint.[8]

Diese von den amerikanischen Psychologen Harvey, Schroder und Mitarbeitern begründete Theorie[9] ist also umfassender als der Ansatz „kognitive Struktur", weil sie sich nicht auf die kognitiven Prozesse beschränkt, was die Vorbedingung für die Gültigkeit der Annahme einer Isomorphie von Sach- und Psychostruktur ist. In der Theorie der kognitiven Strukturiertheit wird Lernen nicht als kognitiver Prozeß, sondern als *sozialer Prozeß* aufgefaßt; Lernen vollzieht sich in der Auseinandersetzung des Individuums mit seiner Umwelt insgesamt, beide stehen in Wechselwirkung miteinander. Damit verliert auch das Transfermodell, das oben veranschaulicht wurde, seine Gültigkeit, denn Informationen werden vom Individuum nicht abbildartig übernommen, sondern von ihm ausgewählt, gewichtet, geordnet, umgeformt und in die eigene Erfahrung integriert.[10]

Wenn das Ergebnis dann individuelle Erfahrungen und Reaktionsweisen sind, dann stellt sich die Frage, wie man unter diesen Umständen von Strukturen sprechen kann, die ja das Merkmal der Generalisierung aufweisen müssen. Weil die individuelle Wahrnehmung in der Regel mehr oder weniger von der logischen Sachstruktur der Wissenschaften differiert und ihr nur partiell angepaßt werden kann, wird jetzt zum strukturbildenden Merkmal nicht das „Was" der Wahrnehmung, sondern das „Wie" von Wahrnehmung und Informationsverarbeitung. Generalisierbar sind demnach *Struktureigenschaften* der kognitiven Systeme, und diese sind nach Harvey, Schroder u. a.:

— Differenziertheit (Anzahl der elementaren Dimensionen),
— Diskriminiertheit (Feinheit der Unterscheidungen),
— Integriertheit (Anzahl der möglichen Verbindungen der Dimensionen).[11]

Diese generellen Strukturmerkmale lassen dann individuelle Unterschiede in der Weise zu, daß mehr oder weniger starke Ausprägungen dieser Eigenschaften bei einzelnen Personen empirisch nachweisbar sind.

In dieser Theorie ist die Schwierigkeit behoben, die sich bei Wissenschaften einstellte, in welchen eine Einigung über *die* Sachstruktur nur sehr schwer möglich ist. Die für die Sozialwisssenschaften kennzeichnende Kontroverse über alternative Systematisierungsmodelle, die grob der Trias der wissenschaftstheoretischen Ansätze zugeordnet werden können, wird jedoch unterlaufen, wenn es nicht mehr um inhaltliche Strukturen geht, sondern um die Art und Weise der Verarbeitung unterschiedlicher Inhalte und Inhaltssysteme, um das „Wie" der Verarbeitung von Anforderungen der Umwelt, aus der dann Reaktionen erfolgen.

Zusammenfassend sei auf die Beziehung der beiden Theorieansätze verwiesen. Sie schließen einander nicht aus, sondern ergänzen sich. Das ergibt sich aus folgenden Vergleichspunkten:

Die Theorien, die sich auf „kognitive Struktur" als Basisbegriff stützen, sind Theorien kognitiver Prozesse und damit Lerntheorien im engeren Sinne. Das Konzept „kognitive Strukturiertheit" hat eine größere Reichweite und stellt sich mithin als Persönlichkeitstheorie dar, verwandt mit der Theorie der kognitiven Stile.[1,2]

Aus der Unterscheidung von Inhalt und Struktur ergibt sich, daß beide Theorieansätze auf unterschiedlichen Analyseebenen angesiedelt sind.[13] Begriffe, Grundbegriffe und Relationen sind Elemente der kognitiven Struktur, soweit sie als Abbild der Sachstruktur verstanden wird, deren Inhalte die Daten und Ereignisse darstellen. Von einer höheren Analyseebene aus betrachtet, werden aber auch Grundbegriffe zu Inhalten, wenn sie als Daten für die Struktureigenschaften Differenziertheit oder Integriertheit verwertet werden.

Literatur

1 *Jerome S. Bruner:* Der Prozeß der Erziehung, Düsseldorf: Schwann 1970, S. 31.
2 *Helmut Skowronek:* Lernen und Lernfähigkeit, 5. Aufl., München: Juventa 1974, S. 143.
3 ebenda S. 143.
4 *Wilfried Ennenbach, Erich Westphal* (Hg): Kognitive Strukturierungshilfen im Unterricht, Düsseldorf: Schwann 1980, S. 30.
5 *David P. Ausubel* in Manfred Hofer, Franz E. Weinert (Hg.): Pädagogische Psychologie, Grundlagentexte 2 (Reader zum Funk. Kolleg Pädagogische Psychologie), Frankfurt: Fischer 1973, S. 218–227.
6 *Dietrich Dörner:* Problemlösen als Informationsverarbeitung, 2. Aufl., Stuttgart: Kohlhammer 1979, S. 29.
7 *Günter L. Huber:* Kognitive Komplexität als Bedingung politischen Lernens, in Wilhelm Hagemann u.a. (Hg.): Kognition und Moralität in politischen Lernprozessen, Opladen: Leske, S. 22.
8 *Bernhard Seiler* in ders. (Hg.): Kognitive Strukturiertheit, Theorien, Analyse, Befunde, Stuttgart: Kohlhammer 1973, S. 28.

9 s. *Thomas Bernhard Seiler:* Die Theorie der kognitiven Strukturiertheim von Harvey, Schroder und Mitarbeitern – Präsentation und Diskussion, in Seiler (Hg.) (Anm. 8), S. 27–62.
10 *Huber* (Anm. 7) S. 16–18.
11 *Seiler* (Anm. 9) S. 37; *Huber* (Anm. 7) S. 23.
12 *Seiler* (Anm. 9) S. 28.
13 ebenda S. 57.

Allgemein zu diesen beiden Ansätzen, a) „kognitive Struktur": Bruner (Anm. 1), Skowronek (Anm. 2), Ausubel (Anm. 5), Dörner (Anm. 6); b) „kognitive Strukturiertheit", auch „kognitive Komplexität": Seiler (Anm. 8), Hagemann (Anm. 7).

4.3.3 Anwendung auf den politischen Unterricht

Diese komplementäre Funktion der beschriebenen kognitionstheoretischen Ansätze macht es möglich, sie beide zur Begründung der hier gewählten Lernzielarten zu verwenden. Es ist ja deutlich geworden, daß die in Abschn. 4.2 dargestellten Lernzielarten des strukturellen Lernens sich an dem Konstrukt „kognitive Struktur" orientieren. Es sind Inhalte und Verfahren von Erkenntnisprozessen, die dem Bestand fachwissenschaftlicher Analysen entnommen sind, auch wenn ihre Auswahl nach didaktischen, nicht nach fachwissenschaftlichen Kriterien erfolgt. Dabei wird vorausgesetzt, daß der jeweilige Realitätsbereich grundsätzlich von einer oder mehreren Fachwissenschaften erschlossen wird.

Diese Lernziele werden jedoch durch solche ergänzt, welche die Sachstruktur eines Bereiches überschreiten. Sie kennzeichnen die Art und Weise der Auseinandersetzung mit dem jeweiligen Sachbereich, nicht diesen Sachbereich selber. Diese Lernziele sind erst durch die umfassendere Theorie der „kognitiven Strukturiertheit" zu erklären und einzuordnen. Lernziele dieser Art findet man in dem folgenden Abschnitt 4.4; dort werden angeführt: fundamentale Probleme, kontroverses Denken und Problemlösungsfähigkeit.

Es muß jedoch auch darauf hingewiesen werden, daß in der Kombination der beiden kognitionstheoretischen Ansätze auch ein Problem enthalten ist. Aus der Theorie der kognitiven Strukturiertheit wird nämlich die Folgerung für den politischen Unterricht so gezogen:

„Die Gegenstände des politischen Lernens sind sekundär gegenüber Prozessen ihrer Aneignung, oder anders, das Was des Lehrens und Lernens tritt in seiner Bedeutung hinter das Wie zurück."[1]

Konsequent gedacht, sind die Kenntnisse gegenüber den Bewertungs- und Handlungsdispositionen zweitrangig, weil letztere und nicht die Inhalte die Struktureigenschaften für die Verarbeitung von Umweltanforderungen enthalten. Es ist ja richtig, daß die Wirkung des Unterrichts nicht nur durch die Inhalte, sondern auch durch die Beschaffenheit der Lernsituation bestimmt wird; Unterrichtsstil und „heimlicher Lehrplan" haben eine prägende Kraft. Die kommunikative Didaktik hat die Bedeutung des Beziehungsaspektes neben dem Inhaltsaspekt im Unterrichtsgeschehen nachdrücklich hervorgehoben. In diesem Sinne wird auch in der Theorie der kognitiven Strukturiertheit Unterricht umfassend als Umwelt begriffen und nicht lediglich als der Prozeß der Vermittlung von Inhalten. Somit dehnt sich die Relevanz dieser Theorie auch auf die Unterrichtsmethode aus.

Andererseits kann eine Didaktik des politischen Unterrichts auf die Inhalte als strukturierendes Moment nicht verzichten. Es wäre ja nicht einzusehen, warum es politischen Unterricht geben sollte, wenn es das Ziel ist, lediglich formale Kompetenzen einzuüben, die durch die Struktureigenschaften Differenziertheit, Dikriminiertheit und Integriertheit gekennzeichnet werden. Dann wären nicht nur die Inhalte, sondern auch die Realitätsbereiche zweitrangig und auswechselbar, wenn sie bloß das Spielmaterial hergäben.

Demgegenüber muß aber hervorgehoben werden, daß das politische Lernen einen *unaufgebbaren Bezug zu den Inhalten* hat. Denn a) dient es seiner Intention nach der *Orientierung* in einer Umwelt, die konkret und inhaltlich nicht auswechselbar gegeben ist; b) speist sich die Motivation des Lernens aus der *Betroffenheit* der Subjekte durch diese Umwelt und aus der existentiellen *Bedeutsamkeit* von Situationen und Problemen für Menschen. Damit ist gesagt: Die Inhalte sind nicht beliebig austauschbar, sondern sie werden je nach ihrer Relevanz *geordnet*, indem sie als mehr oder weniger vordringlich hierarchisiert und selektiert werden.

Aus diesem Grunde gehört zu den Lernaufgaben des politischen Unterrichts das Einüben in sachbezogene kognitive Prozesse des Lernens und Anwendens von Begriffen und Operationen, durch welche der Realitätsbereich „Politik" erschlossen werden kann.

Ein solches Lernen beabsichtigt jedoch mehr als den fachgerechten Umgang mit Dingen. Von ihrer kognitiven Ausstattung hängt es ab, wie Menschen in Handlungssituationen reagieren.

Der Psychologe Dietrich Dörner hat in einem Computer-Modell untersucht, wie Menschen mit komplexen, dynamischen und undurchschaubaren Wirkungseinheiten ihrer Umwelt umgehen, indem er Versuchspersonen Entscheidungen simulieren ließ , so u.a. im Computerabbild der Kleinstadt Lohausen, dem sog. „Bürgermeistermodell". Dabei kommt Dörner zu folgenden Ergebnissen:

„Derjenige, der gut mit Unbestimmtheit und Komplexität umgehen kann, hat einen breiten Wissensbestand. Er verfügt über viele und allgemein anwendbare Strukturierungsprinzipien für Sachverhalte. Er kennt Ordnungsprinzipien für Sachverhalte und kann auf diese Weise neue Sachverhalte leicht strukturieren."[2]

Die entwickelte kognitive Struktur ist demnach die Voraussetzung für die Fähigkeit, mit neuartigen und komplexen Situationen fertig zu werden. Dörner verweist auch auf den Zusammenhang mit *Persönlichkeitsmerkmalen:* Solche Personen besitzen Selbstsicherheit und eine hohe Einschätzung der eigenen Fähigkeit, unklare Situationen bewältigen zu können. Im Unterschied zu diesen Personen lösten solche schwierigen Situationen bei anderen Versuchspersonen Fluchtreaktionen aus, z. B. verbissen sie sich in Details, oder es gab Notfallreaktionen, nämlich rabiate Entscheidungen bis hin zu derjenigen, daß man „mal einige Arbeiter wegen Sabotage" erschießt.[3]

Durch das Konstrukt „kognitive Strukturiertheit" wird gleichsam die Klammer hergestellt zwischen den kognitiven Leistungen einerseits und den Persönlichkeitsmerkmalen andererseits, die sich in Struktureigenschaften übersetzen lassen und die Panik- und Angstreaktionen vermeiden helfen. Darin liegt ihre Bedeutung für die Politik und zugleich für das politische Lernen.

Diese Struktureigenschaften werden im folgenden Abschnitt in einzelne, keine Vollständigkeit beanspruchenden Lernziele übertragen. Dabei ist es hilfreich, sich an der Skizzierung von *Strukturierungsgraden* zu orientieren, in denen Harvey, Schroder u. a. die Abhängigkeit der Verhaltensweisen von Stufen der Strukturiertheit sichtbar machen und systematisieren.

1. Fassen wir zuerst den Zustand niedriger Strukturiertheit ins Auge. Er ist gekennzeichnet einerseits durch geringe Differenziertheit und Diskriminiertheit und andererseits durch das fast vollständige Fehlen einer Integration der vorhandenen Begriffe, Vorstellungen, Einstellungen und Bedürfnisse. Der kognitiv niedrig Strukturierte besitzt kaum alternative Urteilsmöglichkeiten. Begriffe, Einstellungen und Motive werden absolut und isoliert verwendet, ohne Bezug zueinander. Wie äußert sich dieser kognitive Zustand?

Es ergeben sich eine ganze Reihe von Konsequenzen für das Urteilsverhalten: Tendenz zur Übergeneralisierung, Neigung zu stereotypen Urteilen, Bevorzugung von abgekapselten, nicht zueinander in Beziehung gesetzten und daher oft widersprüchlichen Aussagen mit einem hohen Absolutheitsanspruch, Fehlen von begrifflichen Abgrenzungen und Unterscheidungen. Daraus folgt ebenso, daß im Denkenden und

Urteilenden selber kaum ein Konflikt auftritt, er ist unfähig, Situationen in verschiedener Weise zu interpretieren.

Ein solches Denken ist weiter durch die Neigung zum Dichotonisieren charakterisiert. Die Umwelt wird in gegensätzlichen Kategorien erlebt; man teilt z. B. die Mitmenschen in gute und schlechte, herrschende und unterdrückte usw., Information, die man mittels solcher globaler Kategorien nicht auffangen und verarbeiten kann, wird einfach übersehen, verbogen und verfälscht, bis sie in eine der beiden Kategorien, mag sie auch noch so komplex sein, paßt. Häuft sich aber die widersprechende Information, schlägt das Urteil plötzlich und vollständig ins Gegenteil um. Man wird z. B. einen Politiker lange Zeit als reaktionär einstufen, bis eklatante Ereignisse oder der Druck einer überwiegenden öffentlichen Meinung dieses extreme Urteil nicht mehr zulassen, dann gilt er plötzlich als progressiv. Kategorisches Denken läuft also parallel mit der Tendenz, Verhalten und Urteilen in äußeren Bedingungen zu verankern, sich von äußeren Einflüssen und von äußeren als Autoritäten erlebter Instanzen bestimmen zu lassen. Kognitive Entscheidungen werden in geringerem Maße von innen gesteuert, was sich auch in ausgesprochenem Konformitätsverhalten manifestiert.

2. Auf dieses unterste Niveau bauen Stufen der kognitiven Strukturiertheit auf, die nach den Autoren durch allmählich zunehmende Differenzierung und Integration gekennzeichnet sind: Je mehr der Wahrnehmende und Denkende über zahlreiche, fein abgestimmte und abgewogene Einstellungskategorien und Reaktionstendenzen verfügt, um so bestimmender sind für sein Urteilen und Verhalten die inneren Prozesse. Je mehr Alternativen ihm zur Verfügung stehen, um so mehr Entscheidungen hat er zu fällen, desto mehr verliert seine Meinung apodiktischen Charakter und jede absolute Exklusivität, desto nuancierter werden die Betrachtungen und vielseitiger die Perspektiven.

Auf der ersten Stufe einer allmählichen Auflockerung der rigiden Strukturen bleiben die Kategorien noch sehr extrem und dualistisch, aber sie werden miteinander in Beziehung gebracht. Das hat beginnende Konflikte zur Folge. Diese Konflikte äußern sich in einer vorwiegend oppositionellen und negativistischen Haltung. Das Individuum erfaßt die beiden gegensätzlichen Interpretationen gleichzeitig mit großer Deutlichkeit und Schärfe. Es schwankt zwischen beiden und hat doch immer noch das Bedürfnis, ein kategorisches und exklusives Urteil zu fällen. In diesem Konflikt richtet es sich bevorzugt gegen die Interpretation, die ihm eine äußere Instanz nahelegt, und vertritt den konträren Standpunkt. Indem es nämlich fähig ist, alternative Positionen zu erzeugen, bevorzugt es sie auch.

3. Auf den folgenden Stufen vermehrt sich die Zahl der Alternativen, sie verlieren ihren extremen und deterministischen Charakter, sie beginnen sich gegenseitig zu ergänzen, subtilere Unterscheidungen werden möglich, und in einer konkreten Urteilssituation ist das Individuum in der Lage, sie miteinander und mit der anfallenden Information zu vergleichen und abzuwägen. Mit anderen Worten, die Differenziertheit und Integriertheit der kognitiven Strukturen und Operationen nimmt zu. Das Individuum bleibt darum selbst dann, wenn es sich für eine Alternative entscheidet, offen für die anderen.

4. Auf der Stufe einer hohen Differenziertheit und Integriertheit besitzt das Individuum nicht nur ein reichbestücktes Arsenal von fein abgestuften Urteilsdimensionen, die sich ergänzen und duch zahlreiche Verbindungen und kontrastierende Beziehungen zu einem komplexen, aber durchstrukturierten Netz verknüpft sind, es verfügt darüber hinaus über eine Menge von Regeln, die angeben, wann und unter welchen Bedingungen diese oder jene Dimension aktualisiert wird, mit welchem Ausprägungsgrad sie am besten zur Kennzeichnung einer Stimulussituation paßt, wie die einzelnen begrifflichen Dimensionen und Unterkategorien miteinander zu kombinieren sind usw.

Das bedeutet gleichzeitig eine wesentliche Anreicherung der inneren Prozesse: Das Individuum handelt mehr von innen heraus, weil sein Urteil auf dem aktiven Vergleich einer großen Zahl selbst erarbeiteter Kategorien beruht, und weil es nicht mehr im selben Maße wie auf den unteren Stufen durch äußere Autoritäten, sozialen Konformitätsdruck und verbreitete Vorurteile geprägt ist. Um aus der Vielzahl der möglichen Kategorisierungen die passendste Kategorie mit dem geeignetsten Ausprägungsgrad herauszusuchen, sind zahlreiche Vergleiche und eine ganze Kette von kognitiven Entscheidungen notwendig, d. h. ein hohes Maß von innerer Aktivität. So kommt es, daß der Hochstrukturierte in seinem Urteilen und Verhalten reflektierter und zurückhaltender wirkt, daß er für eine kognitive Entscheidung mehr Zeit braucht, daß er oft sein Urteil zurückhält und nicht auf Biegen und Brechen voreilig kategorisiert und überstürzte Lösungen und Erklärungen anbietet. Vor ein Problem gestellt, wird er systematisch alle Mittel und Wege ausprobieren, die ihm zur Verfügung stehen, oder die er neu auszuarbeiten vermag. Die wichtigste Quelle der Belohnung und Befriedigung für ihn ist nicht äußere Belohnung, sondern die mit dem inneren Spiel seiner kognitiven

Möglichkeiten verbundene Befriedigung. Er wirkt darum sachinteressiert und bezüglich seiner kognitiven Entscheidungen gleichzeitig autonom und interdependent mit seiner sozialen Umwelt.

Der Hochstrukturierte ist aus denselben Gründen durch hohe Ambiguitätstoleranz gekennzeichnet, d. h., er ist fähig, ein hohes Maß von Ungewißheit und Unentschiedenheit zu ertragen ohne sich in Scheinsicherheiten und Verdrängungen zu flüchten. Er wird warten, bis er genügend Informationen erzeugt hat, bevor er eine vorläufige Charakterisierung einer Situation wagt oder einen Lösungsversuch anbietet."

Thomas Bernhard Seiler: Die Theorie der kognitiven Strukturiertheit von Harvey, Schroder und Mitarbeitern. In ders. (Hg.): Kognitive Strukturiertheit. Theorien, Analysen, Befunde, Stuttgart: Kohlhammer 1973, S. 41-44.

Zwischen diesen Stufen und den im folgenden dargestellten Lernzielen lassen sich Beziehungen herstellen. „Fundamentale Probleme" ist zwar ein auf Inhalte bezogenes Lernziel, jedoch weisen die hier gemeinten Inhalte eine spezifische Struktur auf: Sie sind ambivalent, enthalten Chancen und Gefahren und verlangen daher, subtilere Unterscheidungen zu treffen, zu vergleichen und abzuwägen (Stufe 3). „Kontroverses Denken" ist ein Lernziel, das gegen das Dichotomisieren gerichtet ist, also gegen die Entweder-Oder-Entscheidungen oder Schwarz-Weiß-Malerei, kurz: gegen reduktionistisches Denken (Stufe 1). Die von dem Lernziel angeregte Suche nach Alternativen, und zwar nach möglichst mehr als einer, bewirkt eine nuancenreiche Betrachtungsweise, Vielseitigkeit der Perspektiven und verringert den apodiktischen Charakter von Meinungen (Stufe 2). „Problemlösungsfähigkeit" verlangt eine ganze Kette von kognitiven Entscheidungen, den Verzicht auf voreiliges Urteil oder auf überstürzte Lösungen, fordert das systematische Erproben von Mitteln und Wegen und ein reflektiertes Verhalten (Stufe 4).

Diese Zuordnung der Lernziele zu Graden der Strukturiertheit hebt die besonderen Merkmale dieser Lernziele hervor: Selbst bei dem inhaltlich bezogenen Lernziel liegt das Gewicht auf der Ambivalenz, also dem Problemcharakter der Inhalte, während die anderen Lernziele in der Tat relativ inhaltsunabhängig sind, also eine formale kognitive Kompetenz anvisieren, deren Merkmal der hohe Strukturierungsgrad ist.

Literatur

1 *Günter L. Huber:* Kognitive Komplexität als Bedingung politischen Lernens, in Wilhelm Hagemann u.a. (Hg.): Kognition und Moralität in poli-

tischen Lernprozessen, Opladen: Leske 1982, S. 19.
2 *Dietrich Dörner:* Anatomie von Denken und Handeln. Der Mensch in komplexen Situationen, In: forschung. Mitteilungen der DFG 3/1981, S. 28.
3 ebenda S. 29.

Anwendung kognitiver Lerntheorien auf den politischen Unterricht:
Wolfgang Hilligen: Zur Didaktik des politischen Unterrichts I. 3. Aufl., Opladen: Leske 1978, S. 104–108.
Bernhard Claußen: Methodik der Politischen Bildung, Opladen: Westdt. Verlag 1981, S. 25–39.
Rainer Krieger: Psychologische Aspekte politischer Bildung, Düsseldorf: Schwann 1978, S. 40–58.
Die Beiträge von Huber und van Ijzendoorn in Hagemann (Anm. 1).
Ein instruktives Unterrichtsbeispiel:
Ingo Kretschmer: Diskurs im Unterricht. Untersuchung eines Lernprozesses im politischen Unterricht. In: Gegenwartskunde 1980, H. 3, S. 345–353.

4.4 Lernaufgaben der kognitiven Strukturiertheit

Anhand von zwei Basisbegriffen bzw. Konstrukten kognitiver Lerntheorien haben wir im vorhergehenden Abschnitt einen Bezugsrahmen zur Einordnung und Analyse von Lernzielen und Lernaufgaben gefunden: kognitive Struktur und kognitive Strukturiertheit. In diesem Abschnitt werden dementsprechend Lernziele der zweiten Gruppe behandelt.

Dazu sind zwei Vorbemerkungen erforderlich:

1) Wir verwenden die Worte Lernaufgaben und Lernziele gleichermaßen, weil es sich zwar um Lernziele im Sinne von Verhaltensleistungen handelt, diese aber so formale Kompetenzen darstellen, daß sie keineswegs so ohne weiteres an sichtbaren Verhaltensleistungen identifiziert werden können. So kann „kontroverses Denken" sich in sehr unterschiedlichen Denkoperationen oder Reaktionen widerspiegeln. Gemeinsam ist ihnen lediglich, daß sie dazu beitragen können, den Grad kognitiver Strukturiertheit in den Dimensionen Differenziertheit und Integriertheit zu verbessern.

2) Wir führen im folgenden Beispiele solcher Lernaufgaben an, ohne den Anspruch auf eine annähernde Vollständigkeit, geschweige denn Systematik. Da in der Didaktik des politischen Unterrichts bisher nicht der Versuch gemacht worden ist, die beiden kognitionstheoretischen Ansätze als Ordnungsmittel für Lernziele und Lernzielarten zu verwenden, konnte auch nicht ausprobiert werden, ob das Konstrukt „kognitive Strukturiertheit" überhaupt durch fachbezogene Lernziele gefüllt werden kann. Daher führen wir nur beispielhaft

drei uns wichtig erscheinende Lernziele an, die in der Didaktik des politischen Unterrichts bereits verwendet worden sind, die aber durch das ihnen gemeinsame Strukturmerkmal, wie es oben dargestellt wurde (s. S. 121), neu beleuchtet werden.

4.4.1 Fundamentale Probleme

Wenn der politische Unterricht die Aufgabe hat, *kognitive Orientierung* in der Umwelt zu ermöglichen, dann stellt sich die didaktische Frage: Was sollten Schüler wissen, damit sie sich in ihrer bzw. unserer Welt zurechtfinden? Die Antwort kann lauten: Die Schüler oder allgemein Lernende sollten grundlegende Merkmale ihrer Umwelt kennenlernen. Die Fülle des Wißbaren wird also durch das Kriterium der *Bedeutsamkeit* gefiltert; übrig bleiben die „Herausforderungen der natürlichen und sozialen Umwelt" (s. oben S. 92). Diese Merkmale können ferner der Lernzielart *„Grundbegriffe"* zugeordnet werden, weil sie konstante Strukturphänomene benennen und Erklärungsfunktion besitzen.

Dann aber wäre es nicht erforderlich, hierfür eine neue Lernzielart zu definieren, wie es mit dem Begriff „fundamentale Probleme" geschieht. Die Frage nach den grundlegenden Merkmalen unserer Welt soll aber hier nicht durch den Aufweis von *Strukturen*, sondern durch die Benennung der von diesen Strukturen verursachten *Probleme* erfolgen. Das soll durch die folgenden Beispiele deutlich gemacht werden. Diese Beispiele stellen Versuche dar, solche Merkmale unserer Welt zusammenzustellen; sie haben einen hypothetischen Charakter.

Nach Hartmut von Hentig ist unsere „technische Zivilisation" gekennzeichnet durch:

"– eine hohe *Produktivität*
– eine hohe Nachfrage nach (‚unproduktiven') *Dienstleistungen*
– einen hohen Grad von Verflechtung oder *Interdependenz*
– einen hohen Grad von *Indirektheit und Abstraktion*
– ein noch unbestimmtes Maß an *Veränderlichkeit.*"[1]

Wichtig ist bei dieser Aufzählung, die Beschaffenheit dieser Grundbegriffe zu erkennen. Der Autor nennt nicht nur diese Merkmale, sondern er beschreibt sie ausführlich. *Produktivität* hat, wie er sagt, die Bevölkerung Europas „reich gemacht", aber sie hat auch ihre Lebensform „drastisch verändert", sie „entfremdet". (22) Die Nachfrage nach *Dienstleistungen* bedeutet „mehr Anspruch *auf* und kompliziertere Abhängigkeit *von* unseren Mitmenschen und ihren *persönlichen* Eigenschaften, Leistungen und Einstellungen". (23) *Interde-*

pendenz bewirkt, daß Herrschaft als institutionalistische Macht begrenzt wird, daß aber die Wirkung von Macht ausgedehnt wird. Durch Spezialisierung hat auch der einzelne, haben Gruppen mehr Macht: Mit dem Streik in den kommunalen Versorgungsbetrieben kann nachdrücklich gedroht werden. Die Kehrseite ist aber die Hilflosigkeit der Betroffenen, wenn Gas, Wasser und Elektrizität nicht mehr geliefert werden (vgl. 36). *Indirektheit* bezieht sich auf die Art und Weise, wie Erfahrung gemacht wird; sie ist im wesentlichen nicht mehr etwas Greifbares, das aus der unmittelbaren Nähe gewonnen wird, sondern sie wird vermittelt durch Begriffe, Theorien und spezialisierte Institutionen. Dadurch kann z. B. das Risiko von Investitionen gemindert werden, weil Zusammenhänge abstrakt erfaßt und durchdacht werden können; der Landwirt wird fähig, die unterschiedlichsten Wissenschaftsbereiche (Wetterbeobachtung, Schädlingsbekämpfung, Marktanalysen, Genetik) zu koordinieren, – aber die Gefahr besteht darin, daß – wie v. Hentig sagt – „die Menschen die Abstraktionen nicht mehr auflösen können..." (50)

Diese Merkmale sind demnach mehr als bloße Eigenschaften unseres Gesellschaftssystems. Sie sind grundlegend, weil sie Prozesse und Handlungen innerhalb dieser technischen Zivilisation entscheidend bestimmen; aber vor allem sind sie grundlegend, weil sie *Wirkungen* auf die in ihr lebenden Menschen ausüben. Daher können sie als „Herausforderungen" bezeichnet werden, deren Wirkungen und Folgen in der Tat „Chancen und Gefahren" für die Menschen mit sich bringen, nämlich im Hinblick auf ihre Bedürfnisbefriedigung. An diesen früher bereits verwendeten Kriterien läßt sich erkennen, daß diese Merkmale den Maßstab der *Bedeutsamkeit* erfüllen.

Daraus ergibt sich: Diese Merkmale repräsentieren keine Systemkategorien, sondern *Probleme*. Wir vergleichen dies einmal mit Hermann Giesecke und seinem Lernziel „Training systematischer gesamtgesellschaftlicher Vorstellungen"[2] Er meint damit das Erlernen von *Modellen*, und er beschreibt fünf *Systeme*, die gelernt werden sollten: Produktions- und Verteilungssystem, Regierungssystem, System der Verwaltung, System der internationalen Politik, Kommunikationssystem. Nun steht die Wichtigkeit dieser Erkenntnisinhalte außer Zweifel. Aber die Merkmale, die v. Hentig nennt und die wir als „Herausforderungen" identifiziert haben, sind keine „Modelle", d. h. gedankliche Gebilde, durch die Informationen geordnet werden, sondern „Probleme", denen die Menschen, teils spürbar, teils unbewußt, ausgesetzt sind und die sie bewältigen müssen. Die Merkmale, die v. Hentig anführt, sind nämlich nicht *Bestandteile* eines Systems, sondern sie definieren die *Wirkung* von Systemen auf die Lebensmöglichkeiten und Lebensrisiken von Menschen, die zu diesem System gehören.

Mit diesen Problemen, die v. Hentig nennt, wird auch eine *Rangordnung* gekennzeichnet. Sie richtet sich nach der Frage: Was ist wichtiger — was ist weniger wichtig? An oberster Stelle stehen die problemhaltigen Grundbegriffe, die fundamentalen Probleme. Diese können in konkretere Probleme aufgeschlüsselt werden. Modelle und Systeme wie bei Giesecke sind zum Verständnis notwendig, sind aber den fundamentalen Problemen *untergeordnet:* Nur soweit sie zum Problemverständnis erforderlich sind, werden sie gelernt. Eine solche Rangordnung nennt man auch Hierarchie. Die Inhalte des Unterrichts werden also in einer Art *Problemhierarchisierung* geordnet.

Unter Problemhierarchisierung ist zu verstehen, daß an oberster Stelle einer didaktischen Konzeption *Probleme* allgemeinster Art stehen, die in konkretere Probleme aufgeschlüsselt werden. Sie bestimmen Auswahl und Aufgabenrichtung der Unterrichtsinhalte. Davon ist die *Lernzielhierarchisierung* zu unterscheiden: An oberster Stelle steht eine Verhaltensleistung, so bei Giesecke das Lernziel „Mitbestimmung",[3] bei Schmiederer „Selbsterkenntnis und Umwelterkenntnis"[4]. Bei einer *Wertehierarchisierung* stehen Werte an oberster Stelle, so bei Sutor „Personalität"[5], bei Roloff „Würde des Menschen"[6].

Ein besonderes Merkmal dieser fundamentalen Inhalte muß noch erwähnt werden. Dem Vorschlag v. Hentigs haben wir entnommen, daß die Grundbegriffe Probleme benennen und daß diese Probleme eine dialektische Struktur haben, weil sie *gegensätzliche* Wirkungen nach sich ziehen, also „Chancen" *und* „Gefahren". Darauf soll im nächsten Abschnitt besonders eingegangen werden.

In dem Katalog von Hentigs fehlt noch eine Problemdimension, die mit dem Stichwort „Die Welt als System" bezeichnet werden kann.

„Heute und in aller Zukunft können wir die Welt nicht mehr als eine Ansammlung von mehr als 150 Nationen und eine Reihe von politischen Wirtschaftsblöcken sehen. Sie ist ein aus untereinander abhängigen und sich gegenseitig beeinflussenden Nationen und Regionen bestehendes System geworden, in dem keiner von den Auswirkungen eines größeren Ereignisses oder einer weitreichenden Aktion in irgendeinem anderen Punkt der Erde verschont bleibt."[7]

Interdependenz ist also kein innergesellschaftliches Problem, nicht lediglich ein Problem der „technischen Zivilisation". Sie ist vielmehr „globale Interdependenz", also auch Abhängigkeit der scheinbar überlegenen von den scheinbar unterlegenen Staaten oder Regionen. Beispielsweise können die Ölstaaten den Ölpreis keineswegs beliebig diktieren, weil sie abhängig sind von der Kaufkraft der Abnehmerstaaten.

Der Katalog, den wir von Hartmut von Hentig übernommen haben, muß also um die Dimension der *globalen Interdependenz* erweitert werden. Wir finden diese Dimension in einem Vorschlag, den Wolfgang Hilligen gemacht hat. Er führt als „Merkmale unserer historischen Situation" vier Herausforderungen an und nennt die sich daraus ergebenden „je entgegengesetzten" Folgen:

"Weltweite Interdependenz — industrielle Massenproduktion — Möglichkeiten der Selbstvernichtung und der Zerstörung der Lebensgrundlagen (und auch das Angewiesensein auf mediale anstelle primärer Erfahrung) werden immer wieder genannt. Den „Herausforderungen" entsprechen je entgegengesetzte Folgen wie:
— Notwendigkeit umfassender Regelungen — Gefährdung der Selbstbestimmung (Interdependenz bzw. Dependenz);
— Möglichkeiten für Bedürfnisbefriedigung — soziale Ungleichheiten und außengelenkte Bedürfnisstruktur (industrielle Massenproduktion);
— Notwendigkeit globaler Regelungen — regionale Ungleichheit und Nationalismus — Möglichkeit der Selbstvernichtung;
— nie gekannte technische Möglichkeiten — Grenzen des Wachstums, Begrenztheit der Ressourcen;
— Informationslawine — Nachrichtenmonopole und mangelnde Auffassungskategorien in bezug auf das existentiell Bedeutsame."[8]

Im Vergleich zu von Hentig finden wir Übereinstimmungen: Interdependenz, Produktivität, Indirektheit = mediale Erfahrung. Es lassen sich jedoch auch Ergänzungen feststellen: Die Berücksichtigung der globalen Dimension und die Endlichkeit der Welt, nämlich die Begrenztheit der Ressourcen und das technische Potential, ihr ein Ende zu setzen: Selbstvernichtung durch nukleare Waffen und Zerstörung der Lebensgrundlagen durch Eingriffe in die Umwelt. Hilligens Vorstellung läßt sich mit dem Bild vom „Raumschiff Erde" wiedergeben: Begrenztheit der Lebensvorräte, Angewiesensein der Insassen aufeinander, Abhängigkeit von technischen Funktionen.

Fundamentale Inhalte sind also *Frage- und Problemrichtungen,* die in der kognitiven Struktur von Lernenden verankert werden sollen. Dadurch — so wird erwartet — erhalten die Lernenden nach und nach eine Richtung ihrer Aufmerksamkeit, ihrer Wahrnehmung, die sie befähigt zu erkennen, was *bedeutsam* ist, was also die Existenz aller oder vieler Menschen gefährdet oder sie fördert.

Problemkenntnis ist Wisssen, aber *Wissen besonderer Art.* Wir hatten gesagt: Merkmale von Problemen sind Dringlichkeit und Ungewißheit. Probleme als Wissen sind demnach kein Bestandteil des Gedächtnisses, das als Ergebnis sicher ruhen kann. Probleme sind vielmehr Inhalte, die über sich selbst hinausweisen: weil sie Defizite des Wissens bewußt machen — Ungewißheit — und so die Motivation wecken, diese Ungewißheit aufzulösen. Das Problem weist immer über sich selbst hinaus auf ein Zukünftiges: die Problem*lösung*. Probleme sind also Wissen, das *Aktivitäten des Denkens* hervorruft.

Demgegenüber gibt es auch statische Kategoriensysteme: Wertehierarchie nach Sutor. Oder die Kategorien sind lediglich Analysehilfen: instrumentelle Funktion. Oder sie legen eine bestimmte Denkstruktur fest wie bei Christian.

Neben inhaltlicher Gerichtetheit und Aktivierung als Funktionen dieser Lernzielart haben diese Lernziele auch eine spezifische *Struktur*. Sie sind ambivalent, verlangen die Frage nach den Chancen *und* Gefahren und verhindern somit die vorschnelle Unterwerfung unter die bedrohlichen und negativen Aspekte. Sie verlangen, die verschiedenen Seiten eines und desselben Phänomens zu betrachten, folglich subtile Unterscheidungen zu treffen und die Ergebnisse sorgfältig zu vergleichen und gegeneinander abzuwägen. Dadurch bieten sie Möglichkeiten, die kognitive Strukturiertheit der Lernenden zu verbessern.

Die genannten Vorschläge können nicht endgültig sein; sie sind vielmehr revidierbar und ergänzungsbedürftig. Ihnen kommt vorzugsweise eine *Anregungsfunktion* zu; der Lehrer wird aufgefordert, über das nachzudenken, was in folgender *Schlüsselfrage* formuliert wird:

Welche fundamentalen Probleme soll der Lehrplan meines Unterrichts unbedingt berücksichtigen?

Literatur

1 *Hartmut von Hentig:* Systemzwang und Selbstbestimmung. Stuttgart: Klett 1968, S. 18. Die folgenden Ziffern verweisen auf Seiten in diesem Buch.
2 *Hermann Giesecke:* Didaktik der politischen Bildung, N.A., 10. Aufl., München: Juventa 1976, S. 146.
3 ebenda S. 139.
4 *Rolf Schmiederer:* Politische Bildung im Interesse der Schüler, Köln: EVA 1977, S. 110.
5 *Bernhard Sutor:* Didaktik des Politischen Unterrichts, 2. Aufl., Paderborn: Schöningh 1973, S. 34.
6 *Ernst-August Roloff:* Erziehung zur Politik Bd. 1, 3. Aufl., Göttingen: Schwartz 1974, S. 149f.
7 *Mihailo Mesarovic, Eduard Pestel:* Menschheit am Wendepunkt. Zweiter Bericht an den Club of Rome, Reinbek: Rowohlt 1979, S. 25.

8 *Wolfgang Hilligen u.a.:* Lehrerband zu Sehen – Beurteilen – Handeln, Frankfurt: Hirschgraben 1979, S. 20. Etwas kürzer auch bei *Wolfgang Hilligen:* Zur Didaktik des politischen Unterrichts I, 3. Aufl. Opladen: Leske 1978, S. 29.
9 *Wolfgang Christian:* Die didaktische Methode im politischen Unterricht, 2. Aufl., Köln: Pahl-Rugenstein 1978.

Ein weiteres Beispiel für die Auflistung fundamentaler Probleme, hier als die „acht Besorgnisse":
Carl Friedrich von Weizsäcker: Der Garten des Menschlichen, Frankfurt: Fischer 1980, S. 36.

4.4.2 Kontroverses Denken

Wenn im Unterricht das Thema „Bürgerinitiativen" behandelt wird, könnte der Lehrer die beiden folgenden Texte verwenden:

Für
Wüstenhagen, Vorsitzender des Bundesverbandes der Bürgerinitiativen:
Die repräsentative Demokratie sei dort abzuschaffen, „wo in das direkte Lebensrecht der Bürger intensiv eingegriffen wird, wo Entwicklungen auf Jahrzehnte, also weit über Wahlperioden hinaus, vorprogrammiert werden".

und Wider
Roelleke, Professor für Staatsrecht:
Die Bürgerinitiative könne die Frage, ob eine Wasserleitung oder eine Kanalisation nicht wichtiger seien als ein Kindergarten, selbst nicht neutral entscheiden. Der Gleichheitssatz verlange, daß dies in einem fairen Verfahren von einer gewählten Volksvertretung entschieden werde.[1]

Diese Texte sagen etwas aus über das Verhältnis der Bürgerinitiativen zur parlamentarischen Demokratie. Der eine Autor sieht die BI in Konkurrenz zur parlamentarischen Demokratie, die sogar für bestimmte Entscheidungen außer Kraft gesetzt werden soll, für den anderen Autor sind BI nur eine Ergänzung der parlamentarischen Demokratie bei der Entscheidungsvorbereitung.

Diese beiden Texte bringen also gegensätzliche Standpunkte zum Ausdruck. Daraus könnte man ein *didaktisches Prinzip* machen: Im politischen Unterricht müssen Lernende über gegensätzliche, kontroverse Standpunkte und Meinungen informiert werden. Ist das vertretbar?

Dem stehen zunächst einmal *Barrieren* entgegen.

1) Nach der Theorie der „*kognitiven Dissonanz*" erzeugen widersprüchliche Informationen psychische Spannungen und daher einen Widerstand gegen die Aufnahme abweichender Standpunkte.

Zur Definition: kognitive Dissonanz bezeichnet das Nichtzusammenpassen zweier kognitiver Elemente, also Erkenntnisse oder Informationen, oder den Widerspruch zwischen einer Erkenntnis und der Einstellung, also dem Affekt, zu dem erkannten Objekt. Dieses Nichtzusammenpassen erzeugt in der Regel eine psychische Spannung, ein Ungleichgewicht. Das Subjekt tendiert nun dazu, dieses Ungleichgewicht abzubauen, die kognitive Dissonanz zu überwinden.

Der Anhänger von Bürgerinitiativen wird die Aussage von Roelleke in Text 2 entweder nicht zur Kenntnis nehmen oder sie als falsch beurteilen, ohne sie zu prüfen. Es ist schwer, in solch einem Fall sich neutral mit dem gegensätzlichen Standpunkt zu beschäftigen. Das trifft übrigens auch auf den Lehrer zu. Bei der Auswahl der Informationen für eine Unterrichtseinheit kann er – vielleicht unbewußt – die Texte übersehen, also negieren, die eine ihm fremde Position repräsentieren.

2) Die andere Barriere ist das Argument der *didaktischen Verfrühung*. Widersprüchliche Aussagen sind zu vermeiden, weil sie Schüler beispielsweise im Alter von 12 - 14 Jahren überfordern. Denn sie besitzen nicht die Kenntnisse und Erfahrungen, um angesichts solcher Kontroversen Stellung nehmen zu können. In der Tat sind ja Kenntnisse erforderlich, um die oben angeführten Aussagen überhaupt verstehen zu können: repräsentative Demokratie – und das Gegenteil? – oder die Bedeutung des „Gleichheitssatzes". Die Folgerung, die dann bisweilen gezogen wird, lautet: Die Schüler müssen erst etwas lernen, ehe sie sachgerecht urteilen können.

Richtig ist, daß der Unterricht durch kontroverse Informationen komplexer wird. Aber ist das Gegenteil, die Vereinfachung durch *Vereinseitigung*, vertretbar? Dagegen sind Bedenken zu erheben:

1) Durch die Auswahl der Unterrichtsinhalte wäre es der Lehrer, welcher diese Vereinseitigung bewirkt. Das aber würde bedeuten, daß er den Schülern seine Standpunkte unmerklich aufzwingt. Das aber wäre *Indoktrination*. Die Wirkung wäre, daß die Schüler in den Bahnen des Lehrers denken. Sie werden dagegen immunisiert, neue und andersartige Meinungen kennenzulernen.

2) Die *Umwelt*, in der wir, in der die Schüler leben, ist *widersprüchlich:* Gegensätzliche Interessen bewirken, daß einer politischen Entscheidung immer Kontroversen vorausgehen. Wissenschaftliche Analysen kommen zu unterschiedlichen Ergebnissen. So läßt sich fest-

stellen, daß es innerhalb einer Gesellschaft *die* verbindliche Wahrheit nicht gibt.

3) Wir haben oben schon gesagt: *Komplexität* ist eine Vorbedingung für Handeln, denn Handeln bedeutet, „Alternativen haben" (s. S. 69). Gemeint ist, daß zum Handeln ein Spielraum für Entscheidungen, also wenigstens die Wahl zwischen zwei Wegen gehört. Dies wird aber ausgeschlossen, wenn von vornherein nur eine Möglichkeit gelehrt wird. Die Folge ist der „politische Reduktionismus": die Teilung der Welt durch das „Entweder-Oder" in Freunde und Feinde, zwischen denen dann nur der Kampf bis zur Vernichtung übrigbleibt. Demgegenüber bedeutet die Forderung „Bewahrung von Komplexität" (s. oben S. 70f.), daß man im „Sowohl-als-Auch" denkt. Denn „Alternativen haben" heißt, daß man immer *wieder* Alternativen hat.

Diese Bedenken gegen Vereinfachung durch Vereinseitigung sind zugleich die Gründe für die Komplexität und für ein Denken, daß dieser Komplexität nicht ausweicht, welche man in Kontroversen antrifft. Die Art dieses Denkens wird hier „kontroverses Denken" genannt.

In der Literatur wird der Begriff unscharf gebraucht. Engelhardt spricht von „kritischem, alternativem, kontroversem Denken" und meint damit das Gegenteil einer Erziehung zur Anpassung.[2] Für Roloff ist dies der Zielbegriff, mit welchem er das Modell der hessischen Didaktiker im Gegensatz zur „Partnerschaft" nach Oetinger kennzeichnet.[3] Für Keil ist es bedeutungsgleich mit „Lernen am Konflikt", wenn er definiert: „Kontroverses Denken muß als ein Denken angesehen werden, das eine ... Streitfrage zum Gegenstand hat, sich also mit ‚streitigen' ... Dingen auseinandersetzt."[4] Dagegen gebraucht Claußen den Begriff „diversifizierendes Denken" als Präzisierung des Begriffes „kontroverses Denken", um deutlich zu machen: Es ist (a) „ein Vorgang des Entdeckens von Vielfalt", (b) ein Vorgang „der Artikulation, der Widerrede, in der Partei genommen wird und Alternativen zur Geltung kommen."[5]

Wir schließen uns teilweise der Deutung von Claußen an und kennzeichnen „kontroverses Denken" als die Denkfähigkeit, in welcher der einzelne an einem Sachverhalt die Vielfalt entdeckt. Das wäre der *sachstrukturelle* Aspekt: die Komplexität der Sache. Hinzu tritt der *kommunikative* Aspekt: Durch das Entdecken der Komplexität wird man dialogfähig, weil man die Fähigkeit erwirbt, auf die Problematik oder die Argumente des Dialogpartners einzugehen. Der dritte ist der *politische* Aspekt. Er besagt, daß einer politischen Entscheidung die Auseinandersetzung über alternative Ziele und Lösungen vorausgeht, also die politische Kontroverse oder der Konflikt. Sie erfordert ein Durchdenken des Für und Wider. Im Unterschied zu

Claußen rechnen wir Parteinahme zu einem komplexeren Denkvorgang, der kontroverses Denken einschließt: zum problemlösenden Denken.

Diese Denkfähigkeit wird hier jedoch nicht „alternatives Denken" genannt, wie es neuerdings Weinbrenner tut.[6] Denn das Wort „alternativ" ist gegenwärtig gefüllt mit der Vorstellung der alternativen Lebenskultur. Es vermittelt die Vorstellung, als sei alles richtig, wenn es nur „alternativ", d. h. anders als die überkommene Einrichtung ist. Kontroverses Denken fragt jedoch auch nach dem Für und Wider des alternativen Lebens. Insofern ist „kontroverses Denken" ein formales Denkprinzip.

In diesem Zusammenhang wird auch deutlich, warum es wichtig ist, daß die kategorialen Probleme antinomisch oder dialektisch beschrieben werden: Chancen *und* Gefahren. Hartmut von Hentig z. B. zieht die Folgerung aus dem Problem der „Indirektheit":

„Die Menschen müssen vielmehr lernen, mit der Indirektheit und Abstraktion ihrer Einstellung praktisch und moralisch fertig zu werden: sie zu durchschauen, aufzulösen oder bewußt zu ihrer Entlastung einzusetzen."[7]

v. Hentig konstatiert das Problem der Indirektheit nicht, um die technische Zivilisation zu verdammen. Sie wird vielmehr als „Herausforderung" angesehen, und daraus ergibt sich die pädagogische Aufgabe: Der Lehrer soll den Lernenden helfen, Indirektheit aufzulösen, aber auch sie zu nutzen.

Wir hatten gesagt, die kategorialen Probleme haben eine dialektische Struktur, weil sie *gegensätzliche* Wirkungen haben. Kontroverses Denken enthält also die Aufforderung, diese Gegensätzlichkeit auszuhalten und nicht aus ihr in die Vereinfachung zu flüchten, also in die Schwarz-Weiß-Malerei; es ist eine Absage an den „politischen Reduktionismus" (s. oben S. 70). v. Hentig gibt also nicht den Rat, im Leben auf dem Bauernhof die Wärme direkter menschlicher Beziehungen zu suchen. Denn es müssen auch die *Gefahren* geprüft werden, die mit alternativer Lebens- und Produktionsweise verknüpft sind, also: Kann eine Gesellschaft der Überbevölkerung auf industrielle Produktion verzichten, ohne die Existenz und das Wohlergehen ihrer Menschen zu gefährden?

Kontroverses Denken bereitet demnach nicht einfache, sondern komplexe Lösungen vor, – nicht das Entweder-Oder, sondern das „Sowohl-als-auch", die *mittleren* Lösungen.

Kontroverses Denken verlangt als *kognitive* Leistungen:
— nach andersartigen und gegensätzlichen Meinungen fragen und suchen,

- einen Sachverhalt in seinen „Verästelungen" (Claußen) untersuchen,
- in der Diskussion mit Einwänden rechnen, sie aufnehmen und prüfen.

Dazu müssen freilich auch *affektive* Eigenschaften und Haltungen treten:
- dissonante Wahrnehmungen zu verarbeiten bereit sein,
- einen Standpunkt revidieren können.

Das macht darauf aufmerksam, daß bei der Einübung in kontroverses Denken auch die genannten Barrieren überwunden werden müssen.

Zur Unterrichtsvorbereitung dienen folgende *Schlüsselfragen:*

Habe ich bei der Vorbereitung des Unterrichts kontroverse Standpunkte berücksichtigt?
Sorge ich dafür, daß die Schüler im Unterricht eine Vielfalt des Sachverhaltes und kontroverse Meinungen und Standpunkt kennenlernen?

Literatur

1 *Wolfgang Hilligen, Walter Gagel, Ursula Buch:* Sehen – Beurteilen – Handeln, Frankfurt: Hirschgraben 1978, S. 198.
2 *Rudolf Engelhardt:* Urteilsbildung im politischen Unterricht. Einübung kontroversen Denkens als Aufgabe politischer Bildung, Essen: Neue Deutsche Schule 1968, S. 23.
3 *Ernst-August Roloff:* Erziehung zur Politik Bd. 1, 3. Aufl., Göttingen: Schwartz 1974, S. 37.
4 *Klaus Keil:* Lernziel kontroveres Denken. Ein didaktisches Modell für den Politikunterricht, Essen: Neue Deutsche Schule 1976, S. 22.
5 *Bernhard Claußen:* Methodik der politischen Bildung, Opladen: Westdt. Verlag 1981, S. 322.
6 *Peter Weinbrenner:* Zukunftssicherung und Zukunftgestaltung als pädagogische Aufgabe. Ein Unterrichtsmodell für die Sek. II. In: Politische Bildung 1981, Heft 3, S. 80.
7 *Hartmut von Hentig:* Systemzwang und Selbstbestimmung, Stuttgart: Klett 1968, S. 51.

Außer den in Anm. 2 – 5 Genannten noch
Wolfgang Hilligen: Zur Didaktik des politischen Unterrichts I, 3. Aufl., Opladen: Leske 1978, S. 179–186 zur Option „Spielraum für Alternativen".

4.4.3 Problemlösungsfähigkeit

Das Lernziel „Problemlösungsfähigkeit" umfaßt eine Mehrzahl von Denk- und Verhaltensleistungen. Wir wollen diese an einem Unterrichtsbeispiel sichtbar machen.

Markus ist ein Schüler der 5. Klasse. Seine Lehrer berichten:

„Als es in Hannover zu Demonstrationen gegen eine geplante Fahrpreiserhöhung der ÜSTRA kam, brachten verschiedene Kinder, besonders auch Markus, dieses aktuelle Thema in die Schule ein. Markus hatte eine Demonstration gesehen und wollte nun Informationen über die Hintergründe. Wir Lehrer schlugen vor, bei den an den Demonstrationen beteiligten Gruppen Informationen einzuholen. Die Kinder entschieden sich, zu einem Juso-Büro zu gehen. Markus fand schnell Kontakt zu den dort Anwesenden und stellte sofort die Fragen, die ihn beschäftigten. Als er auf seine Frage: ‚Was heißt eigentlich ÜSTRA?' keine Antwort bekam, verlangte er ein Telefonbuch, rief bei der ÜSTRA an und fragte dort nach. Zufrieden kam er mit der Antwort zurück.

Die Auseinandersetzung mit dem Thema Fahrpreiserhöhung lief in den nächsten Tagen in verschiedenen Kindergruppen weiter. Markus gab die Anregung, eine Befragung von Passanten zu diesem Thema durchzuführen. Viele Kinder hatten daran Interesse und beteiligten sich an Planung, Durchführung und Auswertung."

Doris Krammling, Erich Braun in: Ästhetik und Kommunikation, Heft 22/23, Dez. 1975/Febr. 1976, S. 28.

Nach diesem Beispiel können bereits Schüler der Klasse 5 an Problemen arbeiten. Denn um ein Problem handelt es sich bei dem Thema „Fahrpreiserhöhungen". Es sei daran erinnert: Das Problem ist durch Dringlichkeit und Ungewißheit gekennzeichnet (s. oben S. 54):

— Dringlichkeit: die Belastung der Betroffenen durch die Fahrpreiserhöhung und ihre Reaktion, weil sie dies als Problem „definieren".
— Ungewißheit: Der Widerspruch zwischen Zwängen (Kosten) und Wünschen (Bedürfnissen) führt zu der Frage, wie und zu wessen Gunsten entschieden werden soll. Es gibt keine eindeutige Lösung, der Ausgang ist ungewiß.

Wir haben damit die Problemstruktur des Sachverhaltes Fahrpreiserhöhung dargelegt. Dieses Problem ist in der Außenwelt lokalisiert. Für Markus stellte sich aber ein ganz anderes Problem, das gleichsam in seiner Innenwelt lag: Für ihn war die Demonstration das Problem, weil er sie sich nicht erklären konnte. Die erste Arbeitsphase enthielt die Lösung dieses Problems, und sie war in dem Augenblick erreicht, als den Schülern klar wurde, daß sich diese Demonstration gegen die Fahrpreiserhöhungen richtete. Daran schloß sich dann die Arbeit an dem durch die Klärung gefundenen neuen Problem an.

Damit haben wir zwei Arten von Problemen ermittelt, die man anhand der Problemlösungsverfahren unterscheiden kann: Denkprozeß und Handlungsprozeß.

1) *Denkprozeß:* Problemlösen ist ein mentaler Vorgang, der als Klärungsprozeß oder als Anwendung von Denkstrategien beschrieben wird.[1] Die Auffassung vom Klärungsprozeß scheint vor allem für den Vorgang der *Problemerfassung* ergiebig zu sein, der jedoch auch eine Lösungsstufe darstellt. Denn nach der sehr allgemeinen Definition der Lernpsychologie ist „Problem" alles, was als Hindernis, zu einem Ziel zu gelangen, erfahren wird. In diesem Sinne war für Markus die Demonstration ein Problem, nämlich ein Sachverhalt, ein Phänomen, das er sich nicht erklären konnte, das ihn aber erregte. Der Klärungsprozeß bestand nun darin, daß für Markus aus dem zunächst diffusen Ereignis ein klar definierter Sachverhalt wurde: Demonstration gegen die Fahrpreiserhöhung der ÜSTRA. Damit war *sein* Problem, nämlich das Erkenntnisproblem, gelöst. Mit Hilfe der Gestaltspsychologie kann diese Lösung so beschrieben werden: Die „defekte Struktur einer Situation", die als Problem empfunden wird, wird in eine „gute" Struktur umgewandelt, das Ergebnis ist die Erhellung einer zunächst verworrenen Sachlage.[2] Die „gute" Struktur entsteht durch die Herstellung sinnvoller Beziehungen, die die Eigenschaften genereller Strukturen haben: Die Demonstration richtet sich gegen die Fahrpreiserhöhung einer Verkehrsgesellschaft, aber erst die Zuordnung zu der generellen Sinneinheit „Durch Proteste kann man politischen Einfluß nehmen", klärt das Phänomen und verleiht dem Ereignis die klare, „gute" Struktur.

Dieser Denkprozeß, der zur Lösung eines kognitiven Problems führt, spielt sich jedoch nicht allein im Innern der beteiligten Personen ab. Die Lehrer sorgten dafür, daß die Schüler Tätigkeiten ausübten: Informationen beschaffen. Dadurch kommen Verhaltensweisen ins

---

Problem, psychologische Definition: „Ein Individuum steht einem Problem gegenüber, wenn es sich in einem inneren oder äußeren Zustand befindet, den es aus irgendwelchen Gründen nicht für wünschenswert hält, aber im Moment nicht über die Mittel verfügt, um den unerwünschten Zustand in den wünschenswerten zu überführen."
Dietrich Dörner: Problemlösen als Informationsverarbeitung, 2. Aufl., Stuttgart: Kohlhammer 1979, S. 10.

Problemlösendes Denken: „ein Verhalten, das auf die Bewältigung einer Aufgabe gerichtet ist, die für das Individuum durch ihre Neuartigkeit mit den verfügbaren Kenntnissen, Verfahren und Operationen nicht unmittelbar zu lösen ist."
Klaus Riedel: Lehrhilfen zum entdeckenden Lernen, Hannover: Schroedel 1973, S. 19.

Spiel: Neugierverhalten als Motivation, Kontakte mit anderen herstellen, Fragen stellen, Organisationen ansprechen. Die Voraussetzung hierfür ist ein gewisses Maß an Selbstvertrauen. Kognitive Prozesse werden durch Persönlichkeitsmerkmale ergänzt.

Das Ergebnis ist die Problemlösung im Sinne der geistigen Klärung durch Erfassung und Definition des Problems. Durch diese Lösung wird freilich ein neues Problem entdeckt.

2) *Handlungsprozeß.* Dieses neue Problem, nämlich Fahrpreiserhöhungen, ist kein kognitives, sondern ein politisches Problem. Dessen Lösung spielt sich nicht im Innern von Personen, sondern im „Außen" ab und besteht in Handlungen der beteiligten Personen. Statt Denkprozesse sind jetzt Prozesse in der sozialen Realität zu beobachten; es sind politische Entscheidungsprozesse. Deren Merkmal ist ein hohes Maß an Ungewißheit aufgrund des hohen Grades an Komplexität und Unbestimmtheit.

a) *Unbestimmtheit.* Es gibt Probleme, deren Lösung nicht eindeutig ist, weil kein sicheres Kriterium für den angestrebten Endzustand vorliegt. Im Unterschied hierzu sind mathematische Probleme immer eindeutig, weil die Lösung mathematischen Regeln standhalten muß. Nach Dörner können Probleme in dieser Hinsicht auf der Skala zwischen „geschlossen" (das mathematische Problem) und „offen" eingeordnet werden.

„Ein Problem ist bezüglich des Endzustandes um so offener, in je geringerem Maße sich vor Beginn des Problemlösens die Eigenschaften des Endzustandes den Kategorien 'muß vorhanden sein', 'darf nicht vorhanden sein' und 'gleichgültig' zuordnen lassen."[3]

Nun ließe sich zwar sagen, daß „Fahrpreiserhöhung" ein geschlossenes Problem sei, weil der Endzustand eindeutig ist: die Eigenschaft Erhöhung des Fahrpreises „darf nicht sein". Aber das gibt nur einen Standpunkt wieder, nicht den erreichbaren realen Endzustand. Denn diesem kann eine andere Eigenschaft entgegengestellt werden: Kostendeckung „muß vorhanden sein". Da beide einander ausschließen, ist der Endzustand in Wirklichkeit unbestimmt; er muß im Verlauf des Entscheidungsprozesses erst gefunden werden.

b) *Komplexität.* Der Problemlösungsprozeß als Handlungsprozeß ist im Vergleich zum Denkprozeß komplexer, weil er eine Mehrzahl von Beteiligten und den Einfluß situativer Umstände aufweist. So ist z. B. auch die Haushaltslage der Stadt ein Faktor (mögliche Zuschüsse), ein anderer ist der Auslastungsgrad der Verkehrsmittel. Die Lösung eines solchen Problems wird erst durch einen „dialektischen Prozeß" gefunden, bei welchem die äußeren Widersprüche gegen den

Entwurf für den Zielzustand mit in die Überlegungen einbezogen werden und der Entwurf entsprechend geändert wird.[4] Dörner konstatiert bei derartigen Problemen eine „dialektische Barriere" für die Problemlösung, womit er die Unbestimmtheit des Zieles bezeichnet. Eine solche Barriere ist in der Regel bei politischen Problemen anzutreffen, und daher sind diese meist mehr nach der Seite der „offenen" Probleme hin einzustufen.

Entsprechend der Struktur der politischen Situation läßt sich das politische Problem folgendermaßen klassifizieren: a) Es liegt ein Problem vor, das gelöst werden muß (Dringlichkeit); b) die Ziele sind nicht eindeutig, weil umstritten oder nicht genau bestimmbar (nach Dörner: geringe Klarheit der Zielkriterien); c) die Wege zu diesen Zielen müssen erst gefunden werden, weil es mehrere gibt, weil viele am Problemlösungsprozeß beteiligt sind, weil die Nebenfolgen berücksichtigt werden müssen (nach Dörner: geringer Bekanntheitsgrad der Mittel). Dies hat zur Folge, daß politische Probleme in der Regel nicht „endgültig gelöst", sondern nur „vorläufig gelöst" werden können.[5]

Soweit die Unterscheidung zwischen kognitiven und politischen Problemen, zwischen Erkenntnisprozeß und Handlungsprozeß.

Didaktisch wichtig ist, daß dem Eingangsbeispiel auch zu entnehmen ist, wie ein *politisches Problem in ein kognitives Problem transponiert* werden kann. Nach der Klärung des kognitiven Problems (Demonstration) wurde anschließend das neue, das politische Problem von der Schülergruppe in gleicher Weise in der Form von Erkenntnisprozessen bearbeitet. Was in dem Bereich „Auseinandersetzung" genannt wird, ist dieser mentale Vorgang der kognitiven Problembearbeitung. An dem Teilprojekt „Befragung" ist zu erkennen, daß hierzu verschiedenartige Denk- und Arbeitsprozesse erforderlich sind: Planung, Durchführung, Auswertung.

Diese Transponierung bedeutet, daß die sozialen Handlungen der politischen Problemlösung in Denkhandlungen übertragen werden, also in kognitive Operationen. Sie haben im Verhältnis zum realen Handeln den Status eines Denkspiels. Innerhalb dieses Denkspiels können *Lösungen* des politischen Problems erarbeitet werden. Da dies aber im Rahmen des Erkenntnisprozesses erfolgt, stellen sie nur fiktive Lösungen dar; sie sind in Wirklichkeit nur Lösungen eines kognitiven Problems und werden daher besser als Problem*erklärungen* bezeichnet.

Nur darf man darin nicht eine Entpolitisierung politischer Themen vermuten. Zwar weist der Problemlösungsprozeß im Unterricht die

Merkmale eines Erkenntnisprozesses auf. Doch gehört zu diesen Merkmalen auch der *Realitätsbezug*, der eine Art kognitiver Verbindlichkeit der Problembearbeitung herstellt. Dieser Realitätsbezug muß jedoch in einzelne Operationen übersetzt werden, die als Denkmuster gelten können. Solche Operationen können sein:

— die Prüfung von Annahmen,
— das Aufsuchen von Folgenerwartungen,
— das Schätzen von Eintretenswahrscheinlichkeiten,
— das Bewerten.[6]

Die Transponierung in Erkenntnisprozesse geschieht durch derartige Denkhandlungen demnach unter Wahrung des Realitätsbezuges, der politische Bezug des Problems bleibt dadurch erhalten.

Wir haben also festgestellt:

— daß der Problemlösungsprozeß, wie er im Unterricht intendiert werden kann, das Einüben in kognitive Prozesse des Suchens und Findens von Lösungen darstellt;
— daß die hierbei anzubahnende Problemlösungsfähigkeit auch Persönlichkeitseigenschaften erfordert, also Einstellungen und Verhalten;
— daß dieser Problemlösungsprozeß sich auch auf politische Probleme beziehen kann, weil durch kognitive Akte deren spezifische Struktur berücksichtigt werden kann.

Dieses Ergebnis wird hier besonders betont, weil die Hervorhebung kognitiver Fähigkeiten im Lernprozeß, wie es durch die hier gewählte Perspektive der Denkpsychologie geschieht, auch kritisiert wird.

So werden die Einwände vorgebracht, daß die denkpsychologischen Untersuchungen immer nur auf „wohldefinierten" Problemen, d.h. also auf geschlossenen Problemen basieren. Alltagssprache werde ausgeschlossen, das aktiv und bewußt denkende Subjekt werde eliminiert, man sei blind gegen gesellschaftliches Denken.[7]

Demgegenüber wird hier angenommen, daß die Erhellung der Denkvorgänge auch auf solche Aufgabenklassen angewendet werden kann, welche die Lösung offener Probleme zum Inhalt haben, und daß es nur der Ergänzung durch gesellschaftsbezogene oder politische *Aspekte* bedarf, um die Umweltbedingungen als Faktoren in den Erkenntnisprozeß einzubeziehen. Allerdings muß berücksichtigt werden, daß an dieser Stelle nicht auf diese Umweltfaktoren eingegangen wird, weil bei der Darlegung des Lernziels „Problemlösungsfähigkeit" nicht die Struktur der *Sache,* sondern die Struktur des *Denkens* erhellt werden sollte, das sich mit diesen „Sachen", nämlich politischen Problemen, beschäftigt. „Problemlösungsfähigkeit" ist in diesem Sinne eine Mehrzahl von individuellen Fähigkeiten zu kognitiver Aktivität, die insgesamt das selbständige Finden von Lösungen ermöglichen.

Diese *Fähigkeiten* sollen abschließend skizziert werden:

a) *Fähigkeiten der Problemerfassung/Problemdefinition:* Informationen beschaffen und verarbeiten, Beziehungen herstellen, dazu muß die kognitive Struktur der Begriffe und Operationen aktiviert oder erweitert werden, innere und äußere Aktivität entwickeln.

b) *Fähigkeit, Hypothesen zu entwickeln, lösungsrelevante Ideen zu produzieren:* also Zielprojektionen entwerfen, ihren vorläufigen Charakter berücksichtigen, Annahmen prüfen, Folgen ermitteln; dazu sind zahlreiche Vergleiche erforderlich und kognitive Entscheidungen zu treffen; insgesamt: Fähigkeiten einer realitätsbezogenen „Kreativität".

c) *Fähigkeiten, Mittel und Lösungsalternativen zu bewerten:* das verlangt Distanz zu eigenen spontanen Handlungsentscheidungen und Zielpräferenzen, also nicht vorschnell zugreifen, sondern im Hinblick auf Werte prüfen, abwägen, Begründungen und Argumente vergleichen, Wirkungen und Nebenwirkungen bewerten.

„Problemlösungsfähigkeit" erfordert in ihrer Anwendung eine ganze Kette von jeweils verschieden zu kombinierenden Teiloperationen und kognitiven Entscheidungen, die als Persönlichkeitseigenschaft ein *reflektiertes Verhalten* voraussetzen oder anstreben. Dies entspricht einer weitentwickelten Stufe der kognitiven Strukturiertheit, wie sie oben (S. 127f.) als Stufe 4 beschrieben wurde.

Ohne Zweifel sind mit diesem komplexen Lernziel auch didaktische Schwierigkeiten verbunden. Ihre Bewältigung halten wir für eine methodische Aufgabe von großer Wichtigkeit, auf die an dieser Stelle jedoch nicht eingegangen werden kann; sie ist in anderem Zusammenhang als Methodenkonzeption und ihre Realisierung im Unterricht darzulegen. Dennoch soll in der zweiten Schlüsselfrage darauf aufmerksam gemacht werden.

Durch die folgenden *Schlüsselfragen* können die Überlegungen dieses Abschnittes aktiviert werden:

Habe ich für den Unterricht ein Thema ausgewählt, zu dessen Bearbeitung Problemlösungsfähigkeit erforderlich ist?

Wenn ja: Welche Bearbeitungshilfen kann ich bereitstellen, um das selbständige Finden von Lösungen den Schülern zu erleichtern?

Literatur

1 *Walter Edelmann:* Einführung in die Lernpsychologie, Bd. 2: Kognitive Lerntheorien, München: Kösel 1979, S. 92.
2 ebenda S. 94.
3 *Dietrich Dörner:* Problemlösen als Informationsverarbeitung, 2. Aufl., Stuttgart: Kohlhammer 1979, S. 14.
4 ebenda S. 13.
5 Diese Unterscheidung bei *Frank Scholz*: Problemlösender Unterricht, Essen: Neue Deutsche Schule 1980, S. 85.
6 *Gudrun Eckerle, Bernhard Kraak:* Ansatzpunkt Denkverhalten – Ziel: Selbst- und Mitbestimmung, in K. D. Hartmann (Hg): Politische Bildung und politische Psychologie, München: Fink 1980, S. 236–243, hier S. 241.
7 Art. „Denkpsychologie" in: Handbuch psychologischer Grundbegriffe, hrsg. von *Günter Rexelius, Siegfried Grubitsch,* Reinbek: Rowohlt 1981, S. 195f.

Allgemein zu „Problemlösen", Beiträge aus der Lernpsychlogie:
Rudolf Bergius in Heinrich Roth (Hg.): Begabung und Lernen. Gutachten und Studien der Bildungskommission des Dt. Bildungsrates, 2. Aufl., Stuttgart: Klett 1969, S. 255–263.
Dörner (Anm. 3)
Bernhard Kraak: Soziale Praxis – Problemlösen und Entscheiden, Tübingen: Katzmann 1978.
Edelmann (Anm. 1) S. 88–113.
Gerd Lüer: Stichwort „Denken und Problemlösen" in Handbuch psychologischer Grundbegriffe, hrsg. Theo Herrmann u.a., München: Kösel 1977, S. 92–102.
Franz E. Weinert in ders. u. a. (Hg.): Funk-Kolleg Pädagogische Psychologie, Bd. 2, Frankfurt: Fischer 1974, S. 673–683.

Allgemeine Didaktik:
Manfred Bönsch: Problemorientierter Unterricht. In: Pädagogische Welt Dez. 1981, S. 767–772.
Klaus Riedel: Lehrhilfen zum entdeckenden Lernen, Hannover: Schroedel 1973.
Scholz (Anm. 5)

Im politischen Unterricht:
Friedrich-Wilhelm Dörge: Problemlösendes Verhalten als Ziel politischen Lernens. Gegenwartskunde 1971, H. 4, S. 393–400.

Als Methodenkonzeption, Problemlösungsmethode:
Siegfried George: Einführung in die Curriculumplanung des politischen Unterrichts, Ratingen: Henn 1972, S. 116–124.
Bernhard Claußen: Methodik der politischen Bildung, Opladen: Westdt. Verlag 1981, S. 93–96.
Walter Gagel: Gestalt und Funktion von Unterrichtsmodellen zur politischen Bildung. In: Politische Bildung 1967, H. 4, S. 42–72, bes. S. 49 und S. 56–71.
Wolfgang Hilligen: Zur Didaktik des politischen Unterrichts I, 3. Aufl., Opladen: Leske 1978, S. 224f.

5. Einheit: An welchen Werten orientiert sich der politische Unterricht? Ziele und Zielarten II

Diese zweite Einheit über Ziele und Zielarten des politischen Unterrichts enthält Überlegungen zu einer Gruppe von Zielen, welche im Unterschied zu denen der vorhergehenden Einheit der *evaluativen Orientierung* der Lernenden dienen. Es sei an die anfangs erläuterte Begriffserklärung erinnert (oben S. 15). Danach verlangt kognitive Orientierung ein gewisses Maß an Wissen und Denkfähigkeiten, also die Kompetenz, das, was ist, zu erkennen. Im Unterschied dazu ist evaluative Orientierung als Fähigkeit zu Stellungnahme und Handeln zu verstehen. Sie setzt zwar die Erkenntnis dessen, was *ist,* voraus, ergänzt diese aber durch die Einsicht in das, was sein *soll.* Durch Handeln wird in der Regel ein Gewünschtes oder ein Gesolltes verwirklicht; dieses Gewünschte oder Gesollte erhält aber seine Qualität durch seinen Bezug auf Werte. Daher können wir auch von Wertorientierung sprechen.

In dieser Einheit soll zunächst gezeigt werden, in welcher Weise Werte sichtbar werden können: nämlich in den Lernzielen (5.1). Danach werden die Funktionen der Wertorientierung besprochen (5.2), und schließlich wird der Frage nachgegangen, an welchen Werten sich der politische Unterricht orientieren kann (5.3).

5.1 Das politische Programm in den Lernzielen des politischen Unterrichts

Es entspricht der spezifischen Bildungsaufgabe dieses Faches, wenn in seinen Zielen etwas über gewünschtes politisches Handeln und politisches Verhalten der Lernenden ausgesagt wird. Man könnte in einer überspitzten Weise sagen: Die obersten Lernziele enthalten gleichsam das politische Programm einer didaktischen Konzeption oder von staatlichen Richtlinien. Nur ist es nicht immer leicht, dieses „Programm" auch zu sehen. Hierzu dienen zwei Beispiele:

1 „Die Schüler sollen zur Liebe zur (Bezeichnung des Staates) als ihrem ... Vaterland erzogen werden und bewußt Anteil am weltweiten Kampf für Sozialismus und Frieden nehmen. Sie werden in zunehmendem Maße befähigt, richtige politische Standpunkte zu vertreten und zu verteidigen."[1]

2 „Demokratische Politische Bildung versteht sich als auf Selbstbestimmung und Mitbestimmung abzielende; sie will Menschen ... befähigen, gesellschaftliche Realität und sich selbst in ihr zu erkennen, um sie zu beurteilen und bedarfsfalls zu verändern."[2]

Bei der Analyse von Lernzielen unterscheidet man zwei Komponenten: Inhaltskomponente und Verhaltenskomponente. Im Hinblick darauf sollen die beiden Lernziele verglichen werden.

a) *Inhaltskomponente.* Sie enthält die Aussagen über das gesellschaftliche und politische Umfeld: Staat, Vaterland, — und über vorgegebene politische Ziele: weltweiter Kampf für Sozialismus und Frieden. Im zweiten Beispiel findet sich bezeichnenderweise nur eine Abstraktion: gesellschaftliche Realität, keine Systembezeichnung, und das Ziel ist die Verwirklichung personaler Rechte.

Im ersten Beispiel ist die Deutung der Realität *vor*gegeben, sie enthält verbindliche, weil „richtige" Aussagen, denen gegenüber Lernende keinen Spielraum der Interpretation haben. Im zweiten ist Realität als Erkenntnisobjekt *auf*gegeben, die Interpretation erscheint offen. Daher ergibt sich auch die Möglichkeit, zur Veränderung beizutragen.

Wir können diese beiden Lernziele hinsichtlich ihrer Inhaltskomponente unterscheiden nach den Kategorien: Systemerhaltung — Systemwandel.

b) *Verhaltenskomponente.* Wenn der Staat als Vaterland unverrückbar ist und das Programm und die Standpunkte „richtig" sind, können keine Zweifel erhoben werden, man kann sich nur unterordnen oder anpassen. Daher Verhaltensleistungen „Liebe", „Anteil nehmen", „verteidigen": die Ausführung vorgegebener Aufträge.

Im zweiten Beispiel sollen Menschen erkenntnis-, urteils- und handlungsfähig werden; wie sie etwas erkennen, bleibt abhängig von ihrer Kompetenz und den — nicht vorgegebenen — Urteilsmaßstäben. Diese Menschen haben daher die Möglichkeit, sich selbst zu bestimmen; sie nehmen nicht nur „Anteil", sondern bestimmen wenigstens „mit".

Wir können diese beiden Lernziele hinsichtlich ihrer Verhaltenskomponente den Kategorien Selbstbestimmung – Anpassung zuordnen.

Mit diesen vier Kategorien kann man ein zweidimensionales Koordinatensystem bilden. Inhaltskomponente und Verhaltenskomponente bilden je eine Achse; entsprechend der Annäherungswerte, denen man die Bedeutung der jeweiligen Komponente im einzelnen Lernziel beimessen kann, läßt sich jedes Lernziel in einem der vier Sektoren verorten. Dadurch lassen sich die Bedeutungsunterschiede von Lernzielen des politischen Unterrichts optisch sichtbar machen.

Abb. 9

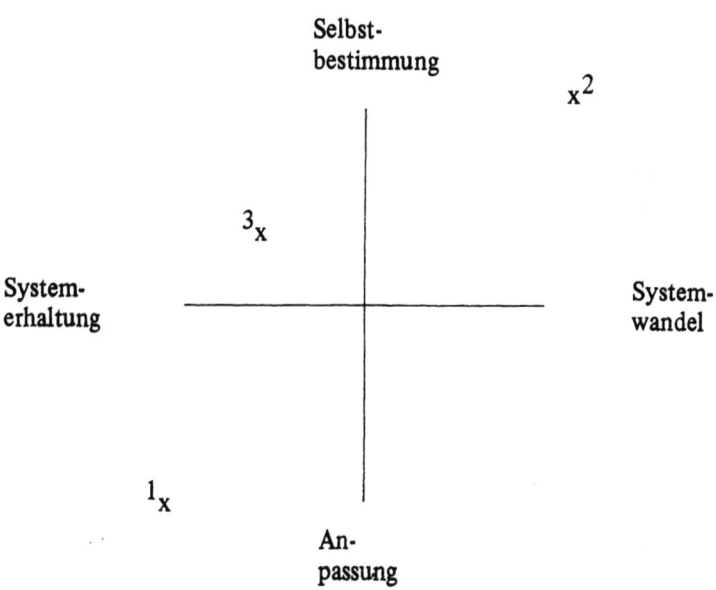

In Abb. 9 sind die Lernziele in diesem Sinne eingetragen. Die Einordnung der beiden so gegensätzlichen Lernziele 1 und 2 ist dabei unproblematisch. Bei dem folgenden Lernziel 3 ist es sicherlich schwieriger:

3 Die Schüler sollen lernen, „soziales und politisches Geschehen zu verstehen, einen begründeten politischen Standort zu gewinnen und ihn im Rahmen der verfassungsmäßigen Ordnung zu vertreten".[3]

Das System der „verfassungsmäßigen Ordnung" erscheint unverrückbar, macht aber nicht das Ganze des Systems aus. „Verstehen" bedeutet das Erfassen von Eindeutigem, nicht Spielraum der Interpretation. „Standort" macht denkbar, daß es im vorgegebenen „Rahmen" unterschiedliche Standorte gibt, nicht den „richtigen": also nicht so extrem Systemerhaltung und ein gewisses Maß an Eigenständigkeit.

Ergebnis: Welche Art von Verhalten und Verhaltensnorm definiert wird, hängt zugleich ab von den Aussagen über die Realität und über politische Ziele. Das politische Programm bestimmt die Entfaltungsmöglichkeiten und Erziehungsrichtung des Lernenden. Das ergibt als *Schlüsselfrage:*

> Welches „politische Programm" liegt meinem Unterricht zugrunde – lege ich in die Zielvorstellungen meines Unterrichts?

Wenn hier von „politischem Programm" gesprochen wird, dann ist dies berechtigt, weil Ziele des politischen Unterrichts immer einen Systembezug aufweisen; gewünschtes oder gesolltes Handeln geschieht im Rahmen einer politischen Ordnung. Diese Ordnung ist mit Werten verbunden, denn das Handeln im Rahmen dieser Ordnung wird als Bildungsaufgabe gerechtfertigt, indem dieser Ordnung selber Werte zugrundegelegt werden. Daraus ergibt sich der auch in den Lernzielen oben beobachtete Zusammenhang zwischen Unterrichtszielen und Werten.

Werte und *Normen* beziehen sich auf Handeln und *Verhalten,* das folgt aus den hier wiedergegebenen Definitionen. Lernziele sind ebenfalls „Normen", nämlich Handlungsanweisungen an Schüler und Lehrer. Sie lassen sich auf „Werte" zurückführen. Wie in den betrachteten Beispielen werden in den Aussagen über die Ziele des politischen Unterrichts, meist in der Form eines obersten Lernzieles, ein oder mehrere Werte ausdrücklich genannt. Sie sind damit zugleich Aussagen über ein erwünschtes „Verhalten" von Schülern.

Wert: Vorstellungen des Gewünschten, die sich als Präferenz bei der Wahl zwischen Handlungsalternativen auswirken. Es kann das Objekt bedeuten, nämlich das geschätzte oder erwünschte Gut, aber auch eine Einstellung zu einem Objekt wie auch einen Maßstab des Handelns.

Norm: Verhaltensregel, die ein bestimmtes Verhalten verbindlich fordert oder Verhalten allgemein sozial bewertet (z.B. Gesetzesnormen, Sitte, Konventionen).

Verhalten: allgemeinste Bezeichnung für jede Aktivität oder Reaktion eines Organismus, also jedes Sprechen, Denken, Fühlen usw. Es umfaßt auch „Handeln" als ein Verhalten im engeren Sinne, aber auch Nichthandeln (lassen).

Probleme ergeben sich aber aus dem Sachverhalt, daß derartige Sollensaussagen weniger zuverlässig sind im Vergleich zu Seinsaussagen (das, was ist), weil sie sich intersubjektiv nicht beweisen lassen. Das gilt auch für die Werte, welche diesen Sollensaussagen zugrunde liegen. Das Nachdenken über Werte ist immer mit einer gewissen Unsicherheit verbunden, und Überlegungen zu Lernzielen bleiben davon nicht verschont. Für den Lehrer ist daher notwendig, daß er sich des Sinnes und der Grenzen von Wertorientierung seines Unterrichts vergewissert.

Literatur

1 *Ministerium für Volksbildung der DDR* 1969, zit. nach Wolfgang Hilligen: Zur Didaktik des politischen Unterrichts I, 3. Aufl., Opladen: Leske 1978, S. 49.
2 *Kurt Gerhard Fischer:* Einführung in die Politische Bildung, 3. Aufl., Stuttgart: Metzler 1973, S. 60.
3 *Der niedersächsische Kultusminister:* Rahmenrichtlinien für das Gymnasium Kl. 9 und 10, Sozialkunde, Hannover 1981, S. 4.

Zur Lernzielanalyse:
Hilbert L. Meyer: Trainingsprogramm zur Lernzielanalyse, 2. Aufl., Frankfurt: Fischer Athenäum Taschenbücher 1975, S. 83 – 96.

Allgemein zu Lernzielsystemen:
Walter Gagel: Politik, Didaktik, Unterricht. Eine Einführung in did. Konzeptionen des politischen Unterrichts, 2. Aufl., Stuttgart: Kohlhammer 1981, S. 20 – 22.

5.2. Sinn und Grenzen der Wertorientierung

5.2.1 Parteinahme und Parteilichkeit

Wir haben festgestellt, daß die Lernziele des politischen Unterrichts ein politisches Programm enthalten. Das ist nicht überraschend. Politischer Unterricht kann sich ja vom Politischen schwerlich freihalten. Aber das Wort „Programm" meint die Entscheidung für eine Richtung, die Festlegung auf eine Richtung, und das bedeutet: Es gibt auch andere Richtungen, die jedoch selektiert werden.

Der Lehrer wird folglich mit der Tatsache konfrontiert, daß z.B. bei Richtlinien er nicht selber Urheber des „Programms" ist. Oder er wählt selber sein Programm – was bedeutet, daß er es ist, der die anderen Richtungen aussondert.

In jedem Fall steht er vor einem Entscheidungsproblem, das in folgenden Beispielen erkennbar wird.

Beispiel 1: Eine Schülerin erzählt: „Die einzig halbwegs guten Lehrer, das waren hoffnungslose Liberale. Da konnte ein NPD-Mann was sagen, sowas hatten wir auch in der Klasse, und das war gut, und hat ein DKP-Mann was gesagt, und das war auch gut. So mit Abwägen. Der Lehrer F., der war auch so ein Superliberaler, der war der einzige, der das durchgehalten hat. Ein anderer Lehrer, der ist daran ausgeklinkt, der war nur noch autoritär."

Jugend '81, Studie im Auftrag des *Jugendwerks der Deutschen Shell*, Bd. 2, Hamburg 1981, S. 51.

Beispiel 2: In einem Fortbildungskurs erklärte ein Hauptschullehrer: „In meiner Klasse sind 95% Arbeiterkinder, die selber wieder Arbeiter werden. Im politischen Unterricht muß ich Partei ergreifen für das Klassenschicksal dieser meiner Schüler. Ich muß ihnen ihre Klassenlage bewußt machen, sie vorbereiten auf das, was sie im Beruf erwartet, und sie fähig machen, ihre Klasseninteressen zu vertreten."

Der Gegensatz in beiden Beispielen liegt im Rollenverständnis dieser Lehrer; der eine praktiziert Neutralität gegenüber politischen Kontroversen, der andere jedoch Parteilichkeit im Eintreten für die Belange der Schüler.
Wichtig ist dabei die Klärung des Begriffes „Parteilichkeit".

Von Hans Jochen Gamm wird er als pädagogischer Begriff verwendet. Er sieht ihn in Parallele zum Selbstverständnis der geisteswissenschaftlichen Pädagogik als „Anwalt des Kindes", nur daß Parteilichkeit im Rahmen einer kritischen Erziehungswissenschaft sich als Aufgabe setzt, „die historisch vermittelte Ungleichheit der bürgerlichen Gesellschaft im Rahmen derselben Gesellschaft" abzutragen. Dazu sind erforderlich: chancengleiche Kommunikationsformen und angstfreies Lernen in der Schule.[1]

Parteilichkeit wird hier verstanden als eine Präzisierung des „pädagogischen Verhältnisses" mit Betonung der kompensatorischen Funktion und der Aufgabe, Formen symmetrischer Kommunikation herzustellen. Parteilichkeit ist hier pädagogische Zuwendung zu Lernenden in der Absicht, ihre Benachteiligungen auszugleichen.

Diese Definition von *pädagogischer Parteilichkeit* vergleichen wir mit dem zweiten Beispiel des Hauptschullehrers. Als Übereinstimmung findet sich die Zuwendung zu den Lernbedürfnissen der jeweiligen Lerngruppe. Dieser Lehrer will seinen Schülern helfen, ihre spezifische soziale Lage jetzt und zukünftig besser zu bewältigen. Als Abweichung ist festzustellen, daß er den Schülern helfen will, indem er ihnen ein inhaltlich klar definiertes Weltbild vermittelt, indem er sie über ihr „Klassenschicksal", ihre „Klassenlage" und ihre „Klasseninteressen" instruiert.

Diese Abweichung enthält einen anderen, einen *gesellschaftspolitischen Begriff von Parteilichkeit*, wie er der marxistischen Tradition zu entnehmen ist.

Parteilichkeit bedeutet in dieser Tradition, daß es eine objektive Entwicklungstendenz der Gesellschaft gibt, daß diese erkannt werden kann und daß Wissenschaft sich in den Dienst dieses Fortschrittes zu stellen habe; insofern ist sie parteilich. Nach Franz Heinisch hat politische Bildung demnach die Aufgabe, dazu beizutragen, daß die Lernenden „ihre objektiven Interessen" erkennen. Dies geschieht durch eine „Analyse der gesellschaftlichen Antogonismen", und aus dieser läßt sich die „objektive Möglichkeit einer besseren Gesellschaft" ersehen.²

Dieser gesellschaftspolitische Begriff von Parteilichkeit hat eine Denkvoraussetzung, eine *Prämisse:* Es gibt unbestreitbar gültige Aussagen über die gesellschaftliche und politische Wirklichkeit. „Alle Geschichte ist eine Geschichte von Klassenkämpfen": Dieser Satz aus dem kommunistischen Manifest ist eine definitive Aussage über die geschichtliche Realität mit dem Anspruch auf Allgemeingültigkeit. Dann gilt es nur, sich und die Schüler aufgrund der sozioökonomischen Lage zuzuordnen, das „richtige" Bewußtsein zu finden und Einsicht zu vermitteln in die richtigen, nämlich „objektiven" Interessen, die aus der sozialen Lage, der Klassenzugehörigkeit resultieren.

Hier sind freilich zwei *Einwände* erforderlich.

1) Überblickt man das Spektrum der Wissenschaft, dann erkennt man, daß die marxistische Geschichtstheorie nur eine von möglichen Theorien über Geschichte und Gesellschaft ist. Deren Absolutheitsanspruch wird fragwürdig, wenn man die Grenzen von wissenschaftlicher Erkenntnis und damit die Grenzen für die Verläßlichkeit von Wissenschaft in Rechnung stellt. Dann aber ist die marxistische Theorie eine unter mehreren konkurrierenden Theorien, und sie kann nicht mit dem Anspruch auf Wahrheit gelehrt werden.

2) „Objektive" Interessen im marxistischen Sinne bedeuten, daß es die „richtigen" Interessen gibt; wer sie nicht erkennt, hat ein falsches Bewußtsein. Diese objektiven Interessen werden durch die soziale Lage determiniert. Was in diesem Denkmodell fehlt, ist die Einschaltung einer zusätzlichen Prüfungsinstanz für „richtiges" Bewußtsein:

nämlich das Bewußtsein selber. Dazu aber gehört eine argumentative Offenheit, wenn die Subjekte die Chance bekommen sollen, ihre Interessen selber zu definieren, also nicht nur die Determination nachzuvollziehen (vgl. Heinze, oben S. 77).

Das meint: Die „objektive" soziale Lage beeinflußt zwar die Interessen, aber sie können nicht allein, gleichsam linear aus ihr abgeleitet werden; eine relative Autonomie wird den Subjekten hinsichtlich der Deutung ihrer Interessen zugebilligt. In diesem Sinne wird der Interessenbegriff auch von Giesecke und Schmiederer gebraucht.

Für *Giesecke* muß Klassenbewußtsein „den subjektiven Aneignungsprozessen überlassen werden", es gilt „inhaltlich auch für die Zukunft offen", „als Arbeitsergebnis des Bewußtseins".[3] Nach *Schmiederer* soll der Schüler befähigt werden, „seine (objektiven) sozialen und politischen Interessen zu erkennen", aber das geschieht nur, wenn es ihm gelingt, „im Bewußtsein eine Verbindung zwischen diesen 'objektiven' Interessen und seinen subjektiven Bedürfnissen herzustellen".[4]

Bei beiden Autoren ist das Bewußtsein die Instanz für die Möglichkeit einer diskursiven Interessenfindung, die nicht im Vorgriff determiniert werden kann.

Wenn wir jetzt zu dem Hauptschullehrer zurückkehren, dann können wir feststellen: Er hat den Schülern durch die inhaltliche Definition der „objektiven" Interessen diese Chance einer diskursiven Interessenfindung abgenommen. Sie haben sich dem vorgegebenen Deutungsmuster unterzuordnen: antagonistische Klassengesellschaft, Klasseninteressen.

Möglich wäre eine Einordnung in das zweidimensionale Schema (s. oben S. 149): Zwar Systemwandel, aber in der Verhaltensdimension nicht Selbstbestimmung, vielmehr Tendenz zur Anpassung.

Das bedeutet: Der Lehrer nimmt den Schülern die politische Entscheidung ab, er trifft diese Entscheidung für sie. Wir nennen dies *Indoktrination.*

Darunter ist ein Verfahren zu verstehen, das darin besteht, daß Erkenntnis und Einsicht erzwungen werden, sei es durch Sanktionen, sei es durch einseitige Information. Häufig geschieht dies aufgrund eines Wahrheitsanspruches, der nicht widerlegbar ist, da kontroverse Aussagen verschwiegen oder abqualifiziert werden.

Demgegenüber vertreten wir hier die Konzeption eines Unterrichts, in welchem Denkenlernen im Mittelpunkt steht, in welchem also vor allem „operationale" Fähigkeiten gelehrt werden: Analysieren und Problemlösen. Freilich ist dies im Sinne eines Richtziels zu verstehen, d.h. als Richtung und nicht in der Annahme, daß jeder Schüler dies schon in jedem Augenblick leisten könne.

Fragen wir jetzt nach dem *Ergebnis* unserer Überlegungen. Haben wir uns damit auf die Seite der Lehrer in unserem ersten Beispiel gestellt, also auf die Seite derjenigen, welche die Schülerin die „hoffnungslosen Liberalen" genannt hat? Man wird dies verneinen können, wenn man der von Hilligen vorgeschlagenen Unterscheidung zwischen Parteilichkeit und Parteinahme folgt.

„Bei Antworten auf diese Frage ist es sinnvoll zu unterscheiden zwischen einer *Parteilichkeit*, mit der eine politische Entscheidung absolut gesetzt und für verbindlich erklärt wird,
und einer *Parteinahme* als der Entscheidung für gewisse Zielsetzungen, die offen bleibt für Infragestellung und Revision und dem Lernenden Gelegenheit gibt zur Überprüfung, zum Selbstvollzug, zur Beurteilung der Konsequenzen. Mit dieser Unterscheidung wird eine grundsätzliche politische Entscheidung deutlich: Parteilichkeit verbietet sich, sofern man grundsätzlich für Meinungs- und Koalitionsfreiheit votiert."[5]

Nach dieser begrifflichen Unterscheidung lehnen wir Parteilichkeit ab, treten vielmehr für Parteinahme ein. Das schließt ein Geltenlassen von allem und jedem und damit einen falsch verstandenen Meinungspluralismus aus; Kriterien für Parteinahme sind vielmehr Offenheit, Revidierbarkeit, aber auch Selbstvollzug und Beurteilung, d. h. Anwendung von Prüfkriterien, also alles, was in dem ersten Beispiel fehlt. Mit Parteinahme in diesem Sinne ist pädagogische Parteilichkeit im Sinne von Zuwendung und Kompensation vereinbar, auch wenn der begrifflichen Klarheit wegen zu empfehlen ist, dieses Wort nicht zu verwenden.

Die Absicht dieser Überlegungen ist, die Schüler und Lernenden gleichsam vor dem politischen Programm des Lehrers zu schützen, ohne ihn als politisch neutrales Wesen erscheinen zu lassen.

Diese Überlegungen sind Teil der didaktischen Reflexion des Lehrers. Daher wird als *Schlüsselfrage* empfohlen:

Habe ich meinen Unterricht soweit kontrovers und offen angelegt, daß den Schülern Schritte eigener Stellungnahmen und Interessenfindung ermöglicht werden?

Literatur

1 *Hans Jochen Gamm:* Allgemeine Pädagogik, Reinbek: Rowohlt 1979, S. 222f.
2 *Franz Heinisch* in Johannes Beck u.a.: Erziehung in der Klassengesellschaft, München: List 1971, S. 174.
3 *Hermann Giesecke:* Didaktik der politischen Bildung, N.A., 10. Aufl., Münchon: Juvonta 1976, S. 195f.

4 *Rolf Schmiederer:* Politische Bildung im Interesse der Schüler, Köln: EVA 1977, S. 115.
5 *Wolfgang Hilligen:* Zur Didaktik des politischen Unterrichts I, 3. Aufl., Opladen: Leske 1978, S. 52.

Eine exemplarische Kontroverse über „Parteilichkeit":
Bernhard Sutor, Hermann Giesecke: Zur Parteilichkeit politischer Bildung. In: Materialien zur Politischen Bildung 1974, H. 4, S. 85 ff.

5.2.2 Oberste Ziele als „regulative Ideen"

Mit den vorhergehenden Überlegungen haben wir sozusagen die negative Seite des Wertproblems angesprochen: Wie wird der Schüler davor geschützt, daß ihm ein „Programm" aufgezwungen wird? Die positive Seite, die wir jetzt betrachten, ergibt sich aus der Frage, was oberste Lernziele bewirken. Man könnte dies auch als Frage nach ihrer *Reichweite* kennzeichnen.

Darauf sind gegensätzliche Antworten zu erwarten. Die einen sagen: Selbstbestimmung als oberstes pädagogisches Ziel sei eine „Leerformel", also nichtssagend, weil unpräzise. Die andern: In der Schulwirklichkeit sei sie nicht zu realisieren und erzeuge daher nur Illusionen.

Richtig ist, daß Lernziele Erwartungen wecken, — es sind ja Lernerwartungen: Wir erwarten, daß sie erreicht werden. Aber ob dies zutrifft und inwieweit, das wollen wir jetzt prüfen, indem wir die *Funktion von obersten Lernzielen* im politischen Unterricht untersuchen.

Bernd Janssen berichtet über seine Unterrichtserfahrungen als junger Lehrer. Aus seiner Ausbildung brachte er als Zielvorstellung mit: Der Unterricht sollte „Selbstbestimmungspraxis der Schüler" sein. Die Versuche, die er in den ersten Monaten seiner Lehrertätigkeit unternahm, empfand er jedoch als Mißerfolg. Janssen stellt fest:

> „Gemessen an meiner Definition der Kategorie ‚Selbstbestimmung' hatte ich fast nichts erreicht. Im Fach Geschichte blieb die Entscheidungsgewalt über Inhalte und Methoden von Anfang bis Ende ausschließlich in meiner Hand. Im Fach Deutsch konnte die Klasse zwar eine inhaltliche Entscheidung treffen — einen Krimi schreiben —, aber die gesamte methodische Planung sowie alle anderen inhaltlichen Festlegungen im Rahmen der Sprach- und Aufsatzerziehung wurden von mir entschieden. Im Fach Gemeinschaftskunde bestimmten die Schüler die Themen (5-Tage-Woche, mehr Platz für Jugend-

liche), aber viel mehr nicht. Zwar ließ ich die Klasse über meine
Ideen abstimmen — Brief an den Schulleiter, Befragung der Schülerschaft, Leserbrief, Schulhof-Aktion, Flugblatt —, aber ansonsten
hatte sie sich meiner Planung zu fügen.
Da bereits die erste Stunde meiner Erwartung völlig zuwiderlief,
strebte ich nur noch eine schrittweise Entwicklung der Selbsbestimmungspraxis an. Ich kam jedoch über den ersten Schritt — Entscheidung der Klasse für ein Thema — im Grunde nie hinaus. Die ständigen,
im Laufe der Zeit eskalierenden Disziplinprobleme — vor allem in
Geschichte und Deutsch — hinderten mich daran, meine ursprüngliche
Zielsetzung umfassend zu vermitteln, geschweige denn unterrichtspraktisch durchzusetzen. Die Idee der Selbsbestimmung ging ständig
an der Realität von Schule zugrunde."

Bernd Janssen: Praxisberichte aus der Hauptschule. Politische Pädagogik
zwischen Illusion und Realität, Frankfurt: EVA 1977, S. 21.

Worin lag die Ursache dieses Mißerfolges? Janssen ist geneigt, dies
der Ausbildung anzulasten; in den Hochschulen werden nach seiner
Auffassung „zu weitreichende und illusionäre Anforderungen" formuliert und gelehrt (S. 94). Die Schuld wird damit bei der didaktischen Theorie gesucht.

Aber vielleicht liegt auch ein Mißverständnis vor, und zwar über die
Funktion allgemeiner Zielvorstellungen wie „Selbstbestimmung".
Ziele sind nichts Reales, sondern ein Vorgestelltes, die Vorstellung
von einer „wünschbaren Zukunft". Dieses Wünschbare muß erst realisiert werden. Bei der Realisierung muß man berücksichtigen, welche
Bedingungen die Zielverwirklichung beeinflussen und in welcher Weise.

Beispiele für solche Bedingungen sind a) *Ziel-Mittel-Relation:* Inwiefern wird
durch die angewandten Mittel das Ziel verändert? b) *Möglichkeit:* Welche
Handlungen sind in einer gegebenen Situation zulässig? c) *humane Kosten:*
Was können Menschen leisten, was kann ihnen zugemutet werden?

Wenn solche Bedingungen berücksichtigt werden, dann wird das
Ziel als das vorgestellte Endprodukt oder als Endzustand mit Sicherheit sehr stark verändert. Es ist daher ganz wichtig, den *Entwurfs-*

---

regulativ: zur Regel dienend, Richtung gebend. Spezieller Begriff Kants zur Bezeichnung von Prinzipien, die nicht notwendige Bedingung der gegenständlichen Erfahrung sind, also nicht wie die konstitutiven Prinzipien den Inhalt des Wissens bestimmen, sondern nur methodisch für den Fortgang der Erkenntnis richtunggebend sind, also das Denken nur regeln und zu Erkenntnissen leiten, aber nicht als objektiv vorhanden angesehen werden können (z.B. das Zweckprinzip).

charakter von Zielformulierungen zu berücksichtigen. Sie sind zunächst Vorstellungen, nicht schon Realität.

Daher werden hier Ziele als „regulative Ideen" definiert. In unserem Zusammenhang ist damit folgendes gemeint: Ziele werden in keinem denkbaren Handlungszusammenhang endgültig erreicht, aber sie beeinflussen die *Richtung* des Handelns.

In diesem Sinne unterscheidet Lompe zwischen „regulativen Zielen" und „operativen Zielen":
Regulative Ziele bestimmen die Richtung von Handlungen, sie stellen dauernde Aufgaben dar, ihre Realisierung fällt je nach Situation anders aus; regulative Ziele müssen erst in Handlungen übertragen werden.
Operative Ziele werden durch einen angebbaren, genau zu planenden Handlungsablauf realisiert.[1]

Dies läßt sich an der Unterscheidung von Lernzielen veranschaulichen: Die Lernziele einer Unterrichtsstunde sind „operative Ziele" – es soll ja etwas Sichtbares herauskommen, die Schüler sollen eine beobachtbare Fähigkeit erwerben. Im Unterschied dazu ist „Selbstbestimmung" ein sog. Richtziel, eine allgemeine Zielvorstellung, die nicht immer an einem beobachtbaren Ergebnis abzulesen ist. Aber sie wirkt sich doch auf die Ziele einer einzelnen Stunde aus: So ist z.B. zu fordern, daß die Ergebnisse einer einzelnen Stunde dem obersten Ziel wenigstens nicht widersprechen.

Als „regulative Ziele" geben die obersten Lernziele einer didaktischen Konzeption demnach die *Richtung* des pädagogischen Handelns an. Sie helfen dem Lehrer dabei, zu beurteilen, ob die Lernenden im Verlauf einer Unterrichtsphase oder durch ein bestimmtes Lehrverfahren einen *Zuwachs* an Selbstbestimmung erhalten, wenn er dieses Ziel gewählt hat. „Zuwachs" kennzeichnet eine angestrebte Veränderung in der Person des Lernenden, ein „Mehr" im Vergleich zu einem früheren Zustand. Es nennt daher nicht nur eine Richtung, sondern auch eine Relation.

Relation ist das zweite Merkmal für die Reichweite oberster Lernziele. Ein Beispiel gibt H. Giesecke:

„Für einen Lehrling kann der Sprung von „Bravo" zum „Stern" im Kontinuum seines Lebensprozesses sehr wichtig sein, weil dieser Sprung biographisch neue Möglichkeiten kritischen Lernens erschließt." Er meint damit, man müsse jeden Lernschritt auf die „jeweils vorliegende Lebensgeschichte" des Jugendlichen beziehen. Ziele gelten nicht absolut, sondern immer nur relativ zur Biographie des Lernenden.[2]

Der Lehrer muß also immer den Bezug zu dem Entwicklungsstand des Lernenden herstellen. Er wird also fragen: In welchem Stand *seiner* Sozialisation befindet sich der Jugendliche, und wie erreiche ich es, daß er einen Fortschritt macht hinsichtlich *seiner* Fähigkeiten, *seines* Selbstvertrauens, *seiner* Handlungsbereitschaft? Angestrebt wird also eine Veränderung in Richtung auf einen gewünschten Zustand, aber in Relation zu einem bisherigen Zustand.

Ein drittes Merkmal der Reichweite oberster Lernziele ist die *Möglichkeit*. Es ist ja eine banale Wahrheit, daß nicht alles möglich ist, was wünschenswert wäre. Womit man in der einen Schule offene Türen einrennt, das ist bei dem Kollegium einer anderen Schule nur unter heftigen Konflikten durchzusetzen oder eben nicht durchzusetzen. Es ist dann vielleicht nicht möglich, oder es wird unterlassen, weil die sozialen Kosten zu hoch sind.

„Möglichkeit" ist eine Kategorie von sozialem Handeln allgemein, des politischen wie auch des pädagogischen Handelns. Sie besagt, daß Ziele nur unter Berücksichtigung gegebener Umstände angestrebt werden. Diese Umstände oder Bedingungen des Handlungsfeldes stecken den *Spielraum der Möglichkeiten* ab. Dieser Spielraum kann eng oder weit sein; das ist von Schule zu Schule unterschiedlich. Dieser Spielraum kann sich auch verändern, er kann weiter oder enger werden. Immer aber ist ein *Bedingungsrahmen* vorhanden, der die Möglichkeiten eingrenzt.

Dieses Merkmal der Möglichkeit wird so nachdrücklich hervorgehoben, weil andernfalls die beschriebenen Mißverständnisse in der Lehrerausbildung entstehen können, wenn die *Reichweite* oberster Lernziele nicht genau beschrieben wird, wie es hier mit den Merkmalen Richtung, Relation und Möglichkeit geschehen ist. Didaktische Theorie ist aber keine Illusion, wie Janssen meint, wenn sie sich versteht als das *Nachdenken über Ziele angesichts eines begrenzten Spielraums von Möglichkeiten.*

Zusammenfassung: Die Reichweite oberster Lernziele ergibt sich aus einer Prüfung folgender Aspekte:

— die *Richtung* des pädagogischen Handelns,
— die *Relation* zu einem bisherigen Zustand,
— die *Möglichkeiten*, welche die jeweilige Lernsituation gewährt.

Literatur

1 *Klaus Lompe:* Gesellschaftspolitik und Planung, Freiburg: Rombach 1971, S. 226.
2 *Hermann Giesecke u.a.:* Politische Aktion und politisches Lernen, München: Juventa 1970, S. 39f.

5.2.3 Funktionen oberster Lernziele

Außer der Reichweite sind auch die *Funktionen* oberster Lernziele im Rahmen von didaktischen Konzeptionen und innerhalb der didaktischen Reflexion des Lehrers zu berücksichtigen.
1. Eine Funktion besteht in der *Offenlegung der Normenentscheidung* oder besser: des Wertbezuges. In der Regel ist dieser Wertbezug in der Leitidee, dem Richtziel oder dem obersten Lernziel enthalten und wird dort sprachlich benannt, wie es z.B. in den oben angeführten Lernzielen (s. S. 148) geschieht. Die Notwendigkeit, den Wertbezug zu nennen, ergibt sich vor allem aus der pädagogischen Verantwortung des Lehrers. Didaktische Entscheidungen müssen daraufhin geprüft werden, ob sie im Hinblick auf Lernende oder zu Erziehende zumutbar sind. Deshalb muß verhindert werden, daß sie verdeckt bleiben und dadurch unterschwellig in den Unterricht einfließen. Werden sie hingegen offengelegt, dann können sie geprüft und kritisiert werden; freilich folgt daraus auch für den Lehrer häufig der Legitimationszwang, die Notwendigkeit, seine Wertentscheidung anderen gegenüber zu rechtfertigen.
2. Eine zweite Funktion wurde bereits dargelegt: Als *Lernziel* wird angegeben, in welcher Weise das *Verhalten* der Lernenden verändert werden soll. Den Lernenden soll eine ähnliche Wertentscheidung nahegelegt werden, z.B. entsprechend der zweiten Option Hilligens das Eintreten für die „Überwindung sozialer Ungleichheiten"[1]. Oder sie sollen durch ihr Verhalten den Zielwert verwirklichen, z.B. „Selbstbestimmung" in dem Lernziel 2 (oben S. 148). Für diese Zielfunktion gilt jedoch das im vorhergehenden Abschnitt Gesagte; das oberste Lernziel nennt die *Richtung*, nicht einen Endzustand.
3. Als drittes ist die Funktion für die *Auswahl und Gewichtung von Inhalten* zu nennen. Durch seinen Wertbezug ist das oberste Lernziel Kriterium für die Auswahl und damit auch Kriterium für Bedeutsamkeit. Oben wurde gesagt: Probleme sind das Ergebnis wertbezogener Definitionen. Sie entstehen dort, wo Werte verletzt sind. „Beeinträchtigung oder Verletzung von Werten" wurde als Indikator für Bedeutsamkeit genannt (oben S. 93). Mit Hilfe des obersten Lernziels läßt sich daher die didaktische Relevanz von Lerngegenständen beurteilen. Durch diese dritte Funktion hat das oberste Lernziel einen Einfluß auf didaktische Analyse und Planung des Unterrichts.

Wir haben damit die spezifischen Funktionen oberster Lernziele bzw. von Richtzielen oder Leitideen des politischen Unterrichts herausgestellt. Zu bedenken ist dabei, daß derartige Ziele ein hohes Abstraktionsniveau haben, daß sie aber trotzdem keineswegs gleichsam im luftleeren Raum schweben. Durch die genannten Funktionen haben sie einen Einfluß auf den jeweiligen Unterricht. Bei der systematischen Unterrichtsplanung wird dieser Einfluß als *Lernzielzusammenhang* sichtbar gemacht. Darunter ist folgendes zu verstehen: Je nach dem Grad ihrer Abstraktheit lassen sich Lernziele auf verschiedene Ebenen einordnen. Aber es muß ein Zusammenhang zwischen ihnen bestehen, der daran zu erkennen ist, daß Lernziele von zwei verschiedenen Abstraktionsstufen inhaltlich ganz oder teilweise deckungsgleich sind. Dieser Zusammenhang kann hergestellt werden, indem aus allgemeinen, also obersten Lernzielen speziellere, d.h. konkretere, entwickelt werden oder umgekehrt: daß konkretere, z.B. solche der einzelnen Unterrichtsstunde, zu den obersten Lernzielen in Beziehung gebracht werden. Durch den Lernzielzusammenhang wird demnach eine Verbindung zwischen dem obersten Lernziel als „regulativer Idee" und der jeweiligen Unterrichtspraxis hergestellt.

Literatur

1 *Wolfgang Hilligen:* Zur Didaktik des politischen Unterrichts I, 3. Aufl., Opladen: Leske 1978, S. 177.

Zu den „Funktionen":
Hilligen (Anm. 1) S. 187-189.

Zu Lernzielsystemen:
Walter Gagel: Politik – Didaktik – Unterricht. Eine Einführung in didaktische Konzeptionen des politischen Unterrichts, 2. Aufl., Stuttgart: Kohlhammer 1981, S. 20-22.
Hilbert L. Meyer: Trainingsprogramm zur Lernzielanalyse, 2. Aufl., Frankfurt: Fischer Athenäum 1975 (und spätere Aufl.).

5.3 Merkmale eines wertbezogenen politischen Verhaltens

Bisher haben wir besprochen, welche didaktischen Funktionen die Wertorientierung des politischen Unterrichts hat. Dabei haben wir angenommen, daß die Wertentscheidungen vor allem in den obersten Lernzielen sichtbar werden.

Das Thema dieser Einheit lautet jedoch: An welchen Werten orientiert sich der politische Unterricht? Die Absicht, diese Werte zu nennen, führt freilich vor ein neues Problem, das zunächst noch (5.3.1) behandelt werden muß. Es sei aber im vorhinein erwähnt, daß die bisherigen Überlegungen des Abschnittes 5.2 auf dieses Problem und die hier vorgeschlagene Lösung zusteuerten.

5.3.1 Gibt es „richtige" Werte?

Das Problem soll wieder an einem Beispiel sichtbar gemacht werden.

Der Autor eines Unterrichtsbeispiels über „Parteien im Parteienstaat" überlegt, daß sich bei diesem Thema die Schüler „aus mindestens zwei durchaus heterogenen Gruppen zusammensetzen, die sich wechselseitig gegeneinander abschotten". Der Autor sieht die Gefahr, daß aus dem Unterricht allzu schnell ein Lehrgang in „grüner" Ideologie werden könne, aber auch die andere, daß es zu einer Art Unterdrückung postmaterieller Meinungen komme, wenn die Lerngruppe eher traditionell orientiert ist.

Herbert Uppendahl: Parteien im Parteienstaat. Didaktische Überlegungen zur Planung einer Unterrichtseinheit für die Sek. II. In: Politische Bildung 1981, H. 2, S. 78.

Diese Lernsituation kann man sich gewiß leicht vorstellen; sie erscheint geprägt von einer emotional aufgeladenen Polarisierung zwischen den sog. „Ökonomen" auf der einen, den „Ökologen" auf der anderen Seite. Dabei legt die zitierte Schilderung nahe, anzunehmen, daß diese Polarisierung sich in gegenseitigen Vorwürfen entlädt, in welchen die einen den anderen unterstellen, sich an materiellen Werten zu orientieren („Wohlstand"), und sie selber in Anspruch nehmen, nichtmaterielle Werte als Richtschnur gewählt zu haben (z.B. „Befreiung der schöpferischen Kräfte").

Da in diesem Zusammenhang auch von „Wertwandel" gesprochen wird, liegt es nahe zu argumentieren, hier stünden zwei unvereinbare „Wertsysteme" einander gegenüber, etwa die Werte des „Seins" und die Werte des „Habens"[2]. Angesichts einer solchen Situation kann der Lehrer eigentlich nur ratlos werden. Einerseits erwarten die Schüler eine „Parteinahme", andererseits scheint diese nur als „Entweder-Oder-Lösung" möglich zu sein, wodurch er immer eine Gruppe von Lernenden diskriminiert und gegen das Gebot der Offenheit verstößt, das oben (S. 155) als unverzichtbar dargelegt wurde.

Aber die Situation kann auch anders gedeutet werden. Es läßt sich denken, daß sowohl „Ökonomen" wie auch „Ökologen" eine gemeinsame Sorge leitet: diejenige nämlich, wie wir weiterhin leben können. Dann trennen die Werte nicht, sondern sie verbinden beide Gruppen, weil sie beide sich am Wert „menschenwürdiges Leben" orientieren. Der Dissens besteht dann nicht in der Wertorientierung, sondern in den gleichsam abgeleiteten Problemen: Worauf können/ wollen wir verzichten, was ist zumutbar, wie definiere ich mein Leben, und was kann ich von anderen verlangen? Diese abgeleiteten Probleme treten dann auf, wenn in einer Situation eine Entscheidung getroffen werden muß, in der es z.B. darum gehen kann, ob die Verhinderung der Ansiedlung eines Industrieunternehmens der auf Arbeitsplätze angewiesenen Bevölkerung zugemutet werden kann.

Es scheint hilfreich zu sein, auf zwei unterschiedliche Werttheorien hinzuweisen. Sie lassen sich durch Aussagen der Autoren belegen, die über die Behandlung der Grundwerte in der Politischen Bildung berichten, wobei es für den vorliegenden Zweck unerheblich ist, daß beide aus dem Erfahrungsbereich der Erwachsenenbildung sprechen.

1 „Für das Kolpingwerk sind Werte tatsächlich gegebene und wissenschaftlich einholbare Wirklichkeiten. Insbesondere das ... geschichtliche Menschenverständnis enthält Daten für Normen, deren unverzichtbare Gehalte — die Erhaltung und Entfaltung des Menschen in seiner Zeit-Welt — metodisch immer wieder alle festzustellen, zu artikulieren und zu sichern sind."

J. A. Stüttler in: Materialien zur Politischen Bildung 1981, H. 3, S. 23.

2 „Fassen wir zusammen, was man unter „Ethik" bzw. „ethischem Habitus" verstehen kann:
— die Fähigkeit, zu handeln,
— die Fähigkeit, zu denken (Gebrauch der Vernunft),
— die Fähigkeit, beim Handeln „richtig" oder „falsch" abzuwägen,
— Vertrauen in die eigene Vernunft,
— Fähigkeit zum rechten Umgang mit Gefühlen, Leidenschaften, Bedürfnissen („Besonnenheit"),
— Mut und Kraft, als richtig Erkanntes durchzusetzen („Tapferkeit").

Diese Elemente des ethischen Handelns sind im Grunde keine hohen, heren Ziele; es sind auch keine abstrakten Werte. Man könnte sagen: sie sind Spezifika des Erwachsenenseins."

W. Kremp in: Materialien ..., a.a.O., S. 14.

Der Unterschied dieser Auffassungen liegt darin, daß im Text 1 Werte als objektive Wirklichkeit, also als außerhalb der Individuen existierend, angesehen werden. Im Text 2 werden Werte jedoch umdefiniert in die Frage, *wie* richtiges Handeln beschaffen ist. Es ist die Qualität der Selbstprüfung („richtig" und „falsch" abzuwägen), welche den ethischen Grad des Handelns ausmacht. In diesem Verständnis werden Werte erst im Vollzug des Handelns sichtbar, und zwar eines vernunftgeleiteten Handelns. Philosophiegeschichtlich lassen sich diese Positionen folgendermaßen zuordnen: Die erste ist die *materiale Wertethik* in der Tradition von Aristoteles, die zweite entspricht der Lehre vom *formalen Sittengesetz* im Sinne von Kant.

Der Philosoph Werner Becker hat diesen Gegensatz auf die Formel gebracht: „Materiale" Zielethik oder „formale" Verhaltensmoral? Und er sagt dazu: „Bei uns gelten leider moralische Normen des *Verhaltens* immer noch weniger als materiale Ziele von der Art ‚alternativer' Gesellschaftsbilder. Man denunziert sie häufig als ‚formal'. Sie sind jedoch in Wahrheit für die liberale Demokratie wichtiger als ‚materiale' gesellschaftspolitische Ziele. Denn über moralische Verhaltensnormen wie Kompromißbereitschaft muß unter Demokraten weitgehende Einigkeit bestehen, nicht aber über die ‚materialen' Werte der Politik." Außer Kompromißbereitschaft nennt Becker als Verhaltensnormen noch: freiwillige Selbstbeschränkung und. Toleranz. Sie liegen auf der Ebene dessen, was unten (5.3.3) als demokratische „Tugenden" beschrieben wird.

Durch diese Unterscheidung soll die erwähnte Ratlosigkeit jedoch nicht lediglich auf eine andere Ebene verlagert werden. Vielmehr wird die Unterscheidung hervorgehoben, weil die dadurch erkennbar gewordenen Positionen in unserer Gesellschaft durchaus real sind, nämlich als Glaubenspositionen und als Lehren der kirchlichen Konfessionen. Beispielsweise orientiert sich die katholische Soziallehre an der in Text 1 beschriebenen materialen Wertethik. In der didaktischen Reflexion kann also nicht entschieden werden, welche der beiden Auffassungen richtig ist, denn es handelt sich ja offenbar um eine Gewissensentscheidung der Schüler für oder gegen eine religiöse bzw. kirchliche Lehre, in welche der Lehrer und der Didaktiker gar nicht eingreifen darf.

Mit dem Rückgriff auf die Geschichte der Philosophie soll vielmehr geklärt werden, worüber in der Didaktik des politischen Unterrichts eine Aussage gemacht werden kann und worüber nicht. Wir können

---

Formale Ethik – Materiale Ethik. Während die materiale Ethik den Begriff des Moralischen primär am Erkennen (oder Fühlen), Wollen und Verfolgen an sich guter Zwecke bzw. Werte, also am intendierten Inhalt festmacht (Scheler), sieht die formale Ethik Moralität allein in einer bestimmten Qualifikation der freien Subjektivität, in der vernünftigen Form ihres Begehrens begründet (Kant).
Otfried Höffe (Hg.): Lexikon der Ethik, 2. Aufl., München: Beck 1980, S. 60.

nicht den Streit zwischen Aristoteles und Kant entscheiden; wir können nicht die katholische oder die evangelische Sozialllehre in Frage stellen. Unsere Aufgabe ist es vielmehr, zu klären, worüber in der Fachdidaktik diskutiert werden kann.

Daher machen wir noch eine weitere Unterscheidung. Die Frage nach den Werten in der politischen Bildung kann nicht bedeuten, daß nach dem *Grund* der Werte gefragt wird, also wie Werte bewiesen werden können. Das wäre eine metaphysische, also streng philosophische Fragestellung. Vielmehr verlagern wir unsere Überlegungen auf eine andere Ebene, auf die Ebene des sozial bezogenen Handelns, wo man nach der *Geltung* von Werten in realen Situationen fragt. Demnach ist die didaktische Aufgabe nicht die Frage nach den richtigen Werten, sondern die andere: Wie lerne ich *richtig zu handeln* in Situationen, an denen ja Menschen mit verschiedenen Glaubensüberzeugungen beteiligt sind?

Jedoch wird hier keineswegs ein wertfreier oder wertneutraler Unterricht empfohlen. Der Streit um das, was unter menschenwürdigem Leben zu verstehen ist, gehört in den Unterricht, – das zeigt das eingangs zitierte Beispiel. Die Unterscheidung der beiden Ebenen soll jedoch verständlich und einsichtig machen, daß der Lehrer vermeiden sollte, Werte zu *lehren*. Gewiß werden den Schülern im Unterricht Werte auch als Themen und Gegenstände des Unterrichts begegnen, z.B. ein Thema wie „Ursprung und Geltung der Menschenrechte". Aber der Lehrer kann ja keinen Jugendlichen zwingen, z.B. das Gebot der Achtung vor der Meinung des anderen innerlich zu bejahen. Was er tun kann, ist, ihm die Gelegenheit zu geben, Entscheidungssituationen mit Hilfe von Werten zu durchdenken und sie vielleicht auch zu „durchleben", gedanklich zu durchleben. Das heißt also, daß in einem solchen Unterricht der *Vollzug* von Wertentscheidungen ermöglicht wird und daß dieser Vollzug bewußt geschieht, d.h. durch Nachdenken begleitet wird.

Die Schüler werden also vor die Frage gestellt: Was soll ich tun? Sie lernen im Vollzug dieser Entscheidung die *Struktur* des Nachdenkens, der gedanklichen Vorbereitung dieser Entscheidung und ihre Rechtfertigung. Oder anders ausgedrückt: Sie lernen Kriterien unterschiedlicher Art kennen, nach denen eine Antwort auf die genannte Frage gegeben wird. Wir können jetzt schon erwähnen, daß diese Kriterien verschieden bewertet werden können, gleichsam als höhere oder niedrigere Beweggründe des Entscheidens und Handelns. Das wird im folgenden Abschnitt ausgeführt werden. Die Frage „Was soll ich tun?" ist eine ethische oder eine moralische Frage. Darüber dürfen wir nicht hinwegsehen, auch wenn wir zunächst der Auffassung sind, in der politischen Didaktik ginge es nur um politische Fragen.

Wir gehen nun zu dem eingangs berichteten Beispiel zurück, weil dieses jetzt besser durchschaubar ist. Aus den bisherigen Überlegungen möchten wir nämlich den Vorschlag ableiten, das Diskussionsthema umzudefinieren. Es ging ja um die Frage, ob man „Ökonom" oder „Ökologe" sein solle. Diesen Streit kann der Lehrer jedoch nicht schlichten. Aber er kann den Schülern bewußt machen, wie sie angesichts einer praktischen Aufgabe, eines zu lösenden politischen Problems (z. B. Ölknappheit) zu einer Entscheidung kommen können und welche *Qualität* diese Entscheidung hat. Denn von der Qualität der Entscheidung hängt auch die Geltung ab, also die Frage, für wen und für wieviele eine solche Entscheidung eigentlich verbindlich sein kann. Diese Qualität kann z. B. daran gemessen werden, ob der Jugendliche diese Entscheidung vor anderen verantworten kann, weil er auch die Folgen mitbedacht hat, die diese Entscheidung für andere haben kann. In der Lernsituation, die wir als Beispiel betrachtet haben, wird die Kontroverse also nicht vom Lehrer *entschieden*, sondern er *reguliert* ihren Verlauf, er verbessert die Qualität dieser Diskussion.

Was bewirkt der Lehrer damit? Er verhilft den Schülern dazu, daß sie in vertiefter Weise über ihr Handeln nachdenken. Die Schüler überlegen: Was soll ich tun? Dabei gelangen sie durch Rede und Gegenrede auf eine reflexive Ebene des Nachdenkens mit der Frage: Was soll ich wollen?

Wir sehen es daher als *oberstes Lernziel* an, daß die Schüler die Fähigkeit erwerben, angesichts eines Normenkonflikts eine vor sich und anderen verantwortbare Entscheidung zu treffen.

Damit ist hier die Option für die Lehre vom formalen Sittengesetz getroffen worden. Wir meinen aber, daß sich diese Option nicht gegen eine materiale Wertethik wendet, weil der Grund für die Geltung der Prinzipien eines ethischen Handelns (z. B. die Vernunft oder Gott) hier gar nicht diskutiert wird. Die Option für das formale Sittengesetz geschieht im Vorfeld des metaphysischen Problems, und sie ist im Hinblick auf eine praktische Frage des Unterrichts getroffen worden: Wie kann der Lehrer Wertediskussionen regulieren, ohne als Schiedsrichter für Weltanschauungen auftreten zu müssen?

Damit haben wir die Voraussetzungen geklärt. Im folgenden ist es jetzt notwendig, die Kriterien darzulegen, nach denen ein moralisches Urteil getroffen und bewertet werden kann.

Literatur

1 *Bernd Guggenberger:* Bürgerinitiativen in der Parteiendemokratie, Stuttgart: Kohlhammer 1980, S. 10.
2 *Werner Becker:* Die Freiheit, die wir meinen. Entscheidung für die liberale Demokratie, München: Piper 1982, S. 171.

Eine exemplarische Kontroverse zu der Themenfrage dieses Abschnittes:
Christian Graf von Krockow: Ethik und Demokratie. In: Aus Politik und Zeitgeschichte, Beilage zu Das Parlament B 49/79 vom 8.12.1979, S. 3-22.
Hermann Boventer: Gott, Demokratie und Politische Bildung. Sind Grundwerte verfassungswidrig?
Christian Graf von Krockow: Glaube, Demokratie und Politische Erziehung. Eine Antwort an Hermann Boventer. Beide in: ebenda B 33 - 34/80 vom 16.8.1980, S. 3-27.

5.3.2 Struktur des moralischen Urteils

In einer Klasse 8 wird das Thema „Recht oder Unrecht" behandelt. Die Lehrerin berichtet über den Verlauf.

Arbeitsgrundlage war folgender Text:
«Reinhold (16) und sein Schulfreund Joseph (14) haben früher Schule aus und schlendern nach Hause. R. fragte: „Sag mal, hast Du eigentlich schon mal richtigen Whisky getrunken?" und als J. verneint, sagt er: „Los, dann komm mal mit mir, und ich zeig' dir was". Die beiden gehen auf R.s Zimmer, R. kniet sich vors Bett, schlägt die hängende Bettdecke weg, schiebt zwei Kisten zur Seite und deutet nach unten. J. weiß nicht, was er sagen soll, so verdutzt ist er. Vor seinen Augen sieht er gut ein Dutzend voller Whisky-Flaschen und auch noch andere Schnapssorten.
„Wo hast du die denn her?" „Na, aus dem SB-Selbstbesorger. So einen kleinen Vorrat für die Bar muß man schon haben. Außerdem kommt man da im Moment günstig dran. Willst Du 'nen Schluck?" R. bietet J. eine Flasche an. Dieser tut so, als trinke er, und fragt dann: „Was willst du denn mit den ganzen Flaschen machen, Mensch? Stell dir vor, du wirst erwischt . . .!" „Mensch, erzähl nichts, in bin clever, und außerdem, hast du noch nie etwas mitgehen lassen?" „Doch, schon, ein Pfund Erbsen, als wir mit den Blasrohren geschossen haben, aber das war mehr eine Mutprobe, weil alle mit waren. Außerdem waren die Erbsen nur 45 Pfennig wert. Aber du mit deinem Whisky!" „Ach, Quatsch, das ist der klassische Mundraub und deshalb straffrei," lacht R., „paß auf, wir machen folgendes: Wir gehen in den Supermarkt, und ich zeige dir dann, wie man es macht. Das ist

für dich ja ungefährlich, kommst nur mit zum Gucken. Und wenn jemand kommt, dann sagst du Bescheid ...!"
J. fühlt sich sehr unwohl in seiner Haut.«
Zunächst kreise das Unterrichtsgespräch um die Frage der Strafbarkeit und darum, wie die Geschichte wohl ausginge, also ob die Jungen erwischt wurden. Dann gibt die Lehrerin einen neuen Denkanstoß:

„Lehrer: Zurück zum Fall — was sagt der Schlußsatz?
Mehrere Schüler: (erläutern Sinn des Schlußsatzes)
Lehrer: Wenn ihr Joseph wärt, wie würdet ihr euch verhalten?
Mehrere Schüler: Ich würde dem Reinhold widerstehen/Man darf nicht alles mitmachen, was andere sagen/ (u. a.)
Lehrer: Der Reinhold würde aber sagen, du bist ein Frosch.
Mehrere Schüler: (ähnlich wie vorher: man sollte nicht, dürfte trotzdem nicht, usw.)
Lehrer: Ja, was ist denn mit dem Argument, das ist eh nicht verwerflich — die haben das nämlich einkalkuliert?
Ein Schüler: (geht zurück zur Frage des Erwischtwerdens und zu der Überlegung, man müsse der Überredung des anderen widerstehen)
Lehrer: (stoppt den Beitrag, wiederholt seine Frage)
Ein Schüler: Dann müssen ja alle anderen Käufer das mitbezahlen. Die werden geschädigt."

Sibylle Reinhardt: Moralisches Urteilen im politischen Unterricht. Gegenwartskunde 1980, H. 4, S. 454f.

Die Geschichte, welche dem Unterricht zugrundegelegt wurde, enthält ein moralisches Problem: Soll man das Recht verletzen oder nicht? Im Unterrichtsgespräch äußern sich die Schüler zu dieser der Geschichte immanenten Frage. Die Autorin kommentiert die Beiträge der Schüler folgendermaßen: Zunächst zeigen die Schüler naiven Egoismus, verbunden mit der Furcht vor Bestrafung. Nach dem erneuten Denkanstoß kommen Äußerungen, die man auf die Regel: „Das tut man nicht", zurückführen kann; diese Schüler orientieren sich am Bild vom „guten Jungen". Der letzte Schüler gibt eine Antwort, in welcher er einen abstrakten Personenkreis einbezieht; seine Überlegung zielt auf eine Regel, die für alle Beteiligten annehmbar ist.

In diesem hier sinngemäß wiedergegebenen Kommentar geht die Lehrerin nicht auf ein Ergebnis des Unterrichts ein, sondern sie prüft die jeweiligen Antworten. Dabei arbeitet sie die *Struktur* dieser Antworten heraus, indem sie diese gleichsam auf einen begrifflichen „Nenner" bringt. Die Äußerungen der Schüler werden dadurch auf *Denkweisen* zurückgeführt, die relativ stabil sind, weil sie auch bei anderen oder vielen auftreten können. Strukturiert werden in dieser Art des Vorgehens *Begründungen* für die Zustimmung oder Ablehnung einer Verhaltensweise, hier: des Ladendiebstahls. Ferner sind *qualitative Unterschiede* dieser Denkweisen oder Strukturen festzustellen: „Man tut das nicht" erscheint als „reifer" im Vergleich zu der Überlegung, ob man erwischt wird; die Berücksichtigung der Folgen für andere wiederum zeigt eine größere „Reife" gegenüber der Befolgung gelernter Verhaltensmuster.

Moralische Urteile haben demnach eine unterschiedliche *Struktur*, die man unter dem genannten qualitativen Aspekt systematisieren kann. Der amerikanische Psychologe Lawrence Kohlberg hat aus Typen solcher Urteilsformen ein Schema mit sechs Stufen oder Stadien gebildet *(Abb. 10)*. Entsprechend ihrer qualitativen Unterschiede kennzeichnet dieses Stufenschema zugleich eine *Hierarchie* der Urteilstypen: Von den praekonventionellen zu den postkonventionellen Stufen geht die Entwicklung einer fortschreitenden Verfeinerung des moralischen Urteils.

Mit Hilfe dieses Stufenschemas hat auch die Autorin des Unterrichtsbeispiels die Antworten ihrer Schüler diagnostiziert. Furcht vor Bestrafung ist Stufe 1 zuzuordnen., das Argument „Mundraub" dient lediglich der Rechtfertigung eigenen Vorteilsstrebens: naiv-egoistische Orientierung (Stufe 2). Im weiteren Verlauf wechseln dann die Schüler auf Stufe 3: „Orientierung an Bravheit". Nur der letzte Schüler ist weiter; die Autorin ordnet seine Äußerung in die Stufe 6: „verallgemeinerungsfähige Prinzipien", ein, jedoch wäre auch an die Stufe 4 zu denken: „Rücksichtnahme auf wohlverdiente Erwartungen anderer". Die Intention der Lehrerin aber war, in diesem Unterricht über die Diagnose hinaus auch das Urteilsniveau der Schüler zu verbessern, indem sie nach den spontanen Äußerungen Anregungen für Urteile höherer Stufe gab.

Das Ergiebige an dem Konzept Moralisches Urteil, wie es von Kohlberg und anderen entwickelt worden ist, liegt darin, daß die Urteilsformen situations- und bereichsunabhängig gedacht sind, keine Verhaltensregeln enthalten, sondern in Analogie zu dem Konstrukt „kognitive Struktur" Begründungen von Verhalten auf ihre Struktur zurückführen. In diesem Sinne sind die Stufen des moralischen Urteils im wesentlichen formal definiert. Denn sie repräsentieren For-

Abb. 10: Schema der Entwicklung des moralischen Bewußtseins nach Kohlberg:

„*Ebene I (praekonventionell).* Werte sind Eigenschaften von externen quasi-phsysikalischen Ereignissen, schlechten Handlungen, quasi-physikalisch gedachten Bedürfnissen, nicht von Personen und Standards.
Stadium 1: Gehorsam und Orientierung an Bestrafung. Egozentrische Unterordnung unter überlegene Macht oder Prestige oder die Neigung, ‚Ärger' zu vermeiden. Objektive Zurechnung von Verantwortung.
Stadium 2: Naiv-egoistische Orientierung. Das Handeln ist richtig, wenn es als Instrument der Befriedigung eigener – gelegentlich auch der anderer – Bedürfnisse dient. Die Relativität von Werten in Abhängigkeit von den Bedürfnissen und Perspektiven anderer ist bewußt. Naiver Egalitarismus und Orientierung an Tausch und Reziprozität.

Ebene II (konventionell). Moralische Werte werden durch die Übernahme guter oder richtiger Rollen, durch die Aufrechterhaltung der konventionellen Ordnung und die Erfüllung von Erwartungen anderer realisiert.
Stadium 3: Orientierung an Bravheit (good-boy-orientation). Orientierung an Zustimmung und das Bemühen, anderen zu gefallen und zu helfen. Konformität gegenüber stereotypisierten Mehrheitsvorstellungen oder unreflektiert-natürliches Rollenverhalten; Beurteilung nach Intentionen.
Stadium 4: Orientierung an Autorität und Aufrechterhaltung der sozialen Ordnung. Orientierung an ‚Pflichterfüllung', Respekt vor Autoritäten und Aufrechterhaltung der gegebenen Sozialordnung um ihrer selbst willen. Rücksichtnahme auf wohlverdiente Erwartungen anderer.

Ebene III (postkonventionell). Die moralische Qualität des Handelns liegt in der Anerkennung von geteilten oder verallgemeinerungsfähigen Maßstäben, Rechten oder Pflichten durch das Selbst.
Stadium 5: Kontraktueller Legalismus. Anerkennung eines Moments der Willkür in Regeln oder Erwartungen um einer Einigungsmöglichkeit willen. Pflicht unter Rekurs auf den Kontraktbegriff definiert, generelle Vermeidung der Verletzung des Willens oder Rechts von anderen, Orientierung an Mehrheitswillen und Wohlfahrt.
Stadium 6: Gewissens- oder Prinzipienorientierung. Orientierung nicht nur an aktuell festgelegten sozialen Regeln, sondern auch an Prinzipien, die verallgemeinerungsfähig und logisch konsistent sind. Orientierung am Gewissen als einer steuernden Instanz und an wechselseitigem Respekt und Vertrauen."

Nach: *Gisela Schmitt;* Politische Sozialisation oder moralische Erziehung? In: Politisches und soziales Lernen im Grundschulalter, Schriftenreihe der Bundeszentrale für politische Bildung Band 131, Bonn 1978, S. 57.

men des moralischen Urteils genereller Natur, wobei sowohl Ergebnis als auch situative oder kulturelle Besonderheiten vernachlässigt werden. Sie entsprechen insofern der oben empfohlenen Option für eine formale Ethik.

Der *Anwendung auf den politischen Unterricht* stehen jedoch Schwierigkeiten entgegen. Kohlberg selber hat dieses Schema als ein entwicklungspsychologisches Modell konzipiert; es kennzeichnet, wie sich innerhalb der Entwicklung eines Individuums das moralische Bewußtsein stufenweise entfalten kann. Aber die Beispiele, an denen er das moralische Urteil erproben läßt, die sog. Dilemmata, sind einfache Entscheidungssituationen mit zwei Alternativen, die meist beide Verletzung von Normen verlangen und daher keinen Ausweg bieten. Sie lassen sich nicht mit dem höheren Grad an Komplexität und Unbestimmtheit politischer Entscheidungssituationen vergleichen. Es muß daher geklärt werden, in welcher *Beziehung moralisches Urteil zu politischem Denken* steht.

Zu diesem Zwecke wenden wir moralisches Urteil auf eine politische Entscheidungssituation an. Dabei sind die Merkmale zu berücksichtigen, welche moralisches Urteil von anderen Urteilen unterscheiden. Von einer interdisziplinären Forschungsgruppe wurden folgende Merkmale zusammengestellt:[1]

„1. Auf der *Verhaltensebene* muß eine *Wahlsituation* (für das Subjekt) bestehen, die als Konsequenz des Verhaltens einen *Konflikt* enthält.
2. Auf der *kognitiven Ebene* muß zumindest die Möglichkeit einer *Reflexion über die Handlung* gegeben sein. Dies ist gleichbedeutend mit der Forderung nach einem „Selbst-Bewußtsein".
3. Auf der Ebene *rationalen Denkens* muß diese Reflexion absichtsvoll sein; *Gründe,* nicht Ursachen müssen gegeben sein.
4. Nicht jedes rationale Denken ist moralisches Denken. Im Falle des moralischen Denkens müssen die Gründe eher *bewertender* Natur sein und nicht nur instrumenteller. Es muß zumindest ein Versuch vorliegen, diese Gründe zu normen, zu *universalisieren,* d.h. durch rationale Argumentation zu *objektivieren.* Deshalb nutzt man moralische Normen typischerweise, um Handlungen vor anderen zu rechtfertigen.
5. Schließlich müssen diese Begründungen in irgendeiner Weise mit Absichten zusammenhängen, die *andere Individuen* betreffen, z.B. müssen sich auf deren Wohlergehen oder deren Überleben beziehen (im Gegensatz z.B. zur Absicht, eine mathematische Gleichung zu lösen)."

Mit Hilfe dieser Merkmale läßt sich beispielsweise der Konflikt um die Lieferung von U-Booten an Chile, der seit 1980 in der Bundesrepublik aktuell ist, aufschlüsseln. Bei diesem Ereignis handelt es sich 1. um den *Konflikt* zwischen zwei Handlungsalternativen (Lieferung oder Nichtlieferung). Wir setzen 2. voraus, daß an diesem Konflikt *reflektierende Subjekte* beteiligt sind, und das können sowohl Beteiligte (Politiker) wie Beobachter sein, die Stellung nehmen und dabei in einen Zwiespalt geraten. 3. Die Rechtfertigungen beziehen sich auf *Ziele*, sind daher intentional oder final und enthalten demnach Gründe (Erhaltung der Arbeitsplätze oder Bewahrung demokratischer Werte). Aber es geht 4. nicht um die Frage, wie die U-Boote zu transportieren sind (technisch) oder wie die Zustimmung der Bundestagsmehrheit zu erlangen ist (instrumentell oder strategisch); das moralische Urteil enthält vielmehr eine *Bewertung*, welche durch Bezugnahme auf Prinzipien oder Normen erfolgt (hier: Wohlergehen einer Personengruppe oder Geltung der demokratischen Werte). Diese beiden Rechtfertigungen unterscheiden sich durch ihren Grad der Universalität: Geltung für eine begrenzte Personengruppe bzw. nur die eigene Gesellschaft oder Geltung für alle Gesellschaften. Schließlich beziehen sich 5. beide Rechtfertigungen auf *andere Individuen*, auch die zunächst abstrakt erscheinenden demokratischen Prinzipien, da sie gleichsam einen höheren Grad an Wohlergehen meinen, als durch Erhaltung der Arbeitsplätze erreicht werden könnte, nämlich ein Wohlergehen als Leben in einer freien Gesellschaft unter Achtung der Menschenrechte.

Politisches und moralisches Urteil sind demnach keine voneinander isolierte Denkvorgänge, sondern sie werden miteinander verknüpft, wenn sie auf ein und dasselbe Problem angewandt werden. Dabei ist das moralische Urteil die Komponente des *Bewertens* innerhalb des politischen Entscheidungsdenkens. Die Absicht, möglichst viele Wählerstimmen zu gewinnen, mobilisiert das rational-instrumentelle Denken, jedoch steht dieses Denken irgendwann auch vor der rational-moralischen Frage, ob hierfür jedes Mittel recht sein kann, z.B. auch täuschende Wahlaussagen. Mit dieser Frage wird der Wahlkampf nicht nur hinsichtlich seiner Effizienz *gemessen* (Zahl der Wählerstimmen), sondern auch mit Bezug auf allgemeingültige Normen (Wahrhaftigkeit) *bewertet*.

In das politische Urteil fließen technische, instrumentelle und strategische Überlegungen ein. Mit der *Bewertung* wird dem politischen Urteil jedoch die moralische Komponente hinzugefügt. Bewertet wird angesichts eines Konfliktes die gewählte Handlungsalternative im Hinblick auf eine allgemeingültige und dadurch auch von anderen anerkennbare Norm. Diese Bewertung geschieht in der Form von *Begründungen*, die als Rechtfertigung anderen gegenüber dienen. Daher kann definiert werden: „Moralische Urteile sind Begründungen für Konfliktlösungsvorstellungen."[2]

Mit Bewertung in Form der Begründung ist die Funktion des moralischen Urteils im politischen Denken gekennzeichnet. Der kennzeichnende Unterschied zwischen moralischem Urteil und politischem Denken mit moralischer Komponente ergibt sich aus der Verschiedenartigkeit der Konfliktsituationen. Im Unterschied zu den sog. moralischen „Dilemmata", wie sie im Forschungsansatz von Kohlberg verwendet werden und welche individuelle Entscheidungskonflikte darstellen, haben politische Konflikte spezifische Merkmale[3]: Sie sind 1. komplexer, 2. dynamischer, besitzen 3. einen höheren Grad an „Vernetztheit"; woraus sich die Notwendigkeit ergibt, Nebenwirkungen zu berücksichtigen, sind 4. weniger transparent und weisen 5. eine Vielzahl von Lösungsmöglichkeiten auf. Alle diese Merkmale signalisieren den hohen Komplexitätsgrad von politischen Konflikten.

Daraus ergeben sich die hohen Anforderungen, wenn die Stufen des moralischen Urteils auf politische Konfliktsituationen angewendet oder in ihnen erprobt werden. Denn jetzt werden situativer „Kontext" und „Vernetztheit" wichtig: der Handlungsrahmen ist zu berücksichtigen, die Zahl der Beteiligten und Betroffenen ist vergleichsweise hoch, die Nebenwirkungen und Fernwirkungen sind einzukalkulieren, – kurz, die Menge des zu Berücksichtigenden und für die Bewertung Bedeutsamen wächst enorm an. Der Urteilende muß angesichts von politischen Problemen folglich auch die Fähigkeit besitzen, die Komplexität derartiger Situationen zu bewältigen. Diese Fähigkeit ist eine kognitive Leistung und wurde oben (S. 125ff.) als Grad der Strukturiertheit dargestellt. Politisches Urteil mit moralischer Komponente erfordert eine Vielzahl von kognitiven Prozessen von differenzierter Struktur, damit ein Individuum den politischen Sachverhalt mit Problemgehalt wahrnimmt und ihn in „subjektiv lösbare Problemformen"[4], also in Entscheidungsprobleme transponiert, die dann einer Bewertung zugänglich sind.

Neben diesen Anforderungen an die kognitive Leistungsfähigkeit ist ferner hervorzuheben, daß angesichts von politischen Problemen die Stufen des moralischen Urteils nach Kohlberg nicht auch schon Lösungshinweise darstellen. Sie können nämlich nicht so verwendet werden, daß man erwartet, die Lösungen der Konflikte müßten auf eine Begründung nach Stufe 6 hin tendieren. Wegen der Kontexthaltigkeit und Komplexität politischer Probleme muß vielmehr der Unterschied zwischen prinzipienorientierten und kontextangemessenen bzw. situationsangemessenen Lösungen gemacht werden[5]. Dies entspricht der von Max Weber verwendeten Unterscheidung zwischen einer Gesinnungsethik und einer Verantwortungsethik, welche dieser gerade zur Klärung der ethischen Problematik politischer Entscheidungen hervorgehoben hat[6]. Die Entscheidung *für* eine Lieferung der U-Boote könnte ja auch durch eine bestimmte Situation erzwungen werden, z.B. wenn dabei die Koalitionsfrage gestellt wird, so daß sie in Kauf genommen wird, auch wenn die hierfür gegebene Begründung weder der 5. noch der 6. Stufe nach Kohlberg entsprechen kann. Es handelt sich dann weniger um eine prinzipienorientierte, sondern vielmehr um eine situationsangemessene Lösung. Die Moralität der Entscheidung liegt dann freilich in dem Bewußtsein des moralischen Dilemmas, angesichts dessen die Entscheidung getroffen wird. Die bereichsspezifische Anwendung des Konzepts Moralisches Urteil, hier also der Bereich „Politik", verlangt mithin deutliche Modifikationen.

Als Ergebnis des Vergleichs läßt sich ein *Zusammenhang zwischen kognitiven und evaluativen Lernzielen* feststellen, wie sie in den Einheiten 4 und 5 dargelegt werden. Dieser Zusammenhang stellt sich so dar: Kognitive Strukturiertheit, die Lernende am Sachbereich Politik erwerben, ist Voraussetzung für moralische Urteilsfähigkeit über politische Konflikte. Oder umgekehrt: Die Anwendung des moralischen Urteils auf die Politik verlangt die Bewältigung der bereichsspezifischen Komplexität, die mit politischen Konfliktsituationen gegeben ist. Insofern sind moralisches und politisches Urteil nicht identisch, und daher ist es auch nicht zu rechtfertigen, politische durch moralische Erziehung zu ersetzen.[7] Aber durch ihre Bewertungskomponente enthält politisches Urteil und damit auch politische Bildung ein Element der moralischen Erziehung.

Um die Anwendung auf den politischen Unterricht zu erleichtern, muß noch eine Überlegung angeschlossen werden. Sicherlich wird es auch bei politischen Urteilen versucht werden können, nicht die Lösung, aber die Begründungen den Stufen moralischen Urteils zuzuordnen. Da dies in komplexen Entscheidungssituationen häufig nicht eindeutig geschehen kann, ist es hilfreich, auf das Prinzip zurückzugehen, nach welchem die Hierarchisierung der Urteile erfolgt. Dieses Prinzip ist der Grad zunehmender *Universalisierung* der Rechtfertigungsgründe.

Kohlberg interpretiert die Stufenfolge als „sukzessive Formen der Reziprozität", „deren jede differenzierter und verallgemeinerter als die vorausgehende ist".[8] Dieser Aspekt der Gegenseitigkeit findet sich in der Vergeltung (Stufe 1), im Tausch (Stufe 2), in der Gefälligkeit anderen gegenüber (Stufe 3), in der Erfüllung von Forderungen der Ordnung (Stufe 4) und schließlich in der Auffassung vom Sozialvertrag (Stufe 5) und in der Geltung von allgemeinen Prinzipien für alle (Stufe 6). Jürgen Habermas hat die 6. Stufe in das Prinzip der Verallgemeinerungsfähigkeit übersetzt; danach soll jeder einzelne – entsprechend dem kategorischen Imperativ Kants — für sich die Verallgemeinerungsfähigkeit seiner Norm prüfen.⁹

Das Kriterium der *Verallgemeinerungsfähigkeit* verlangt also, daß der einzelne feststellen muß, ob seine subjektiven Gründe des Handelns universalisierbar sind, d.h. ob er wollen kann, daß alle anderen auch nach diesen Grundsätzen handeln. Die subjektiv gewählte Norm erhält dadurch eine allgemeine und in diesem Sinne objektive Geltung. Von dort aus ist es dann nur noch ein Schritt, diese Geltung für alle anderen nicht nur zu postulieren, sondern sie außerdem durch die Kommunikation mit anderen als Zustimmung auch zu bewirken. Mit diesem Gedanken führt Habermas das Kohlberg-Schema um eine 7. Stufe weiter.¹⁰ Die Geltung von Normen wird danach durch ihre argumentative Rechtfertigung erzeugt, nach Habermas durch den „praktischen Diskurs". Anderen gegenüber werden Gründe vorgebracht, welche die Annahme und Befolgung der Norm einsichtig machen, und selbst nimmt man die Einwände der anderen auf und verarbeitet sie, bis Einverständnis hergestellt ist oder wenigstens Annäherungen erreicht sind.

Diese kommunikative Interpretation des Stufenschemas hat den Vorzug, daß man für die praktische Unterrichtssituation nicht nur ein Diagnoseinstrument, sondern auch ein *Regulativ für Wertediskussionen* erhält. Dieses Regulativ ist das Kriterium der Verallgemeinerungsfähigkeit. Auch in sehr polaren Diskussionen über Wertorientierungen, wie sie als Beispiel (oben S. 162) vorgestellt wurden, kann man voraussetzen, daß die Vertreter entgegengesetzter Positionen das Universalisierungsprinzip akzeptieren, weil sie die universelle Geltung ihrer Norm anstreben. Die Verallgemeinerungsfähigkeit ist dann Prüfkriterium (Läßt sich diese Norm verallgemeinern, gilt sie für wenige, viele, alle, mit welchen Folgen?), aber auch verbindende Kommunikationsbasis zwischen Diskussionsgegnern.

Als Ergebnis dieser Überlegungen können jetzt die *didaktischen Funktionen* des Konzepts Moralisches Urteil für den politischen Unterricht zusammengestellt werden. Das von Kohlberg entwickelte Schema hat zunächst eine *diagnostische* Funktion: Der Lehrer kann den Reflexionsstand von Lernenden oder einer Lerngruppe durch die Zuordnung ihrer moralischen Urteile zu einer der Stufen bestimmen. Es hat jedoch auch eine *instrumentelle* Funktion: Durch die momentane Diagnose der Diskussionsbeiträge und die eigenen Impulse kann der Lehrer die Diskussion lenken und das Nachdenken der Diskussionsteilnehmer verbessern, indem er das Kriterium der Verallgemeinerungsfähigkeit einbringt. Schließlich kann er mit dem Schema eine *intentionale* Funktion verbinden: Es enthält ja die pädagogische Absicht, daß Lernende ihr Urteil von Stufe zu Stufe verbessern und einmal die Fähigkeit erwerben, an verallgemeinerungsfähigen Prinzipien orientiert zu urteilen.

Wir können auch hier wieder mit einer *Schlüsselfrage* schließen, die es erlaubt, den Grad der Annäherung an Stufe 6 zu testen:

> Gelingt es den Schülern, ihre Stellungnahmen zu sozialen oder politischen Entscheidungsproblemen durch verallgemeinerungsfähige Prinzipien zu begründen?

Literatur

1 *Lutz H. Eckensberger* und *Heide Reinshagen:* Kohlbergs Stufentheorie der Entwicklung des Moralischen Urteils: Ein Versuch ihrer Reinterpretation im Bezugsrahmen handlungstheoretischer Konzepte. In Lutz H. Eckensberger und Rainer K. Silbereisen (Hg.): Entwicklung sozialer Kognitionen. Modelle, Theorien, Methoden, Anwendung, Stuttgart: Klett-Cotta 1980, S. 65-131, hier S. 112.
2 ebenda S. 113.
3 *Horst Heidbrink:* Zur Bedeutung kognitiver Komplexität und moralischer Urteilsfähigkeit für politische Lernprozesse. In Wilhelm Hagemann u.a. (Hg.): Kognition und Moralität in politischen Lernprozessen. Theoretische Ansätze, Forschungsergebnisse, Anwendungsmodelle, Opladen: Leske 1982, S. 73-107; hier S. 78 f.
4 ebenda S. 82.
5 *Eckensberger, Reinshagen* (Anm. 1) S. 128.
6 *Heidbrink* (Anm. 3) S. 82.
7 *Lawrence Kohlberg:* Zur kognitiven Entwicklung des Kindes, Frankfurt: Suhrkamp 1974, S. 101.
8 *Jürgen Habermas:* Zur Rekonstruktion des Historischen Materialismus, Frankfurt: Suhrkamp 1976, S. 81.
9 ebenda S. 84 f.

Neben den Büchern von Kohlberg (Anm. 7) und Habermas (Anm. 8) informieren über die Rezeption des Ansatzes in der Bundesrepublik grundlegend die Sammelbände:
Eckensberger, Silbereisen (Anm. 1),
Hagemann u.a. (Anm. 3).

Zum Stand der Weiterentwicklung des Ansatzes in den USA:
Detlev Gorz: Zum neuesten Stand von Kohlbergs Ansatz der moralischen Sozialisation. Z. f. Päd. 1980, Heft 1, S. 94-98.

Zur Bedeutung für die Didaktik des politischen Unterrichts (außer Hagemann Anm. 3):
Politische Didaktik Heft 3/1977.
Ludwig Helbig: Politischer Unterricht und die Entwicklung des moralischen Bewußtseins. In: Kurt Gerhard Fischer (Hg.): Zum aktuellen Stand der Theorie

und Didaktik der Politischen Bildung, 4. Aufl, Stuttgart: Metzler 1980, S. 176-188.
Sibylle Reinhardt: Moralisches Urteil im politischen Unterricht. Gegenwartskunde 1980, Heft 4, S. 449-460.
Bernhard Claußen: Wie entwickelt sich moralisches Bewußtsein und welche Bedeutung hat es für die Bewertung des Politischen? In ders., Klaus Wasmund (Hg.): Handbuch der politischen Sozialisation, Braunschweig: Agentur Pedersen 1982, S. 399-439.

Andere Ansätze:
Josef Felsches: Moralische Erziehung als politische Bildung, Heidelberg: Quelle & Meyer 1977.
Christoph Rülcker, Tobias Rülcker: Soziale Normen und schulische Erziehung, Moralisches Handeln als Problem einer demokratischen Gesellschaft, Heidelberg: Quelle & Meyer 1978.
Peter Simon: Werte, Normen und erzieherische Entscheidungsbegründung, Frankfurt: Lang 1978.

5.3.3 Demokratische „Tugenden"

Unter dem Stichwort „Moralisches Urteil" haben wir Denkformen ermittelt, mit deren Hilfe man die Qualität von Begründungen von Wertentscheidungen bestimmen kann. Es sind formale Kriterien, die nichts darüber aussagen, welche Handlungsweisen im politischen Leben wünschenswert seien.

Verhaltensweisen, die vorbildlich sind und daher nachahmenswert erscheinen, werden in der abendländischen Tradition „*Tugend*" genannt. Wir verwenden diesen Begriff, obwohl er gegenwärtig eine sehr widersprüchliche Neubelebung erfahren hat.

So wurde auf dem Bonner Kongreß „Mut zur Erziehung" vom 10.1.1978 u.a. folgende These verabschiedet: „Wir wenden uns gegen den Irrtum, die Tugenden des Fleißes, der Disziplin und der Ordnung seien pädagogisch obsolet geworden, weil sie sich als politisch mißbrauchbar erwiesen haben."[1]

Tugend ist eine durch fortgesetzte Übung erworbene Lebenshaltung, nämlich die Disposition der emotionalen und kognitiven Fähigkeiten und Kräfte eines Menschen, das sittlich Gute zu verfolgen. Seit Platon kennt die philosophische Tradition die *Kardinaltugenden,* die Klugheit, die Gerechtigkeit, die Tapferkeit und die Besonnenheit, welche durch die christlichen Tugenden Glaube, Liebe und Hoffnung erweitert wurden. In der Neuzeit wurden außerdem die mehr instrumentalen und funktionalen *bürgerlichen Tugenden* des Arbeitsethos hervorgehoben: Ordnungsliebe, Sparsamkeit, Pünktlichkeit, Fleiß.

Lexikon der Ethik, hrsg. Otfried Höffe, 2. Aufl., München: Beck 1980, S. 251-253.

Es gibt demnach unterschiedliche Tugendkataloge, die auch gegenwärtig gegeneinander ausgespielt werden können. In unserm Zusammenhang sind nun nicht die klassischen „Kardinaltugenden" gemeint, auch nicht die „bürgerlichen Tugenden", sondern „demokratische Tugenden".

Wie Rülcker/Rülcker suchen wir damit nach „Maßstäben menschlichen Handelns", welche die Autoren als „Prinzipien" einer demokratisch-humanen Ethik formulieren. Ähnlich bestimmen wir auch ihren Abstraktionsgrad: „Die gesuchten Prinzipien liegen . . . auf einer Ebene mittlerer Allgemeinheit zwischen allumfassenden Imperativen und den begrenzte, häufig wiederkehrende Situationen bestreitenden Normen."[2] Im Unterschied zu den Autoren reservieren wir den Begriff „Prinzipien" den sog. Imperativen und verwenden stattdessen den Begriff „Tugend", um diesen Grad mittlerer Allgemeinheit für diese Lernziele hervorzuheben.

Unter Tugenden werden hier wünschenswerte Verhaltensmuster für politisches Handeln in einem demokratischen Staat verstanden. Sie beschreiben die Art und Weise, in welcher die Bürger eines solchen Staates miteinander umgehen, politisch handeln sollen. Demokratische Tugenden können auch als Merkmale der politischen Kultur eines Landes aufgefaßt werden.

Diese Tugenden weisen demnach — im Unterschied zu den zeitlosen Kardinaltugenden — einen Systembezug auf: Sie gelten unter den Bedingungen eines *demokratischen Systems*, in welchem Grundrechte geschützt sind.

Systembezug als Bedingung von Tugenden wird am Problem des soldatischen Gehorsams sichtbar. Es ist Thema eines Unterrichtsbeispiels, welches die Auswertung des Filmes „Das Boot" zum Gegenstand hat.[3] Befehl — Gehorsam sind grundlegend für die soziale Organisation „Militär". Bezogen auf die Organisation ist die Tugend „Gehorsam" instrumental, ein Mittel zum Funktionieren. Am Beispiel des sog. Dönitz-Befehls (U-Boote dürfen keine Schiffbrüchigen aufnehmen) wird aber in dem Unterrichtsbeispiel sichtbar, daß Gehorsam nicht absolut gelten kann, sondern nur insofern, als durch das System gesichert ist, daß der „Befehlshaber" nichts Unrechtes verlangen kann, daß es auch für ihn eine Barriere gibt.

Wir können also einen Katalog von Tugenden aufstellen, der für ein demokratisches System gelten kann, und machen dabei eine stillschweigende Voraussetzung: Wir nehmen an, daß Menschen, die diese Tugenden praktizieren, in Grenzsituationen ein moralisches Urteil im vorher beschriebenen Sinne fällen können. Das bedeutet, daß diese Tugenden eine Orientierung an Gewissen und Prinzipien nicht verhindern dürfen.

Freilich: Diese Voraussetzung steckt nur einen Rahmen ab, in welchem verschiedenartige Tugendkataloge denkbar sind. Sie leiten sich dann aus divergierenden Auffassungen von Demokratie her.

Das wird auch deutlich, wenn wir im folgenden den Vorschlag machen, die Unterscheidung von *öffentlichen und privaten Tugenden* zu übernehmen, wie sie Ralf Dahrendorf verwendet hat. Er wollte dadurch auf ein spezifisches Problem der deutschen politischen Kultur aufmerksam machen.

Öffentliche Tugenden beziehen sich nach Dahrendorf auf Werte, die vor allem auf die reibungslose Bewältigung der Beziehungen zwischen Menschen zielen. „Öffentlich" meint für ihn die Eigenschaft sozialer Werte, die ein Modell eines allgemeinen Verkehrs zwischen Menschen darstellen.
Private Tugenden haben für ihn einen gewissen Widerstand gegen alles Öffentliche. Sie setzen dem einzelnen vor allem Maßstäbe für seine eigene Vervollkommnung. Sie sind im Verkehr zwischen Menschen weniger auf Reibungslosigkeit und Leichtigkeit als auf Ehrlichkeit und Tiefe bedacht.[4]

Diese Begriffsbestimmung verwendet Dahrendorf vor allem dazu, um ein Defizit in der deutschen Geschichte aufzuzeigen. Im Unterschied zu den angelsächsischen Ländern sieht Dahrendorf in der deutschen Gesellschaft ein Vorherrschen der privaten Tugenden vor den öffentlichen Tugenden.[5]

Das erscheint ihm jedoch als ein großer Mangel der deutschen Geschichte. Denn er geht von der Prämisse aus,

„daß die Vorherrschaft der öffentlichen Tugenden unter den geltenden sozialen Werten notwendige Bedingung für das Funktionieren der Verfassung der Freiheit ist."[6]

Hier wird also ein Zusammenhang zwischen der Staatsform und der Art der Wertorientierung, die in einer solchen von den Bürgern erwartet wird, hergestellt.

Aus diesem Grunde erscheint uns diese Unterscheidung zwischen privaten und öffentlichen Tugenden hilfreich zu sein, weil sie Defizite aufzeigen und Bedingungen sichtbar machen kann. Sie macht deutlich, daß Wertorientierung auch von einem Bild der politischen Ordnung abhängt; Dahrendorf verwendet sowohl einen historischen wie einen demokratietheoretischen Begründungszusammenhang. Und sie macht daher sichtbar, daß Tugendkataloge sich sehr wohl unterscheiden können, obwohl sie in derselben Gesellschaft entwickelt werden.

Ein Beispiel: Rüdiger von Voß nennt in seinem Tugendkatalog „freie Annahme von Gesetzen"[7]. Die bereits genannte angelsächsische Regel lautet anders: frei kritisieren, pünktlich gehorchen; – Tugend ist hier als ein dialektisches Verhalten: Annahme und Distanzierung zugleich.

Was wir hier als Tugenden vorschlagen, ist nicht aus einem absoluten Sein abgeleitet, dem sich der einzelne verpflichtet wissen sollte und dessen Gewißheit zu seiner eigenen Vervollkommnung unentbehrlich ist. Sondern wir leiten sie aus der Idee von Demokratie als einer Gemeinschaft vernünftig Argumentierender ab. Das ist einmal eine Aussage darüber, wie *Geltung* von Normen zustande kommt, zum anderen aber auch eine Beschreibung der Art und Weise des *Umgangs* der Menschen untereinander: nach den Prinzipien der Gleichberechtigung, das Prinzip der Gegenseitigkeit berücksichtigend, unter Anerkennung der Menschlichkeit.

Wir folgen nun den Ausführungen v. Krockows, der seinen Tugendkatalog folgendermaßen erläutert:[8]

1. *Kompromißbereitschaft* als Tugend bedeutet die „Anerkennung des anderen in seinem Anderssein" und verlangt die „Reziprozität der Perspektiven", was die Vorbedingung eines gegenseitigen Argumentierens zwischen Gleichen ist: daß man sich in die Perspektive des anderen versetzt.

2. *Mäßigung:* Ihr Testfall sind Minderheiten, die von Mehrheiten mit berücksichtigt werden müssen, wie andererseits Minderheiten die Mehrheitsentscheidungen auch respektieren sollten.

3. *Konfliktfähigkeit* bedeutet die Anerkennung der Tatsache, daß kontroverse Interessen unvermeidlich sind, die aus einer Vielfalt von Anschauungen resultieren. Sie bedeutet zugleich Anerkennung des Konfliktgegners, gleichsam die Anerkennung seines Lebensrechtes. Daraus folgt dann, daß die Auseinandersetzung nur nach Regeln erfolgen kann, welche die Gegenseitigkeit, die Reziprozität der Perspektiven ermöglicht: *Kompromißbereitschaft*.

4. *Sensibilität für Spielregeln:* Sie ist die Grundlage für das Miteinander-auskommen-können, das jedem ein Mindestmaß an Sicherheit gewährt.

5. *Vertrauen und Mißtrauen:* Nur diese Dialektik schützt vor autoritärem Mißbrauch des Vertrauenspostulats; Mißtrauen ist auch der Anspruch auf kritische Prüfung, die Anerkennung des Prinzips des vernünftigen Argumentierens.

6. *Engagement und Distanz:* Politisches Handeln des einzelnen ist wünschenswert, aber die Möglichkeit der Distanz verhindert, daß politische Beteiligung zum verordneten Zwang oder zur Unterordnung unter eine Gemeinschaft wird, in welcher der einzelne sein Ich aufgibt. Beispiele sind die nationalsozialistische „Volksgemeinschaft" oder die „sozialistische Gemeinschaft" der DDR.

7. *Selbstbewußtsein:* Es ist die Gewinnung einer Ich-Stärke, die fähig

macht, Enttäuschungen zu ertragen, sich gegenüber Mächtigen zu behaupten, und nicht in die Gefahr gerät, den Ausweg im Ruf nach dem starken Mann zu suchen.

Mit diesen Verhaltensnormen meinen wir also *öffentliche Tugenden*, d.h. Verhaltensweisen, die im Verkehr mit anderen innerhalb einer demokratischen Staatsform benötigt werden, einer Staatsform, in welcher sowohl Partizipation erforderlich erscheint, aber auch die Einbindung des politischen Prozesses in Regeln und Institutionen als unentbehrlich angesehen wird, kurz: innerhalb der Verfassung der Freiheit. Es sind Tugenden, bei denen vor allem „die soziale Reichweite"[9] der Verhaltensnormen betont wird, was andere Tugenden, die mehr privat sind, keineswegs überflüssig macht. Und es sind Verhaltensweisen, die eine *diskursive Rationalität* ermöglichen: eine Rationalität nicht der Seinsgewißheit, sondern des freien, vernunftgebundenen Argumentierens.

Die demokratischen Tugenden, die wir hier aufgezählt haben, können wir abschließend in die Lernziele einordnen, die in der ersten Einheit (1.1.2) bereits genannt wurden. Diese Tugenden setzen ja voraus, daß der einzelne aus seinem privaten Bereich in den der Öffentlichkeit heraustritt und politische Beteiligung ausübt. Daher werden die Tugenden durch Lernziele ergänzt, die sich auf diese politische Beteiligung beziehen:

1. *Eigenes politisches Handeln als wünschenswert ansehen lernen:* Demokratie als Teilnahme, demzufolge Partizipation lernen (nicht müssen!).
2. *Demokratische Handlungsformen als Werte anerkennen lernen:* Wünschenswert ist also die Verinnerlichung der öffentlichen „Tugenden", die wir aufgezählt haben.
3. *Interesse für öffentliche Aufgaben gewinnen:* Sensibilität für soziale, aber auch globale Notstände, verallgemeinerungsfähiges Denken lernen.

Als *Schlüsselfragen* könnten verwendet werden:

Kann ich beobachten, daß die Schüler in Lern- und sonstigen Schulsituationen die gewünschten Verhaltensweisen in Denken und Urteilen beachten und auch praktizieren? Was kann ich als Lehrer tun, um ihre Berücksichtigung zu veranlassen?

Literatur

1 **Die Zeit vom 23.6.1978, S. 42.**
2 *Christoph Rülcker, Tobias Rülcker:* Soziale Normen und schulische Erziehung. Moralisches Handeln als Problem einer demokratischen Gesellschaft, Heidelberg:Quelle & Meyer 1978, S. 113 f. Erwägenswert sind die dort S. 113-122 zusammengestellten, situationsbezogenen „Prinzipien".
3 *Gotthard Breit:* Soldatische und politische Tugenden im Konflikt. Gegenwartskunde 1981, H. 2, S. 229-242.
4 *Ralf Dahrendorf:* Gesellschaft und Demokratie in Deutschland, München: Piper 1965, S. 328 f.
5 ebenda S. 338.
6 ebenda S. 333.
7 *Rüdiger von Voss:* Von der Totalität der Politik. Ein Beitrag zur politischen Ethik in der Demokratie. Beilage zu Das Parlament B 1/80 vom 5.1.1980, S. 28.
8 *Christian Graf von Krockow:* Ethik und Demokratie. Beilage zu Das Parlament B 49/79 vom 8.12.1979, S. 9-17.
9 *Peter Graf Kielmannsegg:* Demokratie und Tugend. In ders.: Nachdenken über Demokratie, Stuttgart: Klett-Cotta 1980, S. 32.

5.3.4 Grundwerte oder Leitideen?

Nachdem wir mit den „Tugenden" Lernziele mittlerer Ebene besprochen haben, nehmen wir in diesem letzten Abschnitt die Überlegungen zu einem obersten Lernziel des politischen Unterrichts wieder auf.

Es scheint zu genügen, daß wir uns auf die „Grundwerte" unserer politischen Ordnung beziehen. Über diese gibt es bei den maßgeblichen politischen Parteien weitgehende Übereinstimmung, Konsens: Freiheit, Gleichheit, Solidarität, Frieden. Sie sind auch im Grundgesetz enthalten. So ergibt sich daraus konsequenterweise der Vorschlag, diese auch für den Bildungsprozeß zu übernehmen. Als Beispiel führen die Überlegungen von D. Grosser an:[1]

„Das Grundgesetz enthält vor allem im Grundrechtsteil und in Art. 20 die Normen, aus denen sich die grundlegende politische Wertorientierung ergibt. Dazu gehören die Würde des Menschen, die daraus folgenden Menschenrechte und im Grundgesetz formulierten Grundrechte, die in ihrem Wesenskern unantastbar sind. Hinzu kommen die zur Sicherung der Grundrechte unabdingbaren Verfassungsprinzipien der Rechtsstaatlichkeit, Sozialstaatlichkeit und Demokratie. Diese Normen werden zu Werten in dem Augenblick, in dem sie der Einzelne nicht mehr als von außen an ihn herangetragene Forderungen, sondern als eigene Maßstäbe politischen Verhaltens und politischer Gestaltung verinnerlicht."

Die These Grossers lautet etwa so: Im Grundgesetz sind Grundwerte niedergelegt: Menschenwürde, Grundrechte, Verfassungsprinzipien wie Rechtsstaatlichkeit, Sozialstaatlichkeit. Sie sollen als Verhaltensweisen von Lernenden verinnerlicht werden.

Diese *Verinnerlichung* ist jedoch gerade das didaktische Problem. Denn die Aufnahme von Werten in die Persönlichkeitsstruktur ist sehr schwer planbar. Sie ist durch das Vorhandensein dieser Werte keineswegs schon gesichert. Auch Grosser will, daß die institutionell gesicherten, also durch die Verfassung gewährleisteten Grundwerte nicht nur *gelten*, also befolgt werden, sondern auch *anerkannt* werden, d.h. zu Motiven des eigenen Handelns gemacht werden. Sie werden dadurch moralische Prinzipien, sie werden Richtschnur des eigenen Handelns.

Weil es sich dabei um eine didaktische Aufgabe handelt, empfehlen wir, nicht von Grundwerten, sondern von *Leitideen* zu sprechen. Denn es wird ja ein Lernprozeß angestrebt: nämlich diese Integration der grundlegenden Werte in die Persönlichkeitsstruktur der Lernenden. Und diesen Lernprozeß verstehen wir nicht als Induzierung von außen, nicht als Indoktrination, sondern wir meinen damit eine Aktivierung der Vernunft, eine Verfeinerung des moralischen Bewußtseins, des moralischen Urteils. Dieser Lernprozeß bezieht sich auf die *subjektive Seite* des Wertproblems im Lernenden.

In die didaktische Theorie übersetzt, werden Grundwerte zu Leitideen. Damit greifen wir die früher genannten Merkmale für oberste Lernziele wieder auf. Diese Merkmale können wir jetzt vervollständigen.

– Bei den Leitideen handelt es sich um „regulative Ideen", welche die Richtung, nicht das Ergebnis des Handelns nennen, also um Prinzipien des Handelns. Damit korrespondiert, daß auch die obersten Lernziele die Richtung, nicht das Ergebnis des Lernens angeben.

– Die Leitideen sind Vernunftprinzipien, die nicht nur *gelten*, also durch ihre institutionelle Sicherung innerhalb der Verfassungsordnung befolgt werden; vielmehr sollen sie auch von jedem einzelnen *anerkannt* werden. Folglich müssen sie argumentativ gerechtfertigt werden. In ihrer Anwendung in Form konkreter Handlungen können sie dann aber auch strittig sein.

Welches sind nun diese Leitideen? Wir machen dazu einen Vorschlag, der aus drei Themen entwickelt werden soll, die bisher behandelt wurden.

1. Wir haben ausführlich einen bestimmten *Situationsbegriff* als Art der Inhaltsstruktur beschrieben (2.3.3). Es war ein Situationsbegriff, bei dem es vor allem darum ging, die jeweils subjektiven Perspektiven der Beteiligten interpretierend zu erfassen; erinnert sei an den Aspekt

„Definition der Situation": Wie definieren die Beteiligten die Situation? Absicht einer solchen Perspektive ist es, so wurde zitiert, „soziales Leben zu analysieren, wie es in der Erfahrung der Menschen erscheint, die es erleben" (s. oben S. 60). Aber da es in Situationen um Interaktion, um ein Miteinanderhandeln geht, treten die subjektiven Perspektiven der Interaktionspartner nicht isoliert voneinander auf. Das Miteinanderhandeln vollzieht sich im gegenseitigen Austausch und der gegenseitigen Beeinflussung der Situationsdefinitionen.

Der Ausgang kann symmetrisch oder asymmetrisch sein: Vereinbarung einer gemeinsamen Situationsdefinition oder Unterwerfung des einen unter die Definition des anderen. Wie auch dieser Ausgang sein mag: In dem Ansatz, Situationen aus der subjektiven Perspektive der Beteiligten zu verstehen, ist als regulative Idee das *Prinzip der Gegenseitigkeit* immer schon vorhanden, das Ungleichheit als Ungleichheit aufdecken hilft und demzufolge die Idee der Gleichheit zwischen Interaktionspartnern auffordernd herausstellt. Beschäftigung mit „Situationen" als Lerngegenständen vermag also diese Perspektive der „Reziprozität" zu vermitteln, die als konstitutives Prinzip des sog. Kohlberg-Schemas oben (S. 174) erwähnt wurde; sie macht das *Gegenseitigkeitsprinzip* sichtbar.

2. Als wir die Frage nach den *fundamentalen Problemen* stellten (4.4.1), haben wir erwähnt, daß heute politische Fragen nur noch angemessen behandelt werden können, wenn wir sie auf die ganze „Welt als System" beziehen. Darin ist nicht nur eine Tatsachenfeststellung enthalten; die Aussage begründet auch eine Aufforderung im Sinne einer Handlungsnorm, die sich an dem *Universalisierungsprinzip* orientiert. Die vorher beschriebenen „Tugenden" allein reichen nicht aus, denn sie könnten auch als eine bloße Nachbarschaftsethik interpretiert werden. Sie würden dann als Gruppennormen gelten, wenngleich einer Großgruppe, der nationalen Gesellschaft. Der Gedanke von der „Welt als System" macht hingegen bewußt, daß es mit Tugenden der sozialen Nähe nicht getan ist, daß die „soziale Reichweite" der Tugenden im Gegenteil unbegrenzt sein müßte. Karl-Otto Apel hat daher eine Ethik solidarischer Verantwortung gefordert, bei der es ankommt

„auf die Mobilisierung einer spezifisch moralischen Phantasie, die u.a. imstande sein müßte, die Nächstenliebe im Sinne der Fernstenliebe zu verallgemeinern."[2]

Die Prinzipien des moralischen Urteils haben demnach eine universelle Gültigkeit, was bedeutet, daß es sich um eine universelle Gemeinschaft der vernünftig Argumentierenden handeln muß, wenn Normen und politisches Handeln rational legitimiert werden sollen.

Die ethische Dimension dieses Prinzips der Universalität läßt sich eindrucksvoll demonstrieren, wenn man bewußt macht, daß politisches Handeln in unseren Tagen vor einem immer wiederkehrenden politischen Dilemma steht. Erhard Eppler hat dies so formuliert:

„Das politische Dilemma: kurzfristige, nationale Legitimation und langfristige, universale Verantwortung". Er hat dies in eine, wie er sagt, „brutale" Frage übersetzt: „Wie viele Millionen Tote am anderen Ende des Erdballs müssen in Kauf genommen werden, damit die Million Wähler gewonnen – oder gehalten – wird, die über die politische Macht im eigenen Land entscheidet?"[3]

Es ist dies ein dramatisches Beispiel für Normkonflikte angesichts von politischen Problemsituationen, in welchem Eppler selber offenbar eine Lösung im Sinne der obersten Stufe des moralischen Urteils anstrebt.

3. Diese sechste und oberste Stufe des *moralischen Urteils* nach Kohlberg (5.3.2) ist dadurch gekennzeichnet, daß sich der Urteilende an Gewissen und Prinzipien orientiert. Wir sind in diesem Zusammenhang Jürgen Habermas gefolgt, welcher das Schema kommunikativ interpretiert. Orientierung an Gewissen und Prinzipien verlangt die Bereitschaft, die Annahme und Bevorzugung einer Handlungsnorm andern gegenüber zu rechtfertigen; dies vollzieht sich im „praktischen Diskurs". Auch die scheinbar bloß subjektive Gewissensentscheidung steht unter diesem Gebot der Rechtfertigung; bei ihr ist die Selbstprüfung der praktischen Vernunft nur der Grenzfall einer intersubjektiven Prüfung, die Beratung mit sich selbst steht unter denselben Regeln wir die Beratung mit anderen.

Das ergibt sich daraus, daß mit Vernunft immer auch Sprache gegeben ist und somit Vernunftprinzipien nur innerhalb einer Sprechgemeinschaft denkbar sind. Beratung mit sich und Beratung mit anderen vollzieht sich gleichermaßen nach Bedingungen von Sprechhandlungen ganz allgemein; diese Bedingungen müssen so beschaffen sein, daß eine vernünftige, d. h. aus Einsicht angenommene persönliche Entscheidung folgen kann, die verallgemeinerungsähig und daher intersubjektiv gültig ist.

Wenn ein solcher praktischer Diskurs zustandekommen soll, dann müssen die Bedingungen „sinnvoller Argumentation" erfüllt sein. Die Gewinnung intersubjektiv gültiger Aussagen setzt die Anerkennung von ethischen Normen voraus, wie sie Wolfgang Kuhlmann zusammengestellt hat[4]:

Bedingungen der Möglichkeit sinnvoller Argumentationen sind:
- Andere und sich selbst nicht belügen,
- die Argumentation nicht verweigern,
- die Anerkennung gerechtfertigter Argumentation nicht verweigern oder diese nicht ablehnen,
- die Argumentierenden müssen sich wechselseitig als wahrheits- und zurechnungsfähige, gleichberechtigte, aufrichtige Subjekte, d.h. als Personen anerkennen,
- keine Einschränkung hinsichtlich der Teilnehmer des Diskurses noch hinsichtlich der Themen zulassen,
- sich verpflichten, alle eigenen Ansprüche an andere durch Argumente zu rechtfertigen.

In diesen Regeln drückt sich der Respekt und die Achtung vor dem anderen als Diskurspartner aus als stillschweigende Voraussetzung für das Gelingen einer argumentativen Rechtfertigung. Somit enthalten die Regeln auch die ethischen Normen eines vernünftigen Umganges mit anderen Menschen, wie sie Kohlberg für seine 6. Stufe des moralischen Urteils als universelle Prinzipien zusammengestellt hat: Gerechtigkeit, Reziprozität, Gleichheit der menschlichen Rechte, Achtung der Würde menschlicher Lebewesen und des Individuums.[5]

Sie brauchen nicht mehr durch einen Regreß auf zugrundeliegende Normen begründet zu werden, weil sie das A-priori von Begründung als Rechtfertigung durch Kommunikation sind. Denn nach Karl-Otto Apel gilt:

„Niemand kann auch nur mit sich selbst sich aufrichtig im Denken verständigen, der nicht schon im Prinzip alle Normen einer aufrichtigen Kommunikation unter Bedingungen wechselseitiger Anerkennung der Kommunikationspartner anerkannt hat."[6]

Indem für die Geltung subjektiv gewählter Normen Rechtfertigung verlangt wird und indem diese Rechtfertigung als eine prinzipiell diskursive Handlung verstanden wird, müssen für die Anerkennung subjektiver Entscheidungen universell geltende Normen einer „Ethik der aufrichtigen Argumentation"[7] vorausgesetzt werden.

Mit diesem Begründungszusammenhang haben wir Werte gefunden, die als Leitideen auch für den politischen Unterricht gelten können. Damit können wir abschließend eine Antwort auf die Themenfrage dieser Einheit geben: An welchen Werten orientiert sich der politische Unterricht?

Wir hatten bereits oben ein *oberstes Lernziel* genannt:

Die Schüler sollen die Fähigkeit erwerben, angesichts eines Normenkonflikts eine vor sich und anderen verantwortbare Entscheidung zu treffen.

Wir fügen jetzt die *Prämisse* hinzu: „Vor sich und anderen verantwortbar" bedeutet, daß Handlungen argumentativ gerechtfertigt werden müssen, was nur unter Anerkennung der universellen Normen einer Ethik der Kommunikation geschehen kann. Folglich enthält die Fähigkeit zu einer rechtfertigungsfähigen Entscheidung die Anerkennung dieser universellen Normen, die wir als die *didaktische Leitideen* des politischen Unterrichts bezeichnen:

Gerechtigkeit, Gegenseitigkeit, Gleichheit, Anerkennung der Menschenwürde und das Prinzip der Verallgemeinerungsfähigkeit (als Kriterium universeller Gültigkeit).

Wir verstehen diesen Gedankengang als *Explikation* der im obersten Lernziel enthaltenen Normen bzw. Werte. Explikation meint dabei, daß diese Werte nicht aus dem Lernziel abgeleitet, sondern bei diesem Lernziel *vorausgesetzt* werden. Auf einer zweiten Ebene werden ihnen die anderen Lernziele *zugeordnet* (Abb. 11).

Mit den im Grundgesetz enthaltenen Grundwerten, wie sie vor allem in den Programmen der Parteien herausgestellt werden, stehen diese Leitideen durchaus im Einklang: Freiheit, Gleichheit, Solidarität, Frieden. Aber wir verwenden die Bezeichnung „Leitideen", weil der Pädagoge sich nicht auf eine objektive Geltung verlassen kann, sondern die subjektive Seite in den Blick nehmen muß, unter welchem Aspekt diese Werte als Prinzipien der Selbstprüfung und der diskursiven Rechtfertigung wirksam sind. Wir wenden uns damit jedoch auch gegen ein Verständnis von Grundwerten als Bestandteile einer „ehernen Weltordnung"[8], d.h. als etwas zeitlos Gültiges, welches man nur hinnehmen kann, – so wird es manchmal mit einschüchternder Wirkung hingestellt. „Über sie gibt es keine Diskussion", – das etwa wäre diese Auffassung, in Alltagssprache übersetzt. Demgegenüber meinen wir: Sie sind Grundlage jeder Diskussion, also jeder realen Diskussion einschließlich derjenigen im Unterricht, aber auch des idealen „Diskurses", der Idee also, unter welcher die Bedingungen von Kommunikation schlechthin gedacht werden. Als Leitideen eröffnen diese Werte auch das Feld der politischen Diskussion, und zwar als ethische Regeln einer Diskussion über die Realisierung dieser Werte durch politisches Handeln.

Als *Schlüsselfragen* werden zusammenfassend vorgeschlagen:

An welchen Leitideen orientiert sich mein Unterricht?
Handelt es sich bei diesen Leitideen um (mehr oder weniger) feststehende Werte oder um Prinzipien des reflektierenden moralischen Urteilens und Handelns?

Abb. 11: Lernzielzusammenhang

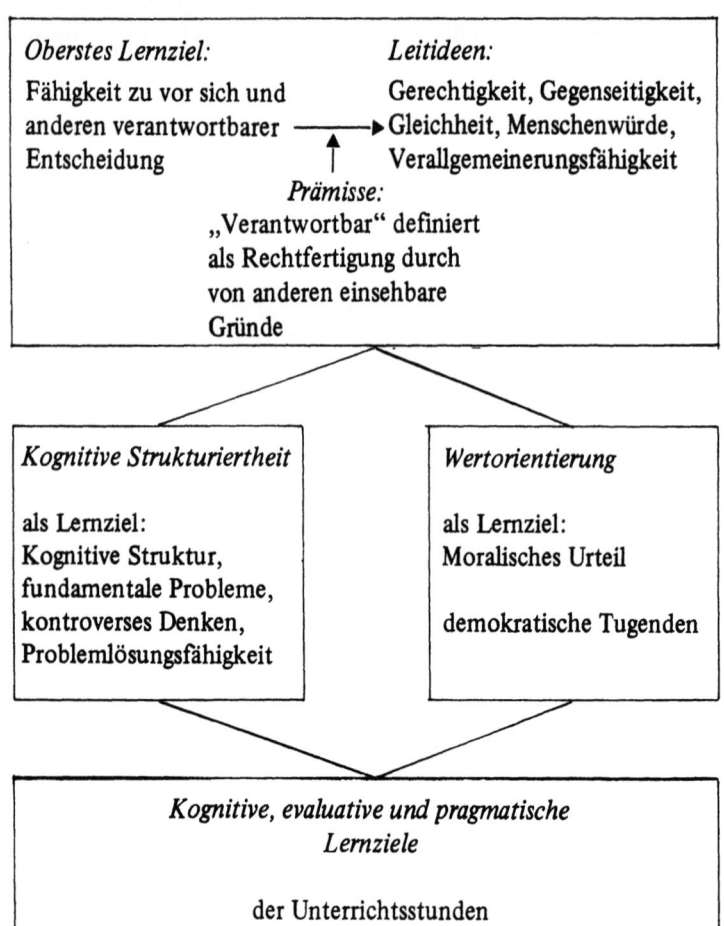

Literatur

1 *Dieter Grosser:* Werterziehung in der politischen Bildung. In Kurt Gerhard Fischer (Hg.): Zum aktuellen Stand der Theorie und Didaktik der Politischen Bildung, 4. Aufl., Stuttgart: Metzler 1980, S. 158.
2 *Karl-Otto Apel:* Die Konflikte unserer Zeit und das Erfordernis einer ethisch-politischen Grundorientierung. In ders. u.a. (Hg.): Funk-Kolleg Praktische Philosophie/Ethik, Reader Bd. 1, Frankfurt: Fischer 1980, S. 272.

3 *Erhard Eppler:* Politische Ethik und weltweite Verantwortung. In: Funk-Kolleg Reader Bd. 1 (Anm. 2), S. 443 und 445.
4 *Wolfgang Kuhlmann:* Ethik der Kommunikation. In: Funk-Kolleg Reader Bd. 1 (Anm. 2) S. 301.
5 *Lutz H. Eckensberger,* Rainer K. Silbereisen (Hg.): Entwicklung sozialer Kognitionen, Stuttgart: Klett 1980, S. 75.
6 *Apel* (Anm. 2) S. 288.
7 ebenda S. 288 f.
8 *Axel von Campenhausen:* Grundwerte in Staat und Gesellschaft. In: Günter Gorschenek (Hg.): Grundwerte in Staat und Gesellschaft, München: Beck 1977, S. 192.

Der hier verwendete transzendentalpragmatische Ansatz der Normenbegründung wurde vor allem durch das Funk-Kolleg Praktische Philosophie/Ethik verbreitet. Er ist zugänglich in
Apel (Anm. 2),
Kuhlmann (Anm. 4),
ferner in den Studienbegleitbriefen (Deutsches Institut für Fernstudien an der Universität Tübingen 1980).

Kritisch dazu
Werner Becker: Die Freiheit, die wir meinen. Entscheidung für die liberale Demokratie, München: Piper 1982, S. 178-181. Diese Kritik kann hier unberücksichtigt bleiben, weil es uns nicht um das Problem der „Letztbegründung" von Normen geht.

Orientierung an „Grundwerten":
Dieter Grosser u.a.: Politische Bildung. Grundlagen und Zielprojektionen für den Unterricht an Schulen. In Heinrich Oberreuter (Hg.): Freiheitliches Verfassungsdenken und Politische Bildung, Stuttgart: Klett 1980, S. 132 ff.
Bernhard Sutor: Grundgesetz und politische Bildung, hrsg. von der Niedersächsischen Landeszentrale für Politische Bildung; Hannover 1976, S. 43 ff.

6. Einheit: Warum Streit um die politische Bildung? Möglichkeiten der Legitimierung von Zielen und Inhalten

6.1 Was ist Legitimierung und warum ist sie erforderlich?

Heute ist es nicht mehr so recht vorstellbar, daß es politischen Streit um ein Schulfach geben könnte. Und doch war dies vor etwa 10 Jahren der Fall. Auslöser waren die „Hessischen Rahmenrichtlinien Gesellschaftslehre". Der folgende Bericht macht vor allem das Ausmaß dieses Konfliktes sichtbar.

„Schon bald nach Erscheinen und in der Zeit der Erprobung der Rahmenrichtlinien Gesellschaftslehre kam es zu erbitterten Angriffen gegen das Konzept der Gesellschaftslehre, welche gleichzeitig eine bundesweite Diskussion über Möglichkeiten und Grenzen einer inhaltlichen Schulpolitik ins Rollen brachten und ebenso auf die Diskussion von Richtlinienkonzepten in anderen Bundesländern, vor allem in Nordrhein-Westfalen, übergriffen. Wider die Rahmenrichtlinien wurden von seiten der oppositionellen CDU und des sich bildenden Elternvereins Wissenschaftler recht unterschiedlicher Disziplinen, Politiker, Lehrer und Eltern bemüht, welche sich auf Fachtagungen und Foren z. T. sachkundig, z. T. polemisch mit den Richtlinien auseinandersetzten. Gleichzeitig avancierten die Richtlinien zu einem Dauerbrenner in der politischen und insbesondere in der Wahlkampfauseinandersetzung in Hessen, aber auch in Nordrhein-Westfalen. Der Züricher Philosoph Hermann Lübbe und der Historiker Thomas Nipperdey, beide Mitglieder der SPD, fertigten ein Gutachten für den Hessischen Elternverein an, die Gewerkschaft Erziehung und Wissenschaft veranstaltete eine Expertentagung; als Veranstaltung zur Vorklärung und zur Weiterentwicklung wurde das „Hessenforum" eingerichtet, auf dem sich prominente Wissenschaftler und Politiker gegenübersaßen. Über all diese Veranstaltungen gibt es veröffentlichte Unterlagen, so daß Inhalt und Prozeß der Diskussion — wenn auch nicht in all ihren Abzweigungen — so doch wenigstens im Grundsätzlichen überschaut werden können. Die heftige Diskussion in den Jahren 1972/73 führte zu einer schnellen Überarbeitung der ersten Fassung der Rahmenrichtlinien Gesellschaftslehre, welche dann als zweite Fassung Ende 1973 zur weiteren Erprobung freigegeben wurde."

Herbert Kühr: Politische Didaktik, Königstein: Athenäum 1980, S. 164.

Richtlinien werden vom Kultusminister des jeweiligen Bundeslandes erlassen. Sie sind Handlungsanweisungen für den Lehrer und haben innerhalb eines Schulsystems eine primär interne Funktion. So betrachtet, ist es ungewöhnlich, daß sie zum Gegenstand der Kontroverse in der Öffentlichkeit werden, noch mehr, daß diese Kontroverse über das betroffene Bundesland hinausgeht.

In welcher Weise sich auch die politischen Akteure mit Lehrplanfragen beschäftigen können, läßt sich dem Streit um die „Richtlinien für den Politik-Unterricht" in Nordrhein-Westfalen entnehmen, der auch dort 1974 zu einer Umarbeitung führte.

„Ohne viel Federlesens um Ressortzuständigkeiten und politisches Renommee seines Kultusministers zu machen, zog der Ministerpräsident ... die Richtlinien kurzerhand an sich und ließ sie in der Staatskanzlei kräftig umarbeiten. Das Ergebnis dieser politischen Zensur ... wurde am letzten Wochenende vom Koalitionsausschuß abgesegnet. Danach steht Kühn nicht mehr an, für die Richtlinien im Wahlkampf auf die Barrikaden zu gehen. Recht hat er, der Ministerpräsident, denn diese Richtlinien für den politischen Unterricht sind jetzt politisch wasserdicht."

D. Bavendamm im WDR-Fernsehen am 04.11.1974, zit. nach Walter Gagel, Rolf Schörken (Hrsg.): Zwischen Politik und Wissenschaft, Opladen: Leske 1975, S. 123.

Mit diesen Aktionen bekamen die Richtlinien die Qualität eines Gesetzgebungsvorhabens; eine Regierung identifiziert sich mit ihnen und nimmt sie in das Wahlkampfprogramm auf.

Diesen Beispielen ist zu entnehmen, daß in Richtlinien für den politischen Unterricht politische Brisanz schlummert, daß sie also durchaus ein Politikum darstellen. Sie werden daher nach den Regeln des politischen Entscheidungsprozesses behandelt: Es wird über sie eine politische Entscheidung getroffen, für diese ist eine hinreichende Zustimmung erforderlich, diese wird durch Prozesse des Aushandelns erreicht, also Konzessionen, Revisionen, Kompromisse, das Ergebnis erhält Geltung im Sinne von Verbindlichkeit und kann durchgesetzt werden, weil es formal und inhaltlich rechtmäßig ist.

Dieser Vorgang kann auch als Prozeß der *Legitimierung* von Lehrplanentscheidungen bezeichnet werden. Das Ergebnis ist die Anerkennung der Legitimität der Entscheidung durch Beteiligte und Betroffene, und das bedeutet, daß es dem zuständigen politischen Akteur gelungen ist, die Rechtmäßigkeit dieser Entscheidung überzeugend nachzuweisen. Dabei bezieht sich „Rechtmäßigkeit" nicht allein auf das korrekte Verfahren, also auf *Legalität*. Insofern war es durchaus korrekt, daß der Kultusminister in Nordrhein-Westfalen sich allein mit den Richtlinien befaßte; dies gehört zu seiner Ressortkompetenz. Was der Ministerpräsident befürchtete, bezog sich nicht auf die Legalität des Verfahrens, sondern auf die Tatsache, daß die Richtlinien inhaltlich angegriffen wurden. Die Vorwürfe bestanden darin, daß die Werte und Zielvorstellungen erheblicher Teile der Bevölkerung sich nicht mit den Aussagen deckten, daß diese vielmehr fürchteten, daß ihre Werte abgebaut werden sollten und sie danach gehindert würden, ihr Leben an diesen Werten zu orientieren. Wenn diese Zweifel von den politischen Akteuren ausgeräumt sind, ist die *Legitimität* ihrer Entscheidung gesichert.

Es läßt sich also sagen: Politische Bildung in der Schule steht unter einem *Legitimationszwang*, einem Rechtfertigungszwang.

Es kann aber sein, daß im Schulalltag diese Überlegungen für den Lehrer des Faches Sozialkunde eine sehr geringe Bedeutung haben. Die Rechtfertigung im Streit der Interessen, wie sie oben beschrieben wurde, ist für ihn eine Außenperspektive mit Ereignissen, die fern von seinem beruflichen Alltag liegen, die überdies nur punktuell geschehen und bald wieder vergessen sind. Der Lehrer wird vielmehr von der Binnenperspektive beherrscht, in welcher der Umgang mit den Schülern im Zentrum steht. Auch hier findet Rechtfertigung didaktischer Entscheidungen statt, ausdrücklich oder immanent, aber Kriterium dieser Rechtfertigung ist nicht Durchsetzbarkeit, sondern pädagogische Verantwortung. Politische Bildung ist dann kein Politikum, sondern ein Pädagogikum.

Es muß aber überlegt werden, ob dieses *Ausblenden der Außenperspektive* und das damit verbundene Ignorieren des Legitimationszwanges auf Dauer möglich ist. Das Konzept des schülerorientierten Unterrichts bietet hierfür ein Beispiel. Der Schüler im Mittelpunkt des pädagogischen und didaktischen Handelns: Diese Intention ist weitgehend politisch neutral, genuin pädagogisch. Rolf Schmiederer hat dieses Konzept auf die politische Bildung übertragen, und seitdem hat er vor allem unter jungen Lehrern viel Zustimmung gefunden. Jedoch ist die Entscheidung Schmiederers keineswegs politikfrei zu verstehen. Sie wurde dem Autor durch die *Rahmenbedingungen* für den politischen Unterricht nahegelegt, wie er sie in den 70er Jahren in der Bundesrepublik beobachtete und die ihn bewogen, die „Grenzen politischer Bildung im öffentlichen Schulwesen" anzuerkennen und daraus das „Bemühen um einen partiellen Ziel-Konsens" abzuleiten (s. oben S. 102, Text 2). Damit hat Schmiederer eine Folgerung aus dem Streit um die politische Bildung der Jahre 1972 bis 1974 gezogen, der oben in Beispielen belegt wurde. Die Zielbegriffe seiner neuen Didaktik, „Selbsterkenntnis und Umwelterkenntnis", sind Produkt eines dabei unübersehbar gewordenen Legitimationszwanges; angesichts dieses Interessenkonflikts repräsentieren sie eine konsensfähige mittlere Linie.

Die Wahl des pädagogischen Konzeptes „Schülerorientierter Unterricht" und der damit verbundenen Lernziele eröffnet keineswegs den Rückzug in den unpolitischen Raum des nur Pädagogischen. Wer nach Schmiederer unterrichtet, definiert die Ziele seines Unterrichts um, nämlich von kontroversen Zielen in konsensfähige. Damit reduziert er das Potential an Konfliktmöglichkeiten und beteiligt sich am Akt der politischen Legitimation von Unterrichtsinhalten; er handelt demnach nicht nur pädagogisch, sondern auch politisch.

An der Frage der politischen Legitimation von Lerninhalten und Lernzielen des politischen Unterrichts kann sich der Lehrer nicht vorbeimogeln. Es bleibt ihm daher gar nichts anderes übrig, als sich zu vergewissern, welches die Legitimationsbasis seines Unterrichts ist, um sein Handlungsfeld abstecken und seinen Handlungsspielraum erkennen zu können.

Literatur

Überblick über die Richtlinienentwicklung in Hessen und Nordrhein-Westfalen in:
Wolfgang Northemann (Hg.): Politisch-gesellschaftlicher Unterricht in der Bundesrepublik, Opladen: Leske 1978, dort R. Nicklas/Ä. Ostermann, S. 173 ff. (Hessen), R. Schörken, S. 197 ff. (NW).

Dokumentation des Konflikts in Hessen:
Klaus Bergmann, Hans-Jürgen Pandel: Geschichte und Zukunft. Didaktische Reflexionen über veröffentlichtes Geschichtsbewußtsein, Frankfurt/M: FAT 1975,

... in NW:
Walter Gagel, Rolf Schörken (Hg.): Zwischen Politik und Wissenschaft. Politikunterricht in der öffentlichen Diskussion, Opladen: Leske 1975.

6.2. Möglichkeiten und Grenzen der Legitimierung

Nach diesen Überlegungen wird sich der Lehrer die Frage stellen: Nach welchen Anhaltspunkten kann ich mich dieser Legitimationsbasis vergewissern? Wir prüfen drei Standards für die Legitimierung von obersten Lernzielen des politischen Unterrichts: Wissenschaft, Grundgesetz und Konsens.

6.2.1 Legitimierung durch Wissenschaft und Fachdidaktik

Welche Chance hat die Fachdidaktik als Wissenschaft zur Anerkennung pädagogischer Normen in der politischen Bildung beizutragen? Diese Frage wird innerhalb der Fachdidaktik unterschiedlich beantwortet.

Die eine Position wird sehr klar von Roloff beschrieben:

„Aufgaben und Ziele (Inhalte) des politischen Unterrichts in der Schule sind Resultate politischer Entscheidungen und Ausdruck von Erwartungen, die politische Entscheidungsträger an die Schule und ihre Lehrer richten. Tatsächlich entscheidet weder die Erziehungswissenschaft noch eine (sog.) Fachwissenschaft darüber, was in der Schule gelehrt und gelernt werden soll; denn die Frage, warum bestimmte Gegenstände und Bereiche für welche Menschen zu ‚Bildungsgütern' werden, wird nicht nach Kriterien beantwortet, die den Wissenschaften bzw. ihren Gegenständen immanent sind."[1]

Mit dieser Aussage wird ein klarer Trennungsstrich zwischen Wissenschaft einerseits und Schule andererseits gezogen, weil letztere unter der Verfügungsgewalt staatlicher Verwaltung steht. In der Tat kann Wissenschaft keine Entscheidungen treffen; sie kann diese auch nicht kraft Argument erzwingen, weil im Bereich der Erziehungsnormen keine Sachverhalte vorliegen, die quantifizierbar sind und mithin von sich aus einen *Sachzwang* ausüben, den Wissenschaft nur auszusprechen und beweisbar zu machen brauchte.

Hierin zeigt sich eine Auffassung vom Verhältnis zwischen Wissenschaft und Politik, das sich am besten mit Hilfe der von Habermas verwendeten „Modelle" klären läßt.[2]

Er unterscheidet:

a) *dezisionistisches Modell:* Die Wissenschaft liefert Daten und Prognosen, aber der Politiker trifft die letzte Entscheidung, und zwar nach außerwissenschaftlichen Kriterien, z.B. nach Bedürfnissen und Interessen von gesellschaftlichen Gruppen. Legitimation verschafft nicht die Wissenschaft, sondern besteht in der Erwartung von Zustimmung in der Bevölkerung.

b) *technokratisches Modell:* Dort ist es umgekehrt; der Politiker wird gleichsam zum „Vollzugsorgan" der Wissenschaft, welche die Sachzwänge der technologisch organisierten Welt nachweist und die Techniken ihrer Beherrschung entwickelt. Politische Entscheidung wird praktisch überflüssig.

c) *pragmatistisches Modell:* Anstelle der strikten Trennung tritt ein „kritisches Wechselverhältnis" zwischen Wissenschaft und Politik. Eine wechselseitige Kommunikation bewirkt einen kritischen Dialog unter Einbeziehung der Öffentlichkeit. Wechselseitig sollen wissenschaftliche Experten die Politiker „beraten" und Politiker die Wissenschaftler mit Entscheidungsvorbereitungen „beauftragen".

Roloffs Aussage ist also dem dezisionistischen Modell zuzuordnen. Das aber ist durchaus fragwürdig, weil in ihm die politische Entscheidung als Akt der Irrationalität klassifiziert wird. Wenn es jedoch rationale Gründe gibt, die eine Entscheidung rechtfertigen können, dann sind auch wissenschaftliche Argumente gefragt, und sie erhalten die Chance, die Entscheidungs*richtung* und ihren *Inhalt* zu beeinflussen.

Die Rolle der Fachdidaktik wird daher auch von anderen modifizierter beschrieben, als dies bei Roloff geschieht, so von Grosser:

„Verbindliche Erziehungsziele werden politisch gesetzt. Gegenüber dem Bildungspolitiker ist der Fachdidaktiker im günstigsten Falle in der Lage des Politikberaters, im Regelfalle allerdings lediglich in der Lage des Kritikers, der Ziele auf ihre Konsistenz und ihre Wirkung untersucht."[3]

Hier wird also durchaus die Chance gesehen, durch Beratung auch Einfluß auf Inhalte von Entscheidungen zu nehmen, und diese Aussage sollte nicht, wie das Grosser tut, durch die Unterscheidung von „Ausnahme" und „Regel" bagatellisiert werden. Vielmehr kommt hier eine Skala von verschiedenartigen Möglichkeiten des „Wechselverhältnisses" entsprechend dem „pragmatistischen Modell" zum Ausdruck, die nicht nur theoretischer Natur sind, sondern auch in der Praxis erprobt sind.

So sind bekanntlich die Richtlinien für die Sozialkunde in Sekundarstufe I unter Leitung und prägendem Einfluß von Bernhard Sutor entstanden. Die Kommission, die in Nordrhein-Westfalen die Richtlinien für den Politik-Unterricht ausarbeitete, ist grundlegend von dem Erziehungswissenschaftler Herwig Blankertz beraten worden. In Niedersachsen haben die Fachdidaktiker Rolf Schmiederer und Walter Gagel in der Richtlinienkommission „Sozialkunde" für Sekundarstufe I mitgearbeitet. In die Kommissionen, welche in der Regel aus Lehrern zusammengesetzt werden, sind manchmal auch Fachwissenschaftler berufen worden, so in NW. In Rheinland-Pfalz werden die Hochschulen der Länder um Gutachten gebeten; von der „Arbeitsstelle für Lehrplanentwicklung und -kooperation" in Bad Kreuznach werden „Colloquia" mit Wissenschaftlern des Landes und außerhalb zur Begutachtung von Richtlinienentwürfen veranstaltet. Nicht zu belegen sind die nicht bekannt werdenden informellen Beratungen politischer Institutionen durch einzelne Fachwissenschaftler und Fachdidaktiker.[4]

Diese Beispiele stehen für viele andere. Sicherlich ist im einzelnen nicht immer auszumachen, ob ein wissenschaftliches Gutachten eine Änderung bewirkt oder lediglich die Funktion von Legitimationshilfe hat. Der Einfluß der Fachdidaktiker bzw. Erziehungswissenschaftler in Rheinland-Pfalz und Nordrhein-Westfalen läßt sich an den Inhalten der jeweiligen Richtlinien ablesen. Auch der „Streit" um die Richtlinien für den Politikunterricht in NW hat die tragenden Strukturelemente dieser Richtlinien nicht verändert. In Niedersachsen sind wichtige Strukturelemente der Rahmenrichtlinien „Sozialkunde" für die Sekundarstufe I auch nach dem Regierungswechsel zur CDU-Regierung erhalten geblieben, obwohl die Kommission nach einer Weile ganz neu zusammengesetzt wurde und die Beteiligung der Fachdidaktiker damit endete.

Gewiß sollte man den Einfluß der Wissenschaft nicht überschätzen, aber auch nicht unterschätzen. Empirisch läßt sich eine Bandbreite der Kooperation belegen, die mehr oder weniger dem „pragmatistischen Modell" nahekommt, bei der teils „Beratung", teils „Beauftragung" stattfindet und mehr oder weniger wirksam wird, bei der schließlich wechselseitige Kommunikation teils symmetrisch, teils mehr oder weniger asymmetrisch stattfindet.

Wir können also die Funktion der Fachdidaktik im Hinblick auf die Beeinflussung politischer Entscheidungen über Ziele und Inhalte des Unterrichts folgendermaßen bestimmen:

– *Entwicklung didaktischer Standards.* In der fachdidaktischen Diskussion werden Zielsysteme und didaktische Prinzipien entwickelt, die für die Arbeit in der Schule Möglichkeiten darstellen, aus denen ausgewählt werden kann. Diese gehen z. T. auch in die Richtlinien ein, z. B. der situationsorientierte Ansatz (NW, Niedersachsen). Diese primär innerwissenschaftliche Funktion hat ihre Außenwirkung durch ihren Angebotscharakter.
– *Beratung* politisch-administrativer Richtlinienarbeit in der oben dargestellten Bandbreite.
– *Kritik* politischer Vorgaben und Entscheidung bezüglich der Ziele und Inhalte des politischen Unterrichts als Beitrag zur Diskussion in der Öffentlichkeit. Didaktiker, die von der Prämisse der Trennung von Fachdidaktik und Politik ausgehen (Roloff, Wallraven), sehen darin die einzige wissenschaftsexterne Funktion, andere (vgl. Zitat Grosser, oben S. 196) eine Ergänzung.

Darin liegt der Beitrag der Wissenschaft, speziell der Fachdidaktik, zur Legitimation von Zielen und Inhalten des Unterrichts. Sicherlich kann Wissenschaft Erziehungsnormen nicht in der Weise legitimieren, daß ihre „objektive" Gültigkeit nachgewiesen wird.[5] Im Bereich der Normen und Werte gibt es kein „wahr" und „falsch"; vielmehr gelten hier nur „vernünftige Gründe", die aber immer kontrovers bleiben müssen. Aber Wissenschaft kann Legitimationshilfe bieten und bewirken. Und es ist z. B. nicht zu unterschätzen, daß Zustimmung bei Adressaten auch dadurch bewirkt wird, daß Entscheidungen von

Schulverwaltungen sich inhaltlich an wissenschaftlichen Standards orientieren, mit denen die Lehrer durch ihre Teilnahme an der fachdidaktischen Diskussion vertraut geworden sind.

Literatur

1 *Ernst-August Roloff:* Erziehung zur Politik, Bd. 1, 3. Aufl., Göttingen: Schwartz 1974, S. 14 f.
2 *Jürgen Habermas:* Verwissenschaftlichte Politik und öffentliche Meinung. In ders.: Technik und Wissenschaft als ‚Ideologie', Frankfurt: Suhrkamp 1968, S. 121-127.
3 *Dieter Grosser:* Kompendium Didaktik. Politische Bildung, München: Ehrenwirth 1977, S. 19.
4 Vgl. *Wolfgang Northemann* (Hg.): Politisch-gesellschaftlicher Unterricht in der Bundesrepublik, Opladen: Leske 1978, S. 213 zu Sutor, S. 200 zu Blankertz, S. 184 zu Niedersachsen, S. 200 zu Wissenschaftler, S. 214 Gutachten.
5 *Erhard Forndran:* Legitimation und Paradigma einer sozialwissenschaftlichen Lehrerbildung aus der Sicht der Politikwissenschaft. In ders. u. a (Hg.): Studiengang Sozialwissenschaften, Düsseldorf: Schwann 1978, S. 21.

6.2.2 Legitimierung durch Berufung auf das Grundgesetz

Eines der gebräuchlichsten Legitimationsmuster ist die Berufung auf das Grundgesetz. Mit zahlreichen Beispielen aus Richtlinien und didaktischen Konzeptionen des politischen Unterrichts hat Klaus Rothe dies eindrucksvoll aufgelistet.[1] Aber gleichermaßen kann verdeutlicht werden, daß hierdurch Zielentscheidungen nicht zwingend begründet werden, daß also auch die legitimierende Leistung des Grundgesetzes begrenzt ist. Denn aus der gleichen Verfassungsnorm können verschiedene Folgerungen gezogen werden. Als Beispiele dienen Richtlinien aus Hessen und dem Saarland.[2]

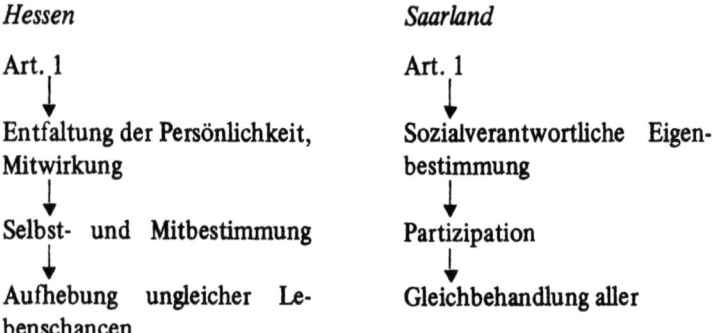

Hessen

Art. 1
↓
Entfaltung der Persönlichkeit, Mitwirkung
↓
Selbst- und Mitbestimmung
↓
Aufhebung ungleicher Lebenschancen

Saarland

Art. 1
↓
Sozialverantwortliche Eigenbestimmung
↓
Partizipation
↓
Gleichbehandlung aller

In beiden Richtlinien wurde versucht, Ziele des politischen Unterrichts aus dem Art. 1 GG herzuleiten oder sie an diesen anzubinden. Aber die Intentionen sind diametral verschieden: Herstellung von Gleichheit in Hessen, von Ungleichheit im Saarland.
In der Tat gibt es die Möglichkeit von jeweils mehreren Auslegungen einer Verfassungsnorm. Denn auch die juristische Auslegungsmethode ist ein hermeneutisches Verfahren, bei dem die Subjektivität des hermeneutischen Zirkels nicht auszuklammern ist. Daher läßt auch akribische Interpretation immer auch Alternativen zu.

Eine Ableitung aus Art. 1 des Grundgesetzes hat Roloff versucht.[3] Der Nachvollzug ergibt jedoch, daß eine solche Auslegung, durch welche die Legitimation des Erziehungszieles „Emanzipation" nachgewiesen werden soll, nicht ohne „zusätzliche Entscheidungskriterien" auskommt; bei Roloff ist dies die Option für eine unter mehreren Grundrechtstheorien und für einen Leitwert der Erziehung[4]. Grafisch läßt sich dies wie in *Abb. 12* darstellen.

Abb. 12: Ableitung des Erziehungsziels bei Roloff

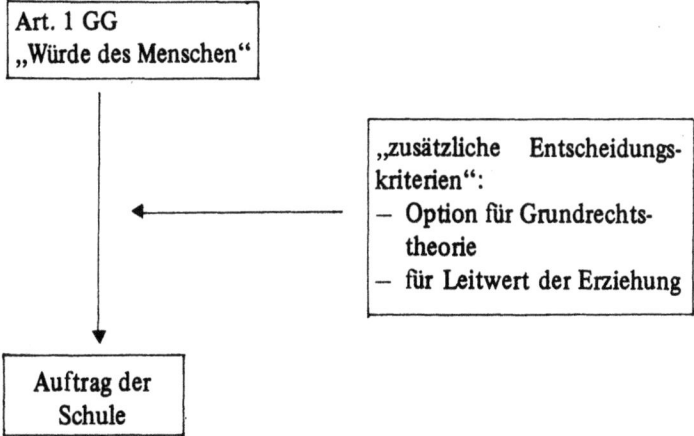

Die Auslegung von Verfassungsnormen läßt demnach immer einen Toleranzbereich offen. Ziele des Unterrichts in der Schule müssen innerhalb dieses Toleranzbereiches liegen, welchen das Grundgesetz eröffnet, – das ist eine Voraussetzung für die Anerkennung einer didaktischen Konzeption im öffentlichen Schulwesen. Die Grundrechtskonformität ist jedoch nur eine notwendige, keinesfalls eine hinreichende Bedingung für den politischen Unterricht. Sie enthebt nicht einer Entscheidung angesichts von Alternativen und macht dadurch zusätzliche Begründungen erforderlich.

Literatur

1 *Klaus Rothe:* Didaktik der Politischen Bildung, Berlin: Wiss. Verlag H. Gercke 1981, S. 57-59.
2 *Walter Gagel:* Können Richtlinien für den Politik-Unterricht konsensfähig sein? In ders., Rolf Schörken (Hg.): Zwischen Wissenschaft und Politik, Opladen: Leske 1975, S. 47.
3 *Ernst-August Roloff:* Erziehung zur Politik Bd. 1, 3. Aufl., Göttingen: Schwartz 1974, S. 149 f.
4 *Walter Gagel:* Politik – Didaktik – Unterricht. Eine Einführung in didaktische Konzeptionen des politischen Unterrichts, 2. Aufl., Stuttgart: Kohlhammer 1981, S. 149-154. Dort auch die Grafik S. 154.

Verfassungsrechtliche und gesetzliche Grundlagen des politischen Unterrichts:
Lutz-Rainer Reuter: Normative Grundlagen des politischen Unterrichts. Dokumentation und Analyse, Opladen: Leske 1979.

Grundgesetz und Bundesverfassungsgericht als Legitimationsquelle:
Bernhard Sutor: Grundgesetz und politische Bildung, hrsg. Niedersächsische Landeszentrale für Politische Bildung, Hannover 1976.
Dazu *Gagel* (Anm. 4) S. 118-123.

6.2.3 Legitimierung durch Konsens

Mit dieser Legitimierungsart ist die Erwartung verbunden, daß es in einer Gesellschaft Anschauungen und Überzeugungen gebe, in denen alle übereinstimmen. Es ist nur erforderlich, diese aufzufinden; wenn politische Akteure an sie appellieren, können sie auch der Zustimmung aller gewiß sein; die damit verbundenen Handlungen sind legitimiert. Die obersten Lernziele oder Erziehungsziele müssen diesen Konsens treffen, um der Gefahr zu entgehen, daß sie bestritten werden; sie sind dann durch den *Konsens* legitimiert. In einer Gesellschaft des Wertepluralismus kann es sich dabei freilich nur um einen *Minimalkonsens* handeln, also um die Übereinstimmung in wenigen Grundfragen bei Fortbestehen von Gegensätzen in vielen anderen Fragen.

Nun wird gerade die Möglichkeit eines solchen Minimalkonsenses und seine Tauglichkeit für die Lösung des Legitimierungsproblems bestritten.

Schissler weist darauf hin[1], daß im „Streit" um die Richtlinien beide Gegner sich auf den Minimalkonsens bezogen hätten, daß also der Bezug auf ein Übereinstimmendes gerade einen fundamentalen Dissens offenbart habe. Er bestreitet die Notwendigkeit von Konsens für gesellschaftliches Handeln. „Für die Stabilität unserer Gesellschaft sind nicht die Wertübereinstimmungen wichtig, sondern die Mechanismen der Konfliktregelung unter bewußter Ausklammerung der gesamten, nur für den Bereich der Individuen konstitutiven Werteproblematik."

Sutor hat darauf geantwortet[2], daß der Verfahrenskonsens nicht ausreiche. „Reine Formalität gibt es nicht, die Verfahrensweisen ... sind nicht zufälliger und nicht willkürlicher Natur, sondern sie repräsentieren inhaltlich gemeinten Sinn, der mit Stichworten wie Menschenrechte und Bürgerfreiheit hier nur angedeutet werden kann." Sie repräsentieren demnach auch eine Wertübereinstimmung.

Offensichtlich ist in einer Gesellschaft empirisch wenig Übereinstimmendes festzustellen; der Minimalkonsens ist durch Meinungsbefragungen nicht zu ermitteln. Zentrales Legitimationskriterium ist daher die Zustimmung zu den Verfahren der Konfliktregelung und Entscheidungsfindung; dies ist „Legitimation durch Verfahren" (N. Luhmann): Die generelle Zustimmung zu dem *Verfahren,* welches zu einer Entscheidung führt, bewirkt auch eine Zustimmung zu dem *Inhalt* der Entscheidung oder wenigstens dessen Duldung. Darin stimmen Schissler und Sutor überein; das Bemühen um Sinndeutung dieses „Verfahrens", das Sutor zusätzlich heranzieht, wird erst dann aktuell, wenn dieses Prinzip der Verfahrenslegitimation problematisch wird. Andernfalls handelt es sich um jene die Verfassung tragenden Grundwerte, deren begrenzte legitimatorische Leistung für Erziehungsziele oben schon herausgestellt wurde.

Entscheidungen im Schulsystem haben jedoch einen geringeren Grad an Formalisierung; das bürokratieinterne Zustandekommen von Verwaltungsakten ist nicht zu vergleichen mit der Verfahrenskomplexität, die zur Vorbereitung eines Gesetzes verfassungsrechtlich geboten ist, wobei z.B. das Erfordernis der Öffentlichkeit im Unterschied zu bürokratieinternen Entscheidungsprozessen ein wichtiges Element darstellt. Inhaltliche Entscheidungen haben neuerdings nicht mehr ohne weiteres Zustimmung gefunden. Die formale Kompetenz des Kultusministers war in vielen Fällen nicht ausreichend, um Lehrpläne oder die Einführung von neuen Lehrgegenständen wie Sexualkunde gegen Widerspruch und Protest abzusichern. Der „Streit" um die Richtlinien der Jahre 1972 bis 1974 belegt, daß bei inhaltlichen Entscheidungen der Schule über Erziehungsziele, also Entscheidungen, die Wertorientierungen berühren, „Legitimation durch Verfahren" allein nicht ausreicht, um Zustimmung oder Duldung bei den Betroffenen zu finden.

Freilich ist bei diesen Überlegungen der Konsensbegriff schon erweitert worden.

Bedeutungsvarianten des Konsensbegriffes sind: Konsens
a) als „Übereinstimmung" über Handlungsnormen, Werte, Überzeugungen;
b) als „Übereinkunft" im Sinne der Vereinbarung von Regeln;
c) als „Zustimmung" im Sinne der Unterstützung von Entscheidungen und ihre Befolgung;

d) als „Zumutbarkeit" von Entscheidung, welche diejenigen, die ihnen nicht zustimmen, wenigstens hinnehmen können.³

Konsens ist nicht nur als „Übereinstimmung" schon vorhanden, sondern kann als „Zustimmung" auch hergestellt werden; gerade im politischen Prozeß ist „Konsensbildung" eine wichtige Phase zur Legitimierung politischer Entscheidungen. Schließlich ist eine Toleranzbreite der „Zumutbarkeit" vorauszusetzen; innerhalb dieser ist eine Duldung von Entscheidungen zu erwarten, solange diese keine zentralen individuellen Werte verletzen.

Konsens ist also nicht nur etwas Vorgefundenes, sondern auch etwas, das erst bewirkt wird. Die Kriterien „Zustimmung" und „Zumutbarkeit" verweisen darauf, daß in diesem Prozeß der Erprobung von Konsens die Adressaten von Entscheidungen faktisch oder wenigstens antizipierend in eine Kommunikation über die Inhalte dieser Entscheidung einbezogen werden.

Literatur

1 *Jakob Schissler:* Pluralismus über alles? Das Konsensproblem in der Didaktik der politischen Bildung. In: Materialien zur Politischen Bildung 1977, H. 3, S. 81–86, hier S. 81f.
2 *Bernhard Sutor:* Konsens und Dissens in der politischen Bildung. In: Materialien zur Politischen Bildung 1977, H. 4, S. 104-109, hier S. 105f. Die Entgegnung von J. Schissler in Materialien ... 1978, H. 1, S. 201-203.
3 *Walter Gagel:* Politik – Didaktik –Unterricht. Eine Einführung in didaktische Konzeptionen des politischen Unterrichts, 2. Aufl., Stuttgart: Kohlhammer 1981, S. 88.

Kurt Gerhard Fischer: Theorie und Praxis von Consensus und Dissensus, hrsg. Niedersächsische Landeszentrale für Politische Bildung, Hannover 1974.
Walter Gagel: Können Richtlinien für den politischen Unterricht konsensfähig sein? In ders., Rolf Schörken (Hg.): Zwischen Wissenschaft und Politik. Politikunterricht in der öffentlichen Diskussion, Opladen: Leske 1975, S. 41 – 59.
Gagel (Anm. 3) S. 87 – 91.
Siegfried Schiele, Herbert Schneider (Hg.): Das Konsensproblem in der politischen Bildung, Stuttgart: Klett 1977.

6.2.4 Ergebnis

Die beschriebenen drei Standards für die Legitimierung von Entscheidungen über die Lernziele des politischen Unterrichts reichen jeder für sich offenbar nicht aus, um die Anerkennung von Richtlinien für den politischen Unterricht, von Curriculumelementen wie Lehr-

büchern oder von didaktischen Konzeptionen zu sichern. Sie erfüllen jeweils nur eine Teilaufgabe:
- Wissenschaft dient als L'egitimations*hilfe*,
- das Grundgesetz bietet einen Legitimations*rahmen*,
- Konsens ist selten vorauszusetzen, sondern stellt eine *Aufgabe* dar.

Literatur

Allgemein zum Legitimationsproblem:
Erhard Forndran: Legitimation und Paradigma einer sozialwissenschaftlichen Lehrerbildung aus der Sicht der Politikwissenschaft. In: E. Forndran u. a. (Hg): Studiengang Sozialwissenschaften, Düsseldorf: Schwann 1978, S. 14 – 42.
Herbert Kühr: Politische Didaktik, Königstein. Äthenäum 1980, S. 224–241.
Wolfgang Manz: Schule und Legitimation. Zur curricularen Entscheidungsproblematik, Hamburg: Hoffmann und Campe 1975.

6.3. Die dialogische Struktur der Begründung von Zielen und Inhalten

Legitimation ist nicht nur die Sache des politischen Kampfes, sondern auch Bestandteil des Alltags in der Schule. Folgende Situation kann jeder Lehrer erleben:

Ein Vater: „Ich habe aus Zufall das GL-Heft unseres Sohnes in die Hand bekommen ... Es ging um Klasseneinteilung, Gesellschaftsschichten. Nachdem ich eine Unterrichtsvermittlung gelesen habe, bin ich hingegangen und habe mich bei dem betreffenden Lehrer angemeldet. Ich habe ihm das Heft mitgenommen, ich habe ihm das unter die Nase gelegt und ihn gefragt, ob das im Sinne einer demokratischen Erziehung unserer Kinder wäre. Daraufhin war er etwas schockiert, und er wußte sich nicht herein- und herauszureden."

Hans Werner Kilz (Hrsg.): Gesamtschule. Reinbek: Rowohlt 1980, S. 54-55.

Nicht immer wird der Lehrer so direkt erfahren, ob Eltern mit den Unterrichtsinhalten einverstanden sind oder nicht. Dennoch wird er damit rechnen, daß Schweigen der Eltern nicht nur Zustimmung, sondern auch Ablehnung und stummer Widerstand gegen Absichten seines Unterrichts bedeuten kann. Er steht unter einem permanenten Rechtfertigungszwang für seine pädagogischen und didaktischen Entscheidungen. Daher ist es zweckmäßig, wenn er sich darauf einstellt,

Zweifelnden gegenüber Ziele und Inhalte seines Unterrichts zu begründen, d.h. zu legitimieren.

Es lassen sich „Rechtfertigungsgründe" unterscheiden, je nach Arten von Erziehungszielen. Tröger führt drei Gruppen von Erziehungszielen an:[1]

„1. Der anthropologische Bereich. Der Rechtfertigungsgrund für die Zielentscheidung ist hier ein Menschenbild, früher z.B. das des Gentleman, oder unserem heutigen Verständnis entsprechend, das der mündigen Person.
2. Der normative Bereich. Rechtfertigungsgrund für die Zielsetzung sind hier Werte und Normen, sofern sie sich als objektiv, d.h. für alles menschliche Handeln und somit für die Erziehung verpflichtend nachweisen lassen.
3. Der pragmatische Bereich. Rechtfertigungsgrund sind hier die Aufgaben, die die Gesellschaft der Erziehung stellt."

Diese Rechtfertigungsgründe werden auch im pädagogischen Alltag verwendet. Aus einem Gruppeninterview stammen folgende Argumente:[2]

Ein Vater über die Vorzüge der Gesamtschule, festgestellt an seiner Tochter: „Sie ist unheimlich viel freier und selbständiger geworden durch diese Schule."
(41) – anthropologische Rechtfertigung.
Eine Mutter kritisiert am Erziehungsziel: „Vor allem, daß das Wort Ordnung in der Schule kaum noch gebraucht wird, das verstehe ich ganz und gar nicht."
(46) – normative Rechtfertigung (ihrer Kritik).
Eine Mutter zu Verbesserungsmöglichkeiten der Gesamtschule: „Wenn die Schule jetzt weiterentwickelt werden soll, sollte die Information breiter gefächert sein, daß Industrie und Handel auch später einverstanden sind mit dem, was in der Schule gemacht wird." (57) – pragmatische Rechtfertigung.

Diese Beispiele verschiedener Rechtfertigungsgründe zeigen die Schwierigkeiten des argumentativen Verfahrens. Die normative Rechtfertigung fand bei den interviewten Eltern großen Anklang; die Lehrer der betroffenen Schule werden sich wahrscheinlich dagegen wehren, der Norm „Ordnung" einen hohen Stellenwert einzuräumen. Für viele Eltern ist sie eine unantastbare Norm, aber als „objektive, d.h. für alles menschliche Handeln und somit für die Erziehung verpflichtend", würde sie sich argumentativ vielleicht nur schwer oder gar nicht nachweisen lassen.

Die anthropologische Rechtfertigung überzeugt zunächst durch ihre Plausibilität, so daß sie keinen Widerspruch hervorruft. Der Rechtfertigungsgrund ist ein Menschenbild, dem die am Gespräch Beteiligten offenbar zustimmen. Dabei ist unter Menschenbild ein Bündel von Wertvorstellungen zu verstehen, die etwas über „richtiges" Verhalten des Menschen in einer Gesellschaft aussagen.

Die Problematik und Schwierigkeit von Rechtfertigung wird in dem Moment sichtbar, da gegensätzliche Auffassungen vertreten werden. Ob die „Aufgaben der Gesellschaft" Vorrang haben vor der Erziehung zur Selbständigkeit, – darüber kann es Differenzen zwischen Lehrer und Eltern in einem konkreten Fall geben. Auch wenn man erkennt, daß in einem solchen Fall verschiedene Rechtfertigungsgründe gegeneinander ausgespielt werden, so verhilft diese Erkenntnis doch nicht sehr zur Schlichtung dieses Streites. Bei Erziehungsnormen handelt es sich um Aussagen darüber, was sein soll, also um *präskriptive* Aussagen, – im Unterschied zu Aussagen darüber, was ist, zu *deskriptiven* Aussagen. Präskriptive Aussagen sind Werturteile, für die zwingender „Beweis" nach dem Vorbild der Naturwissenschaften nicht möglich ist und die sich daher nicht mit den Kategorien von „richtig" und „falsch" fassen lassen.

Andererseits: Mit der Aussage, die Schule solle zu freiem und selbständigem Verhalten erziehen oder die Fähigkeit zur politischen Beteiligung vermitteln, ist die Absicht verbunden, daß jemand die Aussage als Anweisung für sein Handeln versteht, sie also befolgt. Dadurch soll Schule die gewünschte Wirkung auf Lernende haben. Der imperativische Charakter des Werturteils schließt also aus, dieses als eine bloß subjektive Stellungnahme zu verstehen; das Werturteil zielt auf Geltung und damit auf Anerkennung durch andere.

Was der Lehrer im Eingangsbeispiel versäumt hatte, war, zu berücksichtigen, daß die von ihm gewählten Unterrichtsziele Normen sind, die nicht allein für ihn gelten, sondern auch für diejenigen gelten müssen, die an ihrer Realisierung beteiligt sind: die Schüler, die sie befolgen, die Eltern, die sie zumindest dulden müssen, die Schulverwaltung, die sie politisch verantworten muß. Wenn diese Geltung nicht durch Macht oder Androhung von Gewalt erzwungen werden soll, bleibt nur der Appell an die Vernunft zwecks Bewirkung von Einsicht und Zustimmung. Dies geschieht durch Argumente, durch die Ziele gerechtfertigt oder begründet werden.

An Normen oder Zielen orientierte Handlungen setzen eine Verständigung über diese Ziele voraus. Dies geschieht in der Form des Austausches von Argumenten und Gegenargumenten. Es ist dies die Form der Beratung mit anderen, im Grenzfall: die Beratung mit sich selber. Immer aber ist es so, daß Intersubjektivität angestrebt wird, also nicht Subjektivität, sondern die Chance der intersubjektiven Anerkennung von Zielsetzung durch die argumentativ geführte Beratung mit anderen.

Die Rechtfertigung von Erziehungszielen ist also ein *kommunikativer Akt* oder eine Sprechhandlung. Die hierfür konstituierende Intersubjektivität wird hergestellt durch Gemeinsamkeiten als

Voraussetzung einer Argumentation: die gemeinsame Sprache und die intersubjektiv geltenden Kriterien eines verbindlichen Sprechens. Wir nennen diese Kriterien, die Zustimmung erzeugen können, *Begründungsregeln*. Solche Regeln können sein: logische und empirische Argumente, die Offenlegung der eigenen Absichten und die Anerkennung des Gleichheitsprinzips.

Diese Begründungsregeln werden hier als Kriterien einer dialogisch geführten Rechtfertigung von Zielen und Inhalten des politischen Unterrichts, aber auch von didaktischen Handlungen des Lehrers verstanden. Mit dieser Struktur unterscheiden sie sich von den im Grunde „monologisch" angelegten „Rechtfertigungsgründen", wie sie Tröger zusammengestellt hat (s. oben S. 204). Diese beziehen sich daher auch auf objektive Gegebenheiten: Normen der Gesellschaft, zeitlose Werte. Doch damit erzeugt diese Rechtfertigung erst recht den Dissens, weil sie die Kontroverse über die Auslegung der Normen und Werte stimuliert. Die Begründungsregeln enthalten demgegenüber nicht die Normen der Gesellschaft oder die objektiv gültigen Werte, sondern die Normen des verständigungsorientierten Diskurses.

Literatur

1 *Walter Tröger:* Erziehungsziele. Analyse und Lösungsvorschläge für ein aktuelles pädagogisches Problem, München: Ehrenwirt 1974, S. 74.
2 *Hans Werner Kilz* (Hg.): Gesamtschule, Reinbek: Rowohlt 1980.
Zur dialogischen Struktur von Begründungen:
Kuno Lorenz: Stichwort „Beweis", in Handbuch philosophischer Grundbegriffe, hrsg. von H. Krings, A.M. Baumgartner, C. Will, Studienausgabe Bd. I, München: Kösel 1973, S. 220–232.
Rolf Prim, Heribert Tilmann: Grundlagen einer kritisch-rationalen Sozialwissenschaft, 3. Aufl., Heidelberg: Quelle & Meyer 1977, S. 130–134.

6.4 Begründungsregeln

Ein Beispiel für die Begründung von leitenden Normen einer didaktischen Konzeption des politischen Unterrichts gibt Wolfgang Hilligen. Für die Geltung der Option „Überwindung sozialer Ungleichheiten" führt er folgende Argumente an:

a) Er beginnt mit einer historischen Begründung, in welcher die sozialphilosophische Tradition stichwortartig beschrieben wird; man könnte dies Geltung durch Überlieferung nennen. Es folgt, wenngleich irreführend, unter dem gleichen Aspekt „historische Begründung" eine b) empirische Prüfung, die in der Auflistung einiger Theorien über Funktionen, Wirkungen und Möglichkeiten der Überwindung sozialer Ungleichheiten besteht, um so deren Notwendigkeit einsichtig zu machen. Darauf wird in der c) politischen Begründung die programmatische Übereinstimmung der Parteien bezüglich des Grundwertes „soziale Gerechtigkeit" festgestellt; diese Ermittlung von Konsens dient dazu, den Unterricht vor Parteilichkeit und damit Einseitigkeit zu bewahren. Hilligen verschweigt aber nicht, daß die Überführung des Grundwertes in politische Lösungen zu Kontroversen führt und damit das Feld politischer Auseinandersetzungen eröffnet. Dabei ist eine „rationale Überprüfung der Konsequenzen" jeder dieser Lösungen erforderlich. Schließlich dient d) die didaktischpsychologische Begründung dazu, den bei Schülern zu vermutenden Lernvoraussetzungen ein Argument für die Gewichtung eines an dieser Option orientierten Unterrichts zu entnehmen (Korrektur überwiegender Einstellungen).

Wolfgang Hilligen: Zur Didaktik des politischen Unterrichts I, Opladen, Leske 1975, S. 177-179.

In ihrer methodischen Klarheit ist dieses Beispiel der Normenbegründung hilfreich. Man darf es nur nicht mißverstehen. Es enthält keine „Beweise", keine Aussagen, die für sich selber bereits überzeugend wären und daher jeden Widerspruch ausschlössen. Vielmehr sind sie lediglich der Auftakt eines innerwissenschaftlichen Gesprächs, in dessen Verlauf von anderen auch Einwände vorgebracht werden können. So verstanden, sind in diesem Text nicht die Argumente, sondern die Argumentations*arten* wichtig, nach denen der Text gegliedert ist und an denen die *Methode* faßbar wird. Diese Argumentationsarten bezeichnen die Gründe, durch welche Argumente bei anderen Geltung erlangen können, z.B. weil für jeden die realen Folgen einer Handlung wichtig sind und die empirische Prüfung über diese eine Voraussage macht.

Diese Argumentationsarten nennen wir *Begründungsregeln,* und sie entsprechen den Kriterien der Geltung verständigungsorientierter Aussagen, wie sie Jürgen Habermas aufführt.

Als derartige Kriterien nennt Habermas: Richtigkeit, Wahrheit, Wahrhaftigkeit. Richtigkeit ist die Angemessenheit oder Unangemessenheit von Aussagen oder Handlungen in Bezug auf angenommene Normen, Wahrheit ist die Übereinstimmung einer Aussage mit der Realität, Wahrhaftigkeit ist die subjektive Glaubwürdigkeit des Sprechenden.[1]

Diese Geltungsgründe sind freilich noch so abstrakt, daß sie erst in verstehbare Sprechsituationen übertragen werden müssen. Denn sie sollen ja z.B. als Maßstab für eine Diskussionsleitung oder als Regeln des Diskutierens verwendet werden können. Daher übersetzen wir sie in Fragen und schlagen als derartige Begründungsregeln eine Kette von fünf Fragen vor. Eine Kette werden sie deshalb genannt, weil die Abfolge der Fragen wieder an die erste anschließen muß, um einen kreisartigen Durchgang zu ermöglichen.

Die Entscheidung über einen Lerngegenstand, die Erklärung einer Absicht, die Aufforderung an andere können geprüft werden mit Hilfe folgender Fragen:

1. *Welcher Wertbezug liegt zugrunde?* Es ist dies die Forderung nach der Offenlegung der grundlegenden Wertentscheidungen. Dadurch geschieht eine Trennung von Aussagen über Fakten von denen über Normen, d.h. die Unterscheidung von deskriptiven von präskriptiven Aussagen. Bei Hilligen geschieht dies durch die Nennung seiner drei „Optionen". Bei einem Thema der Sozialpolitik würde dies beispielsweise bedeuten, daß man klarstellt, es gehe dabei um Überwindung und nicht um Erhaltung sozialer Ungleichheit (2. Option). Die Offenlegung der Wertentscheidung ermöglicht außerdem die Prüfung nach dem Kriterium der „Richtigkeit", wie es Habermas versteht; Aussagen und Handlungen können in Bezug auf diese Wertentscheidung als angemessen oder als unangemessen kritisiert werden.

2. *Welche wissenschaftlichen Aussagen gibt es?* Darunter ist die empirische Prüfung zu verstehen, also die Zuverlässigkeit der Aussagen über die Realität, die im Zusammenhang mit einer Entscheidung (über Ziele, Inhalte usw.) stehen: Wirkungen, Folgen, Nebenwirkungen. Bei Habermas ist es die Prüfung der Geltung unter dem Kriterium der „Wahrheit", bei Hilligen die Zusammenstellung der Aussagen empirischer Wissenschaften. Hilligen führt an: Auswirkungen auf die Persönlichkeitsentwicklung des einzelnen, auf den Zustand der ganzen Gesellschaft.

3. *Gibt es Übereinstimmungen innerhalb der Gesellschaft und wieweit gehen sie?* Hier werden Konsenshypothesen erwartet, durch die der Rechtfertigungsaufwand reduziert werden kann. Bei Hilligen sind es die durch Tradition hergestellten Selbstverständlichkeiten, übereinstimmende Aussagen in den Programmen von Parteien, Verbänden und gesellschaftlichen Gruppen; er nennt dies historische und politische Begründung.

4. *Welche Einwände sind denkbar oder feststellbar?* Dies ist die Anwendung des Falsifikationsprinzips, das besagt, daß eine Aussage so

lange gelten kann, als sie nicht widerlegt wird. Als „Befragung und Widerlegung" wird dies auf die deskriptiven Aussagen in (2) und (3) angewandt. Dies ist folglich auch eine empirische Prüfung, die aber um den Gesichtspunkt der Reziprozität erweitert wird: Welche Einwände können vom Dialogpartner vorgebracht werden? Die Fragenkette öffnet sich damit dem Dialogpartner, also entweder vorwegnehmend oder hinhörend. Dies leitet zur fünften Frage über:
5. *Welcher Wertbezug liegt den Argumenten des Dialogpartners zugrunde?* Hier beginnt der Durchgang der Prüfung bei andern. Dessen Aussagen werden den gleichen Begründungsregeln ausgesetzt. Damit wird aber sichtbar, daß eine Dialogsituation angestrebt ist, also eine Situation der Beratung und des auf Verständigung abzielenden Handelns miteinander.

Durch die Anwendung auf eine Alltagssituation soll dieser Katalog von Begründungsregeln erprobt werden. Wir wählen hierzu die Fortsetzung der oben (S. 203) zitierten Äußerungen eines Vaters.

„Das handelte davon, daß die Kinder zur Schule kamen. Sabine, ihr Vater ist Fabrikdirektor, die wird mit Chauffeur und Limousine vorgefahren. Peters Vater ist selbständiger Handwerker, die Mutter fährt mit dem VW an die Schule, dann kommt das kleine Fritzchen hin vom kleinen Arbeiter, der muß im Regen mit dem Rad an die Schule heranfahren. Das ist doch von vornherein von der Schule aus, die sich rühmt, eine Klassengleichheit zu haben, schon wieder eine Diskriminierung der Kinder derjenigen, die aus den einzelnen Schichten kommen, egal, das gefällt dem Großen, der mit dem Mercedes gefahren wird, genausowenig, wenn er mit dem Chauffeur in die Stadt gefahren wird, wie dem Kleinen, der mit dem Rad in die Schule fahren muß. Ich finde, das sind einfach Sachen, die anders vermittelt werden müßten, die nicht direkt so auf diese Klassenunterschiede hin ausgerichtet sein sollten, wo den Kindern nur eingehämmert wird, das ist ein Arbeiter, der ist mit dem Fahrrad da, die anderen werden mit dem Auto in die Schule gefahren.
Wir wollen doch wegkommen von diesen Klassenunterschieden. Dafür wurde doch diese Gesamtschule eingeführt. Bildungsgleichheit für alle. Warum wird jetzt da wieder darauf hingearbeitet, daß es Unterschiede gibt? Gerade in diesem Unterrichtsfach kommt das immer wieder so stark zutage."

Kilz (o. S. 203) S. 55.

Aus dem Text ergeben sich folgende Antworten auf die Fragen:

1. *Wertbezug:* Für den Lehrer gilt vielleicht Überwindung sozialer Ungleichheit, bei dem Vater steht hingegen eine Vorstellung von „Bildungsgleichheit" im Vordergrund, und das meint wohl Herstellung von Chancengleichheit.
2. *Empirische Prüfung:* Hier müßte zunächst geprüft werden, ob die Benachteiligung von Unterschichtenkindern empirisch belegt ist. Aber weiter müßte darauf eingegangen werden, daß Unterschiede in einer Gesellschaft wissenschaftlich sowohl mit dem Klassenmodell als auch mit dem Schichtenmodell erfaßt werden können; daraus folgen Differenzen der Interpretation und des Erkenntnisinteresses (nämlich Aufhebung der Unterschiede auf der einen, Entdeckung von Mobilitätschancen auf der anderen Seite). Die empirische Prüfung ergibt, daß es keine eindeutigen Aussagen über den Charakter der Gesellschaft gibt.
3. *Konsenshypothesen:* Über Chancengleichheit gibt es keinen bildungspolitischen Konsens, CDU/CSU verwendet den Begriff „Chancengerechtigkeit". Die Kennzeichnung der Gesellschaft als „Klassengesellschaft" wird nur von einer Minderheit in der Gesellschaft getragen. Um so stärker erscheint dem Vater die Auffassung des Lehrers als einseitig, als Parteilichkeit.
4. *Einwände:* Der Vater entdeckt einen Widerspruch zwischen der Absicht der Gesamtschule, die Klassenunterschiede einzuebnen, und dem Unterricht des Lehrers, welcher Klassenunterschiede nach Ansicht des Vaters bewußtmacht und somit verfestigt. Ebenso könnte man dem Klassenmodell hier das Schichtenmodell als alternatives Erklärungsmuster der Gesellschaft entgegensetzen.
5. *Diskursprinzip:* Der Vater nimmt Anstoß an politischer Einseitigkeit. Er lehnt einen Unterricht ab, in welchem das Bewußtsein der Schüler von der Meinung des Lehrers geprägt wird. Der Vater orientiert sich an der Norm einer selbständigen Meinungsbildung der Schüler und verlangt dazu eine Information über das Für und Wider eines Sachverhaltes.

Diese Begründungsregeln helfen also, Gesprächssituationen zu analysieren, aber auch, derartige Gespräche zu regulieren. Leitender Gesichtspunkt ist dabei die Frage, wie Verständigung zu erzielen sei, nicht wer recht hat oder behält. Dazu ist erforderlich, daß jeder Gesprächspartner die Erwartungen des anderen in seine Überlegungen einbezieht. Für den Lehrer sind diese Fragen demnach sowohl Hilfe bei der Diagnose (Worin besteht der Dissens?) als auch beim kommunikativen Handeln (Wie kann der Dissens abgebaut werden?).

Zu beachten ist jedoch auch, daß eine solche dialogisch geführte

Rechtfertigung eine unverzichtbare Basis hat. Bei Habermas ist sie durch das Kriterium der Wahrhaftigkeit benannt: Der Sprechende ist bereit, den Dialogpartner über die Absicht seiner Aussagen nicht zu täuschen, er will in diesem Sinne subjektiv glaubwürdig sein. Ferner gelten die Normen einer „Ethik der Kommunikation" (s. oben S. 185f), aus denen folgt, daß sich der Dialog an der Idee einer symmetrischen Interaktion unter prinzipiell Gleichen orientiert und eine solche intendiert.

Literatur

1 *Jürgen Habermas:* Theorie des kommunikativen Handelns, Bd. 1, Frankfurt: Suhrkamp 1981, S. 410–414, hier S. 412.

6.5 Folgerungen aus dem Diskursprinzip

Rechtfertigung von Zielen und Inhalten des Unterrichts sollte dialogisch erfolgen, das war das Ergebnis unserer bisherigen Überlegungen. Das hat einige Konsequenzen.

1. *Die Orientierung am Konsenspostulat:* Der Lehrer kann sich bei seinen didaktischen Entscheidungen weder ausschließlich auf Empfehlungen der Wissenschaft verlassen, noch reicht die Berufung auf einen Artikel des Grundgesetzes als Legitimationsbasis aus. Begründungen sind diskursiv; sie vollziehen sich in der Form der Verständigung, in welcher eine Zustimmung durch Argumente erzeugt werden muß. Wenn Konsens nicht vorauszusehen ist, dann stellt er eine zu bewerkstelligende Aufgabe dar. Das Konsenspostulat besagt, daß der Lehrer, ungeachtet seiner eigenen Position, die Wertpräferenzen der Diskurspartner anerkennen und berücksichtigen muß, daß er ferner bereit sein muß, in die Beratung mit diesen einzutreten, wenn normativer Dissens zu erwarten ist. Von ihm wird also verlangt: Offenlegung, Aufklärung und gegebenenfalls Einlenken. In diesem Sinne müssen Ziele und Inhalte des politischen Unterrichts konsens*fähig* sein.

Für den Lehrer ist dies die wichtigste Konsequenz aus dem dialogischen Verfahren der Rechtfertigung. Wer sich in die dargestellte Gesprächssituation hineinversetzt, kann vielleicht den Widerstand spüren, den der Lehrer empfunden hat, als er sich den hartnäckigen Fragen des Vaters ausgesetzt sah. Da gerät man schnell in die Position der Verteidigung. Vielleicht sind andere Lehrer geschickter, und es gelingt ihnen, den Vater mit ihren Argumenten zum Schweigen zu bringen.

Die bisherigen Überlegungen zielten jedoch auf ein anderes Verhalten. Das wird sichtbar, wenn man zwischen *strategischem* und *kommunikativem Handeln* unterscheidet. Strategische Handlungen orientieren sich am Erfolg; sie bezwecken, auf den Gegenspieler Einfluß zu nehmen, ihn zu einem bestimmten Verhalten zu bringen. So also, wenn man dafür sorgt, in einem Gespräch das letzte Wort zu haben, oder daß der andere klein beigibt. Anders bei kommunikativen Handlungen. Diese sind nicht an dem einseitigen Erfolg orientiert, sondern sie zielen auf beiderseitige Verständigung zwischen mindestens zwei Partnern.[1]

Eine solche Verständigung hat nach Habermas zur Voraussetzung, daß sich jemand an einen anderen mit „grundsätzlich kritisierbaren Geltungsansprüchen"[2] wendet, die der andere dadurch anerkennen oder zurückweisen kann. Dadurch setzt sich der Argumentierer der Prüfung und den Einwänden des Dialogpartners aus. Prinzipiell erkennt er das Recht auf eine solche Prüfung an.

In diesem Sinne sind die oben zusammengestellten Fragen also Kriterien des kommunikativen Handelns. Aber es wird sicherlich auch deutlich, daß sie so einfach nicht zu handhaben sind, weil es dafür auch Barrieren gibt. Strategisches Handeln ist leichter; der Lehrer kann Eltern gegenüber seine Überlegenheit ausspielen. Kommunikatives Handeln bringt Belastungen mit sich. Denn ein verständigungsorientiertes Gespräch führt leicht an die Grenze, wo man selber das eigene, so vertraut gewordene Weltbild ändern muß. Das spürt man als Ungewißheit oder als Dissonanz.

Jedoch: Kommunikatives Handeln praktiziert man nicht dadurch, daß man ein progressiver Pädagoge ist, sondern dadurch, daß man ein *verständigungsbereiter* Pädagoge ist. Entscheidend ist also nicht das eigene Weltbild, sondern die Fähigkeit und Bereitschaft zu verständnisvollem und verständigungsbereitem Umgang mit anderen.

2. Als *Leitideen* des politischen Unterrichts werden demzufolge nicht oberste Werte wie Frieden oder Freiheit gewählt, sondern *Prinzipien sinnvoller Argumentation"* (oben S. 185f.). Überall herrscht Übereinstimmung darüber, daß Frieden einen hohen Wert darstellt. Dennoch ist eine tiefe Kluft über der Frage entstanden, wie Friede praktisch-politisch gesichert werden sollte. Wenn die Diskussion sich nicht auf der Ebene technisch-militärischer Rationalität festfahren soll, muß die Frage gestellt werden, welches die Prinzipien der Vernunft sind, nach denen überhaupt argumentativ erörtert werden kann, wie wir handeln sollen.

In den früheren Überlegungen war dieses Prinzip der „Verallgemeinerungsfähigkeit" (oben S. 175) und die in diesem Prinzip der Vernunft enthaltenen Ideen der Gerechtigkeit, Gegenseitigkeit, Gleichheit und Menschenwürde (oben S. 187).

3. Die Berücksichtigung des Konsenspostulats *verbietet* es, eine didaktische Konzeption auf *ein einziges Leitziel als oberstes Erziehungsziel* festzulegen. Denn dadurch lassen sich leichter uneinnehmbare Gegenpositionen aufbauen oder schneller Bundesgenossen gewinnen; schwerer aber ist es, von dort her Brücken zu schlagen zu denjenigen, die aus einer gegensätzlichen Wertorientierung heraus in die Kommunikation über Ziele und Normen eintreten.

Ohnehin scheint monistische Zielsetzung eher eine Ausnahme zu sein. „Die Setzung von Erziehungszielen erfolgt fast nie als Formulierung eines einzigen Zieles, sondern im Rahmen eines mehr oder minder durchdachten Komplexes von Zielsetzungen."[3]

In dem hier vorgeschlagenen Lernzielsystem enthält daher die oberste Lernzielebene eine Mehrzahl von Richtzielen. Für die unterrichtspraktische Orientierung sind hingegen die Lernziele noch bedeutsamer, die auf einer gleichsam „vorletzten", hier also der mittleren Ebene zusammengefaßt sind: die Lernziele der kognitiven Strukturiertheit, moralisches Urteil und der Katalog von demokratischen Tugenden (s. oben S. 188). Entsprechend findet man in manchen Richtlinien einen Katalog von Qualifikationen oder Lernzielen, welche einen Komplex von allgemeinen Lernaufgaben repräsentieren.

Zusammenfassung: Der Streit um die politische Bildung kann in der Öffentlichkeit, aber auch in der Schule stattfinden. Auf beiden Ebenen sind die Handelnden einem Legitimationszwang ausgesetzt. Prinzipiell können auf beiden Ebenen dieselben Begründungsregeln angewandt werden, wenn die anderen Legitimationshilfen (Wissenschaft, Grundgesetz, vorhandener Konsens) nicht ausreichen.

Wir haben freilich versucht, eine Methode der Konsenslegitimation zu finden, welche Konsens durch Verständigung herstellen kann. Wir meinen, daß dies auch in Alltagssituationen praktiziert werden kann. Insofern ist Legitimation der politischen Bildung nicht nur ein Problem, das Politiker beschäftigt, oder die Art und Weise, wie ein Didaktiker seine Konzeption gegenüber Fachkollegen oder vielleicht gegenüber Politikern verteidigt. Sie gilt auch für den einzelnen Lehrer. Konsenslegitimation ist eine innere Bereitschaft und eine Methode der Rechtfertigung, welche die Voraussetzung schafft für verständnisvollen und verständigungsbereiten Umgang mit anderen Menschen, welcher von rationalen und dadurch übertragbaren Kriterien, also von Regeln geleitet ist.

Freilich: „Verständigung herstellen" wird nicht immer gelingen, und daher wird Konsenslegitimation nicht immer glücken. Sie ist als „regulative Idee" zu verstehen. Begründungsregeln und Diskursprinzip eröffnen nur den Weg in Richtung auf möglichen Konsens, sie garantieren ihn nicht.

Literatur

1 *Jürgen Habermas:* Theorie des kommunikativen Handelns, Bd. 1, Frankfurt: Suhrkamp 1981, S. 385 ff.
2 ebenda S. 387.
3 *Wolfgang Klafki* in ders. u.a.: Funk-Kolleg Erziehungswissenschaft 2, Frankfurt: Fischer 1970, S. 36.

7. Einheit: Unterrichtsplanung – das Bindeglied zwischen Theorie und Praxis

7.1 Unterrichtsplanung: Nur etwas für die Ausbildungsphase?

Die Überschrift dieser Einheit enthält eine These. Die bisherigen Einheiten enthielten die gedankliche Durchdringung von Problemen, die etwas mit der beruflichen Praxis des Lehrers im Fach Sozialkunde oder im politischen Unterricht zu tun haben.

Wir hatten also immer angenommen, daß diese Probleme einen Praxisbezug haben. Aber es geschah in der Form des Durchdenkens, nicht des Handelns, und folglich war alles Bisherige Theorie. Nun wird behauptet: Es gibt ein Bindeglied zwischen Theorie und Praxis: die Unterrichtsplanung. Und diese Behauptung schließt eine Folgerung ein: Wenn der Lehrer sich mit Unterrichtsplanung als Thema beschäftigt hat, dann kann er auch unterrichten, d. h. also: Er kann didaktisch handeln.

Dieser Behauptung steht verbreitete Skepsis gegenüber. Man kann selber prüfen, in wieweit man diese teilt: durch Zustimmung oder Ablehnung folgender Zitate.

1 „Die gängigen didaktischen Konzepte der Unterrichtsvorbereitung müssen im Blick auf ihren Stellenwert in der späteren Berufspraxis als Feiertagsdidaktiken bezeichnet werden."

Hilbert Meyer: Leitfaden zur Unterrichtsvorbereitung, Königstein: Scriptor 1980, S. 181

2 „Didaktische Modelle, Instrumente zur Unterrichtsplanung und Hinweise zur Unterrichtsvorbereitung haben ihren Ort zuerst im Zusammenhang der Ausbildung von Lehrern, der Vorbereitung auf die Aufgabe des Unterrichtens."

Peter Menk in *Eckard König u. a.:* Diskussion Unterrichtsvorbereitung, München: Fink 1980, S. 338f.

3 „Liebe Kollegin: Was Sie an der Hochschule gelernt haben, das können Sie erst einmal vergessen! Hier in der Praxis sieht das anders

aus! Hier fangen Sie noch mal ganz von vorne an!"

zit. bei Meyer, s. o., S. 28

4 „Unterricht ohne Planung, etwa mit dem Ziel, zu prüfen, welche Lernprozesse sich ergeben, wenn die Beteiligten sich nichts vornehmen, sind die Ausnahme — nicht die Regelsituation."

Wolfgang Schulz: Unterrichtsplanung, 3. Aufl., München: Urban & Schwarzenberg 1981, S. 2

Es geht also im wesentlichen um die didaktischen Modelle der Unterrichtsplanung. Folgende Aussagen enthalten diese Zitate:

— Man kann nur in der Praxis lernen (3).
— Didaktische Modelle gelten nicht für den Schulalltag (1).
— Sie haben vor allem eine Ausbildungsfunktion (2).
— Unterrichtsplanung ist etwas Normales (4).

Diese widersprüchlichen Meinungen müssen geklärt werden, damit wir prüfen können, ob die in der Überschrift enthaltene Behauptung zutrifft.

7.1.1 Planungsbegriff

Zunächst ist es zweckmäßig, die Sachverhalte, um die es hier geht, mit Hilfe von Begriffen zu präzisieren. Sicher ist, daß der Lehrer sich durch Unterrichtsplanung auf den Unterricht vorbereitet. Daher werden die Begriffe „Unterrichtsplanung" und „Unterrichtsvorbereitung" auch gleichbedeutend gebraucht.[1] Jedoch klingt das Wort „Unterrichtsplanung" strenger, verbindlicher, und so gebrauchen wir es hier auch, um zu prüfen, ob man die Unterrichtsvorbereitung systematisch anlegen kann, d. h. ob man sie dadurch verbessern kann.

Planung steht in einem engen Zusammenhang mit „Entscheidung". Wir können, um das sichtbar zu machen, auf einen politischen Planungsbegriff zurückgreifen:

„Planung ist gedankliche, zukunfts- und ziel-mittel-orientierte Tätigkeit, durch die politische Entscheidungen vorbereitet, expliziert und in der Form von Vollzugs-Anweisungen zur Realisierung ausgewählter Alternativen durchgesetzt werden sollen."[2]

Ohne weiteres läßt sich diese Definition auch auf didaktische Entscheidungen übertragen. Ihre Merkmale sind:

— Planung bereitet Entscheidungen vor;
— sie ist eine gedankliche Tätigkeit, die antizipiert, was später realisiert werden soll, also den Unterricht;

- die Vorbereitung bezieht sich jedoch auf Entscheidungen und erst mittelbar auf die danach folgenden Handlungen;
- Entscheidung ist eine Wahl angesichts von Alternativen;
- das Ergebnis ist ein Plan, nämlich die „Vollzugsanweisungen", durch welche die Entscheidungen verwirklicht werden.

Das Wort „Planung" enthält eine finale und eine prozessuale Bedeutung, das muß deutlich hervorgehoben werden; und daher muß man betonen, daß hier nicht die erste Bedeutung gemeint ist: „Gesamtheit aller Entscheidungen"[3], also im Sinne von Plan, sondern im Sinne von „Planen". Wir fragen demnach, wie sich der Lehrer am besten gedanklich mit dem bevorstehenden Unterricht beschäftigt.

Dabei ist es notwendig, zwischen „Planen" und „Entscheiden" begrifflich zu trennen. Man könnte ja sagen, daß der Lehrer bei der Vorbereitung seines Unterrichts Entscheidungen trifft, also über Thema, Ziele usw. Dementsprechend wäre dann Unterrichtsplanung „ein vieldimensionaler und prozeßhafter Entscheidungsvorgang".[4] Aber dabei wird nicht berücksichtigt, daß diese Entscheidungen im Bereich des Gedanklichen bleiben; sie sind noch nicht „Handlungen". In dieser Phase ist es noch möglich, Interdependenz und Implikationen zu bedenken und demzufolge noch zu ändern. Wenn der Unterricht begonnen hat, sind die Entscheidungen in Handlungen übergegangen und damit nicht mehr reversibel. Sicherlich werden in beiden Fällen Entscheidungen getroffen, nur daß im ersten die Entscheidungen gedankliche Vorwegnahmen, Antizipationen von Handlungen sind, im zweiten jedoch sind die Entscheidungen diese Handlungen selber.

Daß hier ein qualitativer Unterschied besteht, wird vor allem dem angehenden Lehrer nicht so leicht bewußt, weil er bei der Vorbereitung seiner ersten Unterrichtsstunden auch den psychischen Druck der bevorstehenden Unterrichtssituation schon vorwegnimmt und damit spürt. Jedoch besteht der qualitative Unterschied nicht nur darin, daß das eine — die Vorbereitung — sich in Gedanken abspielt, das andere — der Unterricht — in der Wirklichkeit. Sondern er ist auch darin zu sehen, daß ein Prozeß — wie Luhmann sagt — „zweimal zum Zuge kommt". Er sieht darin das wesentliche Strukturmerkmal „reflexiver Prozesse", und diese Doppelung ist für ihn beim Planen das „Entscheiden über Entscheidungen":

„Beim Entscheiden über Entscheidungen, also beim Planen, ist es wesentlich, daß zwar einerseits schon bindende Planentscheidungen getroffen werden, daß diese Entscheidungen aber nicht das spätere Entscheiden erübrigen oder inhaltlich vollständig determinieren, sondern mehr oder weniger offenlassen, so daß nochmals entschieden werden muß. Eine Planung beschränkt sich, mit anderen Worten, auf die Festlegung von Entscheidungsprämissen für spätere Entscheidungen. Sie strukturiert spätere Entscheidungssituationen mehr oder weniger stark, nimmt aber die konkreten Entscheidungen über Handlungen nicht vorweg."[5]

Planung besteht also darin, eine spätere Entscheidungssituation schon gegenwärtig überschaubar zu machen, und dies geschieht in der Absicht, sie zu „strukturieren", also sie dem bloßen Zufall zu entziehen, indem ein Handlungsrahmen im vorhinein festgelegt wird. Beim Lehrer wird dieser Handlungsrahmen vor allem durch Ziele bestimmt, da Erziehung und Lehren ein intentionales Geschehen darstellen. So gestattet es die vorgängige Entscheidung über das Ziel beispielsweise, situative Entscheidungen über ein geeignetes Mittel, dieses Ziel zu erreichen, zu treffen.

Mit dieser Definition von Planung als „Entscheiden über Entscheidungen" soll jedoch keineswegs ein alltäglicher Vorgang künstlich kompliziert gemacht werden. Vielmehr soll mit dieser Überlegung verdeutlicht werden, daß dieser scheinbar zufällig ablaufende Vorgang der meditativen Unterrichtsvorbereitung immer eine „Struktur" hat. Das bedeutet: Er ist der Analyse und der Konstruktion zugänglich; wir nennen dies hier: Er ist *systematisierbar*.

Literatur

1 So z. B. *Eckard König u. a.* (Hg.): Diskussion Unterrichtsvorbereitung. Verfahren und Modelle, München: Fink 1980, S. 11.
2 *Carl Böhret:* Grundriß der Planungspraxis, Opladen: Westdt. Verlag 1975, S. 14.
3 *Lexikon zur Soziologie,* hrsg. W. Fuchs u.a., 2. Aufl, Opladen: Westdt. Verlag 1978, S. 574.
4 *Handlexikon zur Erziehungswissenschaft,* hrsg. von Leo Roth, Bd. 2, Reinbek: Rowohlt 1980, S. 454.
5 *Niklas Luhmann:* Politische Planung. In Ronge/Schmieg (Hg.): Politische Planung in Theorie und Praxis, München 1971, S. 59.

7.1.2 Theorieebenen und ihre Verwendung

Auf Systeme der Unterrichtsplanung beziehen sich einige der oben wiedergegebenen Zitate, – kritisch vor allem die Kennzeichnung dieser Systeme oder Konzeptionen als „Feiertagsdidaktiken". Doch sollte eine vorschnelle Abqualifizierung vermieden werden. So wie spätere Entscheidungssituationen „mehr oder weniger" strukturiert sein können, so gibt es auch graduelle Unterschiede in der systematischen Ausarbeitung und Differenzierung von Unterrichtsplanungen. Das reicht von der sog. „Spickzettel-Didaktik", also der Kurzvorbereitung, bis zu den bei Lehrproben üblichen ausführlichen Stundenentwürfen.

Im Hinblick auf die vorhin gebrauchte Begriffsbestimmung von Planung ist es hilfreich, verschiedene Ebenen hinsichtlich des Theoriestatus zu unterscheiden. Wählt man soziales Handeln als Oberbegriff, so lassen sich verschiedene Niveaus voneinander abheben:[1]

Reflexionssequenz sozialen Handelns

1 Entscheiden über Handlungsalternativen
2 Planen (Festlegen von Entscheidungsprämissen)
3 Planungskonzepte und -techniken (theoretische Festlegung allgemeiner Entscheidungsregeln und Entscheidungssysteme)
4 Planungstheorie (Reflexion der Stufen 1 bis 3)

Pädagogisches oder didaktisches Handeln ist intentionales soziales Handeln. So trifft in der Regel für den Lehrer in der Unterrichtssituation die Stufe 1 zu: „Entscheiden über Handlungsalternativen". Stufe 2 ist die der Unterrichtsvorbereitung im oben definierten Sinne: „Entscheiden über Entscheidungen". Auf Stufe 3 sind nun die Modelle der Unterrichtsplanung anzusiedeln, wie sie vor allem in der Allgemeinen Didaktik entwickelt worden sind; die Namen Klafki oder Berliner Schule seien hier stellvertretend genannt. Denn in diesen Modellen wird ja nicht nur die Struktur des Feldes „Unterricht" bestimmt, sondern es werden Entscheidungsprobleme definiert (worüber muß entschieden werden?) und es werden Entscheidungsregeln aufgestellt (z. B. Primat der Intentionalität, Implikationstheorem). Dagegen gibt es in der Allgemeinen Didaktik keine eigentliche Planungstheorie.

Der Alltag des Lehrers spielt sich nach diesem Schema auf den Ebenen 1 und 2 ab, wobei die Festlegung der Entscheidungsprämissen mehr oder weniger dezidiert erfolgt. Das wird auch der in der Praxis stehende Lehrer akzeptieren. Die Bedenken entstehen jedoch beim Übergang auf die Stufe 3. Denn dies ist ja die Ebene der „Feiertagsdidaktiken", die man offenbar so schnell wie möglich vergessen soll, wenn man die Ausbildung hinter sich hat („Hier in der Praxis sieht alles ganz anders aus!").

Doch können diese Bedenken auch schon auf Stufe 2 oder sogar 1 auftreten, wenn wir uns vorstellen, daß dies nicht nur der Bereich der Erfahrung, sondern auch der Routine ist. Routine ist nicht Gegenstand der Reflexion; durch Reflexion wird sie erst in Frage gestellt und gegebenenfalls neu begründet, — ist dann aber nicht mehr Routine, sondern Entscheidung. Das Schema enthält also das Kriterium „Reflexion", hier zunächst bewußtes, dem Nachdenken zugängliches soziales Handeln. Falls nun das Festlegen von Entscheidungsprämissen nicht zufällig und beliebig erfolgen soll, sondern reflexiv, dann ist es erforderlich, generelle Probleme und deren Lösungen auszudifferenzieren. Das geschieht in diesen Planungskonzepten. Denn in ihnen wird gefragt: Was ist generell alles zu berücksichtigen, wenn bewußt Entscheidungen über und im Unterricht getroffen werden sollen?

Damit soll gesagt werden: Prinzipiell kann keine Barriere zwischen Stufe 2 und 3 errichtet werden; sie kann jedenfalls nicht begründet werden, könnte also höchstens die Folge einer „affektiven Sperre gegen theoretisch gesteuertes Handeln"[2] sein. Selbst wenn dies weit verbreitet ist, – es wäre so viel wie ein Denkverbot.

Es kommt jedoch hinzu, daß die höhere Stufe der Reflexion, also die der Konzeptionen der Unterrichtsplanung, auch notwendig ist. Dort werden die Entscheidungsprämissen und ihre Kriterien dargelegt, begründet und kritisierbar gemacht. Sie ragen dann gleichsam in die anderen Stufen hinein, in die Stufe der Planung und die der Entscheidung, also in die alltäglichen Tätigkeiten des Lehrers. Geschult durch die Ausbildung, verhält sich der Lehrer mehr oder weniger, explizit oder implizit, nach den in den Konzeptionen entwickelten Planungs- und Entscheidungsregeln.

Das Stufenmodell (oben S. 219) macht also deutlich, daß es Zusammenhänge und Übergänge gibt zwischen den verschiedenen Ebenen der Reflexion. Diese Ebenen markieren freilich auch unterschiedliche *Funktionsbereiche*. Es wäre ja ein Mißverständnis, zu erwarten, daß der Lehrer im Alltag seiner Unterrichtsvorbereitung oder seines Unterrichts sich nach Klafki oder nach Schulz richten würde. Von der Perspektive dieses „Alltags" aus sind die Konzeptionen der Unterrichtsplanung in der Tat „Feiertagsdidaktiken". Nur kann diese Perspektive nicht verabsolutiert werden. Denn sie darf ja nicht verdrängen, daß es auch eine Grundlagenforschung gibt und geben muß, aus der sich die Prinzipien des Alltagshandelns speisen müssen, wenn sie nicht in flache Routine verfallen sollen. Und ferner haben systematisierbare und dadurch lehrbare Konzeptionen ihre Funktion in der *Ausbildung*. Wenn die Ausbildung nicht nach bloßer Meisterlehre, sondern universitär erfolgen soll, dann muß der angehende Lehrer auch teilhaben an der Grundlagenforschung, indem er in sie eingeführt wird, und teilhaben an der Methodenreflexion, indem er sie einübt.

Das erklärt, daß in der Ausbildungsphase systematisch, methodisch gearbeitet wird. Und daraus folgt, daß systematische Überlegungen zur Unterrichtsplanung, wie sie hier in dieser Einheit dargelegt werden sollen, ihre Funktion primär in der Ausbildungsphase haben (s. Zitat 2, oben S. 215). Sie sind als Trainingsprogramm gedacht, das seine Wirkung aber auch später in der Berufspraxis des Lehrers haben wird. Insofern ist es als *Vorbereitung* auf die Praxis zu verstehen, nicht aber als Repräsentation oder Vorwegnahme dieser Praxis.

Literatur

1 *Christoph Lau:* Theorien gesellschaftlicher Planung. Eine Einführung, Stuttgart: Kohlhammer 1975, S. 63.
2 *Wolfgang Schulz:* Unterrichtsvorbereitung, 3. Aufl., München: Urban & Schwarzenberg 1981, S. 45.

7.1.3 Wahl des Modelltyps der Unterrichtsplanung

Fachdidaktische Unterrichtsplanung ist die fachspezifische Realisierung von Modellen der Unterrichtsplanung, wie sie in der Allgemeinen Didaktik entwickelt worden sind. Was für Unterricht generell gilt, wird jeweils fachbezogen abgewandelt, aber es kann gar nicht von allgemeinen Strukturmerkmalen abgekoppelt werden, wie sie für Unterricht gelten. Die folgenden Überlegungen sind daher der Versuch, Theorien der Allgemeinen Didaktik in die Didaktik des politischen Unterrichts zu übertragen.

Freilich steht der Fachdidaktiker dabei vor dem Phänomen, daß in der Allgemeinen Didaktik inzwischen eine Fülle von Modellen entwickelt worden ist. Aus diesem Grunde muß an dieser Stelle dargelegt werden, welche Wahl hier getroffen wird.

Die Modelle der Unterrichtsplanung lassen sich in drei Gruppen ordnen.

Interaktionsmodell. Wolfgang Schulz versteht Unterrichtsplanung als einen Prozeß, der in Form einer „Interaktion zwischen den Unterrichtsteilnehmern" ablaufen sollte.[1] Überlegungen zur Unterrichtsplanung richten sich daher auch an Schüler und Eltern. Ähnlich strebt auch Heinz Moser ein Modell des Planens an, in welchem „das gemeinsame Aushandeln von Handlungsorientierungen im Mittelpunkt steht".[2]
Kognitive Struktur. Das Modell richtet sich ausschließlich an den Lehrer, ist also professionell gedacht und hat die Aufgabe, ihm eine „Denkstruktur" zu vermitteln, die bewußtes Planungs- und Entscheidungshandeln ermöglicht. Wilhelm Himmerich spricht von der „Denkstruktur der Unterrichtsplanung"; er hat ein Modell als „Denkraster" entwickelt, das dem Lehrer die „didaktischen Entscheidungsschnittpunkte" zeigt, ihm aber nicht „rezeptologisch die Ent-

scheidung" abnimmt.³ Für Klafki ist in ähnlichem Sinne ein Entwurf zur Unterrichtsplanung ein „Problematisierungsraster", „das Dimensionen und generelle Kriterien des Unterrichts bzw. der Unterrichtsplanung benennt"[4] und den Lehrer zu „flexiblem Unterrichtshandeln" befähigen soll.[5]
Planungsmodell. Kristian Kunert hat ein Modell der Unterrichtsplanung in Form eines „Handlungsablaufes" entwickelt; es sind „Planungsschritte", die in der Art eines Flußdiagrammes grafisch dargestellt werden.[6] Er macht allerdings die Einschränkung, daß die Abfolge der Schritte nur bis zu einem gewissen Grad festgelegt sei.

Die Bedenken gegen das Interaktionsmodell richten sich gegen die fehlende Unterscheidung zwischen Planen und Handeln. Wenn Unterrichtsplanung nach dem Modell der Gestalttherapie als „themenzentrierte Interaktion" beschrieben wird[7], dann ist es nicht mehr möglich, eine besondere Reflexionsebene auszudifferenzieren, in welcher das geschieht, was Schulz selber in seinem Buch „Unterrichtsplanung" tut, nämlich die „theoretische Festlegung allgemeiner Entscheidungsregeln". Dort legt er mit dem Bekenntnis zur themenzentrierten Interaktion dem Lehrer jedoch auch nahe, diese als „Entscheidungsprämisse" seines konkreten Unterrichts zu verwenden. Das ist aber eher eine Planungsentscheidung, die auch der TZI vorausgeht.

Wenn, wie es Schulz tut, das Paradigma des symbolischen Interaktionismus verwendet wird, ist es erforderlich, begrifflich zwischen „Unterrichtsvorbereitungssituation" und „Unterrichtssituation" zu unterscheiden.[8] In der „Unterrichtsvorbereitungssituation" findet das Planen statt (Stufe 2), in der Unterrichtssituation das Handeln als „Entscheiden über Handlungsalternativen" (Stufe 1). Verwischt man diese Unterscheidung, dann ist ein Nachdenken über Planung nicht mehr möglich, weil dieser Prozeß als „Entscheiden über Entscheidungen" nicht mehr, wie es Luhmann ausdrückt, „zweimal zum Zuge kommt" (s. oben S. 217). Dem hier verwendeten Planungsbegriff entspricht also diese begriffliche Ausdifferenzierung einer spezifischen Unterrichtsvorbereitungssituation, die hier jedoch „Planungssituation" genannt werden soll.

Selbstverständlich sind beide, Planungssituation und Unterrichtssituation, „aufeinander bezogen".[9] Die Verbindung zwischen beiden soll hier durch den Modelltyp „Kognitive Struktur" hergestellt werden. Wenn Planen das Vorausdenken der Unterrichtssituation ist, dann gibt die Konzeption der Unterrichtsplanung das Instrumentarium eines methodischen Vorausdenkens an die Hand. Wir verstehen darunter eine „Denkstruktur", in welcher Dimensionen und Kriterien des Unterrichts in Denkvorgängen zueinander geordnet sind, daß sie Entscheiden und Handeln ermöglichen. Dabei setzen wir voraus, daß zwar Prozesse des Umstrukturierens stattfinden, daß aber grundsätzlich die Denkstruktur des Planens mit der Denkstruktur des Unterrichtshandelns identisch ist und daß demzufolge die Konzeption als „kognitive Struktur" die – flexible – Verbindung zwischen beiden Situationen herstellt.

Gelernt wird nach dieser Option für den Modelltyp „Kognitive Struktur" also nicht „Rezept" oder „Entscheidungs- oder Planungsschema", sondern es werden Begriffe und Operationen gelernt, die dem Lehrer entscheidungsorientiertes Denken ermöglichen. Das ist gerade im Hinblick auf Unterricht zweckmäßig, weil dieser einen hohen Grad an Unbestimmtheit und Komplexität hat. Theorie der Unterrichtsplanung hat demzufolge den Zweck, dem Lehrer durch die Fähigkeit des beweglichen Denkens Entscheidungssicherheit im Unterricht zu vermitteln. Das Ziel ist die Vermittlung einer kognitiven Struktur für flexibles Unterrichtshandeln.

Zusammenfassung: Die hier entwickelten Vorstellungen von Unterrichtsplanung als Bindeglied zwischen Theorie und Praxis haben folgende Merkmale:

— Sie enthalten den Begriff von Planung als eines „reflexiven Prozesses" im Sinne von „Entscheiden über Entscheidungen";
— sie unterscheiden Stufen der Reflexion über soziales, hier didaktisches Handeln, die in Beziehung zueinander stehen und Übergänge zulassen;
— sie enthalten die Option für den Modelltyp „Kognitive Struktur", und
— sie beziehen sich primär auf die Anwendung in der Ausbildung der Lehrer.

Literatur

1 *Wolfgang Schultz:* Unterrichtsvorbereitung, 3. Aufl., München: Urban & Schwarzenberg 1981, S. 12.
2 *Heinz Moser:* Historische und institutionelle Aspekte des Zusammenhangs von Didaktik und Methodik. In Bijan Adl-Amini (Hg.): Didaktik und Methodik, Weinheim: Beltz 1981, S. 57.
3 *Wilhelm Himmerich* u.a.: Das Gießener Didaktische Modell. In: Eckard König, Norbert Schier, Ulrich Vohland (Hg.): Diskussion Unterrichtsvorbereitung. Verfahren und Modelle, München: Fink 1980, S. 236.
4 *Wolfgang Klafki:* Zur Unterrichtsplanung im Sinne kritisch-konstruktiver Didaktik. In König u.a. (Anm. 3) S. 25.
5 ebenda S. 28.
6 *Kristian Kunert:* Chancen und Grenzen curricularer Unterrichtsplanung. In König u.a. (Anm. 3) S. 137 und 138 f.

7 *Schulz* (Anm. 1) S. 13.
8 *Manfred Niessen, Heinrich Seiler:* Unterrichtsvorbereitungstheorie als Planungsberatung. In König u.a. (Anm. 3) S. 282.
9 ebenda S. 283.

Allgemein zur Unterrichtsplanung orientiert über Konzeptionen der Allgemeinen Didaktik:
König u.a. (Anm. 3).

Instruktiv zum Selbststudium:
Hilbert Meyer: Leitfaden zur Unterrichtsvorbereitung, Königstein: Scriptor 1980.

Allgemein zur Anwendung von Allgemeiner Didaktik auf Fachdidaktik:
Walter Gagel: Zum Verhältnis von Allgemeiner Didaktik und der Fachdidaktik des politischen Unterrichts. In: Zeitschrift für Pädagogik. 1983, H. 4.

7.2 Sachstruktur und Intentionalität

Der Lehrer, der seinen Unterricht vorbereitet, fragt zuerst, was er während der Stunde mit seinen Schülern machen soll. Am Beginn der didaktischen Überlegungen steht also nicht die Frage nach den Zielen, sondern diejenige nach den Inhalten des Unterrichts. Man könnte nun meinen, daß die Vergewisserung des Inhaltes gleichsam vordidaktisch, weil sachbezogen geschehe. Das ist jedoch unzutreffend. Vielmehr erfolgt schon in dieser ersten Phase der Unterrichtsvorbereitung eine Weichenstellung, die sich an der Unterscheidung von Inhalt und Thema verdeutlichen läßt.

7.2.1 Beispiel zweier Sachanalysen: Werbung

Zunächst fragen wir, was denn eigentlich „Inhalt" sei – also was die Sache ist, die als Inhalt dem Unterricht zugrundeliegen könnte. Im folgenden seien zwei Aussagen zur „Werbung" einander gegenübergestellt.

1 „Die Werbung ist als einer der wirksamsten Integrationsmechanismen eines auf privater Kapitalverwertung basierenden Systems zu bezeichnen; sie ist für die Aufrechterhaltung und Weiterentwicklung der wirtschaftlichen, gesellschaftlichen und politischen Herrschafts- und Machtkonstellationen erforderlich. Im Dienste der wirtschaftlichen und politischen Entscheidungsträger hat Werbung dabei die Funktion, auf Kosten der Befriedigung objektiver Bedürfnisse der Konsumenten, die Realisierung der aus dem subjektiven Profit- und

Machtinteresse herrschender Gruppen hervorgehenden Bedürfnisse sicherzustellen. Durch die dauernde Beeinflussung im Sinne einer Ablenkung des einzelnen von seinen realen Interessen wird dessen Einflußlosigkeit im gesellschaftlich relevanten Sektor und dessen politische Apathie verstärkt; seine Entfaltungsmöglichkeiten beschränken sich auf unergiebige Bereiche der privaten Existenz."

Lutz Krauß, Hans Rühl: Werbung in Wirtschaft und Politik, Frankfurt: EVA 1970, S. 6.

2 „Funktionen. — W. ist zum unentbehrlichen Kommunikationsmittel geworden. Die Bedingungen dieser Entwicklung liegen zum einen in der zunehmenden Entfernung der — ökonomischen wie politischen — Anbieter von den Nachfragern begründet: Dem Großproduzenten gilt W. als das einzige Mittel, potentielle Abnehmer zu erreichen; desgleichen macht in der Politik der Übergang von der Honoratiorenpartei zur Massenpartei, die eine anonyme Wählerschaft ansprechen will, W. notwendig. Zum anderen ist W. an die Wettbewerbssituation gebunden. Im politischen Bereich ist sie Konsequenz des Stimmenmaximierungsprinzips konkurrierender Parteien; im ökonomischen ist sie Folge der Oligopolisierung, die den Preiswettbewerb zur riskanten Strategie und deshalb andere Formen der Wettbewerbsaustragung erforderlich macht. Letzteres setzt voraus, daß W. Sache eher der Produzenten als der Verkäufer ist; im ökonomischen Bereich ist der Aufschwung der W. darum drittens auch auf das Aufkommen der Markenartikel zurückzuführen, bei deren Absatz dem Handel — namentlich durch die Preisbindung der zweiten Hand — nur mehr untergeordnete Funktionen zukommen. Erst das Markenartikelwesen erlaubt die direkte Einflußnahme von Produzenten auf Konsumenten."

Stichwort „Werbung" in *Gert von Eynern, Carl Böhret* (Hg.): Wörterbuch zur politischen Ökonomie, 2. Aufl., Opladen: Westdt. Verlag 1977, S. 543.

Beide Texte sagen etwas über die *Funktion* der Werbung aus. Der Vergleich ergibt deutliche Unterschiede in den Aussagen:

— In Text 1 ist Werbung „Integrationsmechanismus", wobei der Begriff wertend verwendet wird. In Text 2 ist Werbung „Kommunikationsmittel", eine wertfreie Aussage, die auf strukturelle Bedingungen („Entfernung") zurückgeführt wird.
— *Zweck* der Werbung ist nach Text 1 die Befriedigung der Bedürfnisse herrschender Gruppen auf Kosten der Konsumenten, in Text 2 die Reduzierung des Risikos des Preiswettbewerbs durch das Ausweichen auf den Wettbewerb durch Werbung.

- *Wirkung* ist nach Text 1 die Einflußlosigkeit und Apathie des einzelnen (als Konsument und Bürger), nach Text 2 (in dessen weiterem Verlauf) die Vermittlung gesellschaftlicher Leitbilder und die Verstärkung autoritärer Einstellungen.

Die Unterschiede zu Punkt 1 und 2 sind signifikant, die Aussagen zu Punkt 3 sind hingegen ähnlich. Text 1 ist in der Aussage deutlich wertend; er übt Kritik am herrschenden „System" und hat somit eine Tendenz: Er erstrebt Systemüberwindung. Text 2 argumentiert systemimmanent, vermeidet wertende Aussagen, stellt vor allem Funktionszusammenhänge heraus und überläßt es zunächst dem Lehrer, diese wertend einzuordnen. Deutlich wird die unterschiedliche Tendenz vor allem bei Punkt 3; der apodiktischen Aussage, Apathie „wird verstärkt", steht in der Fortsetzung des Textes 2 gegenüber: Werbung „ist geeignet", autoritäre Einstellungen zu verstärken.

Diese Texte bieten zunächst das Beispiel kontroverser wissenschaftlicher Aussagen. Das Problem entsteht jedoch in dem Augenblick, da Sachaussage und didaktische Intention nicht mehr unterschieden werden. Denn Text 1 enthält Sachaussagen zu einem Unterrichtsmodell, dessen Ziel so bestimmt wird:

3 „Das Ziel des vorliegenden Modells kann auf Grund dieser Überlegungen nur sein, die Manipulationsmechanismen der Werbung offenzulegen und diese als wichtigen Faktor der Herrschaftsverschleierung und Machtstabilisierung im wirtschaftlichen, politischen, sozialen und kulturellen Bereich begreifen zu lassen"

Krauß/Rühl, (a.a.O. S. 7)

Kann diese Zielbeschreibung beiden oder nur einem der Texte 1 und 2 zugeordnet werden? Ganz eindeutig folgt Text 3 aus Text 1, zu dem er ja in der Tat auch gehört. Es wird eine gradlinige Folgerung gezogen („kann nur sein"); der Text 1 enthält eine mit Wahrheitsanspruch auftretende Sachaussage, welche die Zielbestimmung im vorhinein determiniert. Eine *didaktische* Entscheidung wird nicht getroffen. Sie fällt bereits durch die Wahl des wissenschaftlichen Ansatzes, unter dem „Werbung" analysiert und bewertet wird. Aber auch diese Wahl wird nicht als Entscheidung angesichts alternativer Ansätze sichtbar gemacht. Daher gibt der Text 1 nicht zu erkennen, auf welchen *Prämissen* dieser Ansatz beruht. Der Entscheidungscharakter wird verschleiert, die didaktische Intention erhält einen Ausschließlichkeitsanspruch, der Begründungen überflüssig macht und Kritik erschwert.

Zur Überprüfung sei eine andere Zielbeschreibung hinzugefügt; auch bei ihr läßt sich überlegen, welchem der beiden Texte 1 und 2 sie zugeordnet werden kann:

4 „Von daher ist die Rolle der Werbung zu definieren und zu problematisieren, den Schülern einerseits als Orientierungshilfe bei der Wahlentscheidung, andererseits als Mittel der Verbraucherbeeinflussung von seiten der Produzenten vorgestellt – wobei die Berechtigung der Beeinflussung angesichts der zentralen Position des Verbrauchers nicht in Frage gestellt wird."

Wolfgang Hilligen u. a.: Lehrerhandbuch zu Sehen, Beurteilen, Handeln, Frankfurt: Hirschgraben 1979, S. 67

Sicherlich hat diese Zielbestimmung einen engeren Bezug zu Text 2, weil die Informationsfunktion genannt und der Begriff „Beeinflussung", nicht „Manipulation" verwendet wird, der sozialwissenschaftlich korrekter, weil *weniger wertend,* und überdies *komplexer* ist, weil er den Anteil (Bereitschaft) des Adressaten von Werbung mit einbezieht. Daß außerdem eine Offenheit eingeplant ist („einerseits – andererseits"), sei zusätzlich erwähnt; sie spiegelt den kontroversen Charakter der wissenschaftlichen Diskussion wieder.

Damit ist aber nicht gesagt, daß die zweite Zielbestimmung die einzig angemessene sei. Die Beispiele sollen vielmehr zeigen, daß zwischen Inhalt und Unterricht sich eine didaktische Handlung, eine Entscheidung, einschiebt, die als *Akt der Definition* durch den Lehrer bezeichnet werden kann. Durch diesen Vorgang wird ein Inhalt in ein Thema verwandelt (beispielsweise „Werbung" → „Werbung – Information oder Verführung?"). Diese Umwandlung soll hier die Bestimmung der „didaktischen Perspektive" genannt werden.

7.2.2 Der Begriff der „didaktischen Perspektive"

Dieser Begriff der „didaktischen Perspektive" wird im folgenden besonders hervorgehoben, weil durch ihn etwas bewußt gemacht werden soll, was bei schriftlichen Unterrichtsvorbereitungen meist übersehen wird. Das Nachdenken über den Unterricht beginnt in der Regel nicht mit einer Vergewisserung über den Inhalt, also mit dem Sammeln von Informationen, die schriftlich in der Sachanalyse dargelegt werden. Vielmehr findet gleichsam in Gedanken eine Konzeptualisierung des Themas statt, in welcher die Sache mit Intentionalität bereits gemischt ist. Klafki spricht von der „wertungsmäßigen

Vorweg-Bestimmtheit vieler Inhalte".[1] Die Vorweg-Bestimmtheit kann intern oder extern verursacht sein. Sie kann also auf einer subjektiven Wertpräferenz des Lehrers beruhen, sie kann aber auch auf eine Vorweg-Definition in der Öffentlichkeit zurückzuführen sein.

So ist das Thema „Gastarbeiter" ein Beispiel für derartige Vorweg-Bestimmtheit, weil gegenwärtig das Wort fast automatisch mit „Fremdenfeindlichkeit" assoziiert wird. Hingegen konnte man vor ca. 15 Jahren darüber rein ökonomisch diskutieren: die Arbeitsreserve in der Zeit der Vollbeschäftigung und Minderung der Armut in den Herkunftsländern. Dies darzulegen, wird heute nicht mehr die Intention des Lehrers sein; ihm liegt nahe, „Voreinstellungen bzw. Vorurteilen entgegenzuwirken und ihre Entstehung möglichst zu verhindern."[2] Diese Intention wird verstärkt durch Verlautbarungen von Politikern, die sich gegen die wachsende Fremdenfeindlichkeit wenden.

Nachdenken über Planung würde also darin bestehen, daß der Lehrer sich diese Vorweg-Bestimmtheit des Themas bewußt macht. Das geschieht in der Planungssituation durch die gedankliche Trennung von Inhalt und Thema, – in unserem Beispiel: daß „Gastarbeiter" nicht das Thema ist, daß es erst auf ein Thema hin definiert werden muß. Dann wird auch sichtbar, daß z. B. mindestens zwei Lösungsalternativen denkbar sind: Integration in unsere Gesellschaft oder Transfer in die Herkunftsländer. Das Thema „Fremdenfeindlichkeit" legt bereits eine Option für „Integration" nahe und verstellt somit möglicherweise das Nachdenken über Alternativen, die ja erst eine bewußte Wertentscheidung möglich machen.

Diese gedankliche Trennung von Inhalt und Thema wird hier die *Ermittlung der didaktischen Perspektive* genannt, die als Entscheidungsvorgang, als ein Akt der Definition verstanden wird.

Was hier gemeint ist, hat als erster Herwig Blankertz mit dem Begriff der „methodischen Leitfrage" bezeichnet. Er bringt damit zum Ausdruck, „daß ein einzelnes und im Wortlaut identisches Thema verschiedene Möglichkeiten für inhaltliche Akzentuierung und damit auch für Unterrichtsziele bietet".[3] Bijan Adl-Amini verwendet den Begriff „didaktische Explikation", um gegenüber dem Begriff von Blankertz das Moment der im Gegenstand enthaltenen „Aspekte" hervorzuheben, auf die hin ein Gegenstand analysiert wird.[4] Treffender erscheint der Begriff „Perspektive", wie ihn Wolfgang Schulz verwendet: Unterrichtsplanung erfolgt „unter einer definierten, begründeten, zur Diskussion gestellten Perspektive".[5] Hier wird der Gesichtspunkt der Definition d.h. also der begründeten Entscheidung durch den Lehrer hervorgehoben. Daher wird hier der Begriff „didaktische Perspektive" verwendet, um mögliche Intentionalitäten, die mit einem Inhalt verbunden werden können, zu bezeichnen.

Die gedankliche Trennung von Inhalt und Thema ist jedoch nur die eine Seite des Reflexionsvorganges. Sie hat vor allem die Aufgabe, die *immanente* didaktische Perspektive in einer Themenwahl bewußt zu machen. Dadurch soll sich der Lehrer die Vorweg-Bestimmtheit des Themas, des Lerngegenstandes bewußt zu machen. Die andere Seite ist der *konstruktive* Beitrag, den die Bestimmung der didaktischen Perspektive leisten kann: Durch die didaktische Perspektive wird ein Inhalt in ein Thema verwandelt, wird das der Perspektive angemessene Thema gefunden. Das Beispiel wäre die Umwandlung des Inhaltes „Gastarbeiter" in das Thema „Fremdenfeindlichkeit".

Die didaktische Perspektive ist die Hervorhebung eines Aspektes der Sache, des Inhaltes in didaktischer Absicht. In diesem Sinne wird durch die Hervorhebung dieses Aspektes dem Inhalt eine *Intention* hinzugefügt, also die Absicht, die der Lehrer mit der didaktischen Perspektive anvisiert. Das Thema, das sich daraus ergibt, stellt demnach eine Verbindung von Inhaltlichkeit und Intentionalität dar, es ist ein „intentionaler Inhalt" oder drückt eine „inhaltliche Intentionalität"[6] aus.

Mit „didaktischer Perspektive" ist freilich nicht eine Pädagogisierung sozialwissenschaftlicher Sachverhalte gemeint. Immer bleibt die Perspektive gebunden an sachstrukturelle Gegebenheiten wie jedoch auch an Wertbezüge. Fachwissenschaften leisten immer Erschließungshilfe, wenn alternative Perspektiven gesucht oder expliziert werden, unter denen dann eine Wahl getroffen werden kann.

Die Bindung der didaktischen Perspektive an sachstrukturelle Gegebenheiten kann an dem Inhalt „Beschäftigungsprogramm der Bundesregierung Mai 1982" gezeigt werden. Sachstrukturen sind hier die Dimensionen des Politischen: „Form", „Inhalt", „Prozeß" (s. oben S. 43, 45). Demzufolge kann didaktische Perspektive der Funktionswandel des Bundesrates hin zur „Zweiten Kammer" und dessen Problematisierung sein: Verhinderung von staatlichen Leistungen ohne den Zwang, sich für eine Alternative entscheiden zu müssen (institutioneller Aspekt). Die Akzentuierung kann sich aber auch auf den inhaltlichen Aspekt und damit den Problemlösungsvorgang richten: Lassen sich durch Investitionszulagen neue Arbeitsplätze schaffen? Die didaktische Perspektive kann jedoch auch den Interessenkonflikt hervorheben, der hinter dem Konflikt der gesetzgebenden Organe steht: Welche Interessengruppen haben ausreichende Machtpositionen, um ihre wirtschafts- und gesellschaftspolitischen Vorstellungen durchzusetzen? Die didaktische Perspektive kann also entweder Funktionsfähigkeit (Form), Leistungsfähigkeit (Inhalt) oder Machtverhältnisse (Prozeß) hervorheben und problematisieren.

Das Ergebnis dieser Überlegungen kann in einer *Planungsregel* zusammengefaßt werden: Die Unterrichtsplanung beginnt mit einer ersten Vergewisserung (Reflexion) der didaktischen Perspektive.

Sie wird außerdem in eine *Schlüsselfrage* übersetzt:

| Welche didaktische Perspektive enthält der gewählte Unterrichtsgegenstand – lege ich für den beabsichtigten Unterricht fest? |

Literatur

1 *Wolfgang Klafki:* Zur Unterrichtsplanung im Sinne kritisch-konstruktiver Didaktik. In Eckard König, Norbert Schier, Ulrich Vohland (Hg.): Diskussion Unterrichtsvorbereitung. Verfahren und Modelle, München: Fink 1980, S. 20.
2 *Rolf Arnold u.a.:* Randgruppen in der Bundesrepublik, Beilage zu Gegenwartskunde 1977, H. 1, S. 2.
3 *Herwig Blankertz:* Theorien und Modelle der Didaktik, 9. Aufl., München: Juventa 1975, S. 98 und 99.
4 *Bijan Adl-Amini:* Didaktik, Methodik und das ungelöste Problem der Interdependenz. In: ders. (Hg.): Didaktik und Methodik, Weinheim: Beltz 1981, S. 30 f.
5 *Wolfgang Schulz:* Unterrichtsvorbereitung, 3. Aufl., München: Urban & Schwarzenberg 1981, S. 87.
6 *Klaus Rothe:* Didaktik der Politischen Bildung, Berlin: Wiss. Verlag H. Gercke 1981, S. 85.

7.2.3 Implikationszusammenhang

Mit dem Planungsprinzip „Ermittlung der didaktischen Perspektive" ist die Aufmerksamkeit auf einen Sachverhalt gerichtet, welcher eine strikte Trennung zwischen Inhalt und Intention, zwischen Gegenstand und Ziel des Unterrichts nicht mehr zuläßt. Damit treffen wir auf ein Phänomen, das in der didaktischen Planungskonzeption der Berliner Schule (Heimann/Schulz) als die *Interdependenzthese* bezeichnet worden ist.

Nach Heimann/Schulz hat Unterricht eine generelle Struktur, die aus sechs Strukturmomenten besteht: Anthropogene und soziokulturelle Voraussetzungen als Bedingungsfeld; Intentionalität, Inhaltlichkeit, Methoden und Medien als Entscheidungsfelder. Diese Strukturelemente des Unterrichts sind sowohl Kategorien der didaktischen Analyse wie auch der didaktischen Konstruktion, also der Unterrichtsplanung. Die Interdependenzthese besagt nun, „daß zwischen allen den Unterricht konstruierenden Faktoren bzw. Strukturelementen eine durchgehende Interdependenz besteht."[1]

Mit Interdependenz ist also gemeint, daß sich die genannten Faktoren, die den Unterricht konstituieren, gegenseitig beeinflussen. Das bedeutet: Wenn eine Entscheidung bezüglich des einen Faktors getroffen wird, hat dies Auswirkungen auf die anderen Faktoren.

Dafür gibt es zahlreiche Beispiele. Hier sei noch einmal der Inhalt „Gastarbeiter" angeführt. Der Lehrer wird es von den vorherrschenden Einstellungen in der Klasse abhängig machen, ob er den Unterricht auf den Abbau von Vorurteilen (soziales Lernen) oder auf das Nachdenken über politische Lösungen wie Integration, Segregation oder Transfer (problemlösendes Denken) hin anlegt. Die Bedingungsanalyse beeinflußt in diesem Fall Inhalte und Ziele.

Nun ist das Beispiel von Interdependenz zwischen Bedingungs- und

Entscheidungsfeldern deswegen so einleuchtend, weil ja in den Kategorien des Bedingungsfeldes die determinierende Wirkung per definitionem gemeint ist, was die Dependenz der Entscheidungsfelder zur Folge haben muß. Als bewußtes „Planungsregulativ"[2] muß es vor allem dort eingesetzt werden, wo die Interdependenz nicht so offen auf der Hand liegt. Das bezieht sich vor allem auf das Verhältnis von Didaktik und Methodik.

Gegenüber der These Klafkis vom Primat der Didaktik vor der Methodik hat Herweg Blankertz als vermittelnde These vorgeschlagen, den Begriff „Implikationszusammenhang" zu verwenden.

„Damit ist zweierlei gemeint, nämlich einmal, daß jede Unterrichtsmethode inhaltliche Vorentscheidungen enthält, auch wenn sie diese nicht sichtbar macht, und zum anderen, daß inhaltliche Zielsetzungen für den Unterricht nicht ohne Bezugnahme auf ihre mögliche oder ausbleibende methodische Durchsetzung sein können."[3]

Die Strukturmomente des Unterrichts sind demnach den jeweils anderen „implizit", nicht lediglich dezisionistisch angefügt. Die Frage lautet also: Ist im Lerngegenstand bereits eine Methode enthalten, die ich entdecken muß? Das kann verdeutlicht werden, indem hier auf die früher dargestellten Arten von Inhaltsstruktur zurückgegriffen wird.

Oben (S. 64) wurde gezeigt, daß ein Inhalt an verschiedenen Arten von Lerngegenständen vergegenwärtigt werden kann: als Fall, als Problem, als Situation.
a) Der „Fall" einer Hausbesetzung, in Form eines Berichtes. Er leitet zu der Frage, ob Gewaltanwendung und Rechtsbruch vertretbar sind, also ein Problem des politischen Handelns.
b) Das „Problem" der strukturellen Verzerrung des Wohnungsmarktes; dieses kann durch Statistiken dargelegt werden und führt zu Fragen der Wohnungspolitik, z. B. marktkonform oder dirigistisch.
c) Die „Situation" von Hausbesetzern, faßbar in Selbstzeugnissen, als Interviews. Darin sind Fragen des Selbstverständnisses der Beteiligten enthalten, z. B. die Frage, inwieweit Selbstverwirklichung in unserer Gesellschaft möglich ist und was dies eigentlich bedeutet. Allgemeiner ist das Problem: Welche Bedürfnisse können in unserer Gesellschaft befriedigt werden, und wer bestimmt darüber?

In dem Zusammenhang dieser Beispiele wurde nun oben (S. 64f.) festgestellt, daß diese Inhaltsarten verschiedene Beobachtungsperspektiven vermitteln, nämlich die Beobachtung von außen und diejenige von innen. Entsprechend sind diesen Perspektiven unterschiedliche sozialwissenschaftliche Methoden zuzuordnen: die objektivierende Erhebung und die teilnehmende Beobachtung. Ferner verlangt „Problem" ja Problemlösung und damit einen methodischen Denkprozeß, der gekennzeichnet werden kann beispielsweise durch die Schritte Problemkennen, Lösungsentwicklung, Lösungsfeststellung.[4] „Situation" besitzt eine Struktur, die durch Schlüsselfragen erschlossen werden kann (s. oben S. 59).

Diese Beispiele zeigen, daß von den Inhaltsarten die Methoden ihrer Bearbeitung nicht zu trennen sind. Die Inhalte haben eine Struktur, die zugleich eine *methodische Struktur* ist, weil in den Kategorien Fall, Problem und Situation der Gegenstand als Erkenntnisprozeß definiert ist, oder umgekehrt: weil der Erkenntnisprozeß überhaupt erst den Gegenstand konstituiert. Zu einer Situation wird ein Sachverhalt, indem man ihn unter den Kategorien „objektive Bedingungen", „Haltung" und „Definition der Situation" betrachtet.

Das gilt ganz allgemein für wissenschaftliche Erkenntnis. Auch hier lassen sich Methode und Gegenstandsbereich nur gedanklich trennen.

„Denn ohne die Anwendung einer bestimmten Erkenntnismethode stellt ein zu untersuchender Phänomenbereich zunächst nur ein unartikuliertes „Etwas" dar, das erforscht werden soll ... Zum Objekt einer systematischen wissenschaftlichen Untersuchung wird dieses „Etwas" erst durch die Anwendung einer bestimmten Methode."[5]

Dementsprechend spricht der Pädagoge Peter Menck auch von der „lerngegenstandskonstitutiven Funktion von Unterrichtsmethode", womit er sagen will, daß Inhalte durch den Weg des Lernens und der Vermittlung, also durch den dadurch initiierten Prozeß des Denkens strukturiert werden.[6]

Die Übertragung einer für die wissenschaftliche Erkenntnis geltenden Generalisierung in didaktische Theorie wird durch die vorher beschriebenen Beispiele einleuchtend gemacht. Jedoch muß noch darauf aufmerksam gemacht werden, daß in diesen Aussagen Unterrichtsmethode und Erkenntnismethode nicht unterschieden werden. Die Folgerung daraus lautet, daß in der Didaktik eines Faches die Methode des Lernens und Lehrens im Zusammenhang mit den Spezifika des dem Fach zugehörigen Sachbereiches stehen muß. Daher gilt, was Hilligen über Methoden im politischen Unterricht sagt:

„Mit diesen Fragen wird Methode nicht nur als Art und Weise der Wissensvermittlung begriffen. Sie muß vielmehr den Zielen und Inhalten angemessen („gegenstandsadäquat") sein; und sie bestimmt Ziele und Inhalte mit (wird „gegenstandskonstitutiv"), wenn durch die Art und Weise der Bearbeitung von Problemen Ziele erreicht werden wie z.B. die Kompetenz, Konflikte zu regeln und mit Problemen umzugehen.

Methoden (als Verfahren für die wissenschaftliche Bearbeitung von Problemen) und Schulmethodik (als Sonderfall von Methodik für schulisches Lernen) sind dabei nicht mehr säuberlich zu trennen."[7]

Die Tatsache, daß Methoden und Schulmethodik im Sinne Hilligens nicht zu trennen sind, wirkt sich in der Weise aus, daß es für den politischen Unterricht fachspezifische Methodenkonzeptionen[8] gibt. Gemäß dem Implikationszusammenhang enthält der Gegenstand, der durch eine bestimmte Inhaltsstruktur gekennzeichnet ist, nicht nur implizit die Methode seiner Bearbeitung, sondern auch eine Intention. Auch darauf wurde oben (S. 65) schon hingewiesen. Durch „Fall" und „Problem" wird „problemlösendes Verhalten" aktiviert, durch „Situation" hingegen hermeneutisches „Verstehen". Der Lernprozeß als Weg der Bearbeitung enthält zugleich die Intention, die Methode der Erkenntnis zu erwerben, und vermittelt dadurch eine Qualifikation. Die Zieldimension kann aber auch dadurch bestimmt sein, daß im „Fall" vor allem der „Konfliktaspekt" berücksichtigt wird. Dadurch werden die Machtverhältnisse problematisiert, wie durch andere Akzentuierung beim „Problem" die Leistungsfähigkeit des politischen Systems geprüft und problematisiert werden kann (s. oben S. 45). Gemeinsam ist diesen Beispielen, daß sie den Schülern Kritikfähigkeit vermitteln können, die sich auf Realitätsbereiche der Politik beziehen.

Die *Planungsregel,* die sich diesen Überlegungen entnehmen läßt, lenkt die Aufmerksamkeit auf diesen *Implikationszusammenhang,* der bedeutet, daß jeder Moment des Unterrichts die anderen bereits in sich enthalten kann. Die Planungsregel kann daher in einer *Schlüsselfrage* ausgedrückt werden:

> In welcher Weise beeinflussen einzelne Strukturmomente des beabsichtigten Unterrichts die jeweils anderen, und inwiefern muß dies berücksichtigt werden?

Literatur

1 *Bijan Adl-Amini* in ders. (Hg.): Didaktik und Methodik, Weinheim: Beltz 1981, S. 14.
2 ebenda S. 19.
3 *Herwig Blankertz:* Theorien und Modelle der Didaktik, 9. Aufl., München: Juventa 1975, S. 93.
4 *Frank Scholz:* Problemlösender Unterricht, Essen: Neue Deutsche Schule 1980, S. 20.
5 *Friedrich Rapp:* Art. „Methode". In Handbuch philosophischer Grundbegriffe, hrsg. Hermann Krings u.a., Bd. 4, München: Kösel 1973, S. 924.
6 *Peter Menck:* Unterrichtsanalyse und didaktische Konstruktion, Frankfurt: FAT 1975, S. 47.

7 *Wolfgang Hilligen* in Kurt Gerhard Fischer (Hg.): Zum aktuellen Stand der Theorie und Didaktik der Politischen Bildung, 4. Aufl., Stuttgart: Metzler 1980, S. 61; vgl. auch *Adl-Amini* (Anm. 1) S. 33-35.
8 Beispiele sind die Vorschläge zur Strukturierung des Lernprozesses im politischen Unterricht. Einen Überblick über diese Vorschläge gibt *Wolfgang Christian:* Die dialektische Methode im politischen Unterricht, 2. Aufl., Köln: Pahl-Rugenstein 1978, S. 14-56.

7.3 Planungsregeln

An dieser Stelle soll kein Modell der Unterrichtsplanung entwickelt werden. Das geschieht im zweiten Band, in der „Systematischen Unterrichtsplanung". Hier soll nur überlegt werden, was der Lehrer prinzipiell berücksichtigen muß, wenn er Unterricht plant. Wir nennen dies „Planungsregeln"; sie gehören nach dem Schema S. 219 zur Ebene 3 der Reflexionsstufen des Planens.

7.3.1 Prinzipien der Sachanalyse

Wir hatten oben (S. 229) die Planungsregel aufgestellt, daß die Unterrichtsplanung mit der Reflexion der didaktischen Perspektive beginne. Die didaktische Perspektive enthält eine vorläufige Intention und drückt damit die didaktische Gerichtetheit des Denkens aus. Mit dieser Gerichtetheit schließt sie aber bereits andere Perspektiven und Aspekte des Gegenstandes, der „Sache", aus.

Diese Entscheidung wird transparent und damit begründbar wie kritisierbar, wenn dargelegt wird, welche Aspekte ausgeschlossen sind. Diese möglichen Aspekte eines Inhaltes werden durch die Sachanalyse beschrieben. Sie enthält damit eine *Funktion:* Sie wird eingeschoben zwischen die Ermittlung der didaktischen Perspektive und die endgültige Festlegung des Themas und gibt dem Lehrer dadurch die Möglichkeit, seine Intentionalität zu kontrollieren und ggf. zu korrigieren. Um diese Funktion erfüllen zu können, muß sie aber nach bestimmten Prinzipien angelegt sein.

1. *Die Berücksichtigung kontroverser bzw. komplementärer Ansätze.* Als Beispiel verwenden wir Überlegungen zum Thema „Berufswahl".

„Für die meisten Jugendlichen der Sekundarstufe I ist die subjektive Betroffenheit angesichts der Lebenssituation „Berufswahl" besonders spürbar, weil gegenwärtig und in naher Zukunft das Risiko, das jede Berufsentscheidung in sich birgt, durch Ausbildungsplatzmangel und Jugendarbeitslosigkeit verschärft wird. Doch sollte die Intensität dieser subjektiven Betroffenheit nicht den Blick dafür verstellen, daß Berufswahl immer unter drei Aspekten zu betrachten ist: Sie ist a) ein Entscheidungsprozeß, in dem ein Individuum in einer Entscheidungssituation aus mehreren Handlungsalternativen eine zu wählen hat; sie ist b) ein Allokationsprozeß, durch welchen Heranwachsende auf die verfügbaren beruflichen Positionen verteilt werden; und sie ist c) ein Entwicklungsprozeß, nämlich eine Kette beruflicher Entscheidungen im Verlauf des individuellen Lebens. Der Bezug auf Art. 12 GG („Alle Deutschen haben das Recht, Beruf, Arbeitsplatz und Ausbildungsstätte frei zu wählen.") darf nicht als Anspruch auf Zuweisung eines gewünschten Berufes mißverstanden werden; der Grundgesetzartikel legt vielmehr den rechtlichen Rahmen für Entscheidungs- und Allokationsprozesse fest, so z. B. Verteilung auf Berufe durch Beratung und schulische Vorbereitung, nicht durch behördliche Anordnung."

Wolfgang Hilligen u. a.: Lehrerband zu Sehen, Beurteilen, Handeln, Frankfurt: Hirschgraben 1979, S. 85.

In dieser kurzen Sachanalyse wird die Berufswahl unter drei Aspekten betrachtet. Naheliegend ist, sie als individuellen Entscheidungsprozeß anzusehen, wie dies auch in einem Lexikon geschieht:

„Berufswahl: Früher meist die einmalige Entscheidung für einen Lebensberuf ... Heute die Entscheidung für Lebensaufgaben, die sich ein Mensch in der Gesellschaft wählt und die ihm zum Lebensunterhalt dienen soll..."

Drechsler/Hilligen/Neumann: Gesellschaft und Staat. Lexikon der Politik, 5. Aufl., Baden-Baden: Signal-Verlag 1979, S. 59.

Zu dieser Perspektive „vom einzelnen aus" muß aber der Systembezug hinzutreten; in einer Gesellschaft müssen notwendige Positionen besetzt werden, es müssen Berufssuchende auf verfügbare Positionen verteilt werden (Allokation). Die individuelle Entscheidung hat Auswirkung auf das System, wie auch strukturelle Bedingungen und Veränderungen des Systems (z. B. Rückgang der Zahl an Arbeitsplätzen) Auswirkungen auf die individuelle Entscheidung haben. Die Beschreibung der komplementären, einander ergänzenden Ansätze, Berufswahl zu betrachten, macht bewußt, daß der Lehrer für seinen Unterricht z. B. nur die individuelle Perspektive wählt, um dem Schüler bei seiner Berufsentscheidung zu helfen.

In diesem Beispiel sind nur *komplementäre* Ansätze genannt. Daneben gibt es auch immer *kontroverse*, also strittige und einander ausschließende Ansätze, über die die Sachanalyse orientieren muß.

2. *Prüfung von Definitionen.* Sie ist eine ergänzende Hilfe, um komplementäre bzw. kontroverse Ansätze in den Blick zu rücken. Als Beispiel dient eine Definition der Werbung.

„Übereinstimmend wird unter Werbung der planvolle Einsatz von Werbemitteln mit dem Ziel der Beeinflussung des Umworbenen zwecks Erzielung bestimmter Absatzleistungen verstanden."

Winfried Böttcher: Werbung im Schulbuch, Hrsg. Zentralausschuß der Werbewirtschaft, Bonn-Bad Godesberg 1977, S. 20

Diese Definition ist zu eng, weil sie nicht auch die Vermittlerfunktion der Werbung im Sinne von „Kommunikationsmittel" (s. oben S. 225) nennt. Es fehlt also die komplementäre Betrachtungweise. Andererseits wird die genannte Funktion wertfrei als „Beeinflussung", nicht als „Manipulation" beschrieben. Dies läßt eine kontroverse Beurteilung zu; so „systemimmanent" z. B. als Verbesserung der Markttransparenz bzw. als Möglichkeit der Konjunkturbeeinflussung, und „systemüberwindend" durch Kritik als „Bewußtseinsmanipulation", d. h. Weckung fremdgesteuerter Bedürfnisse bzw. als Übergang von der Preiskonkurrenz zur Werbekonkurrenz.

3. *Ermittlung der Sachstruktur.* Aus der oben begründeten Option für die kognitive Lerntheorie (oben S. 116ff.) folgt, daß der Sachbereich auf die ihm zugrundeliegenden Begriffe, Grundbegriffe und Begriffszusammenhänge (Operationen) hin verdichtet werden muß. Dies soll die didaktische Entscheidung über die erwünschte kognitive Struktur vorbereiten.

Zum Sachbereich „Berufswahl" kann folgende „Struktur" ermittelt werden:

a) individuelle Perspektive: Entscheidungsprozeß
Faktoren der Berufswahl
— gesellschaftliche Faktoren
— persönliche Voraussetzungen
— Berufsstruktur
— Informationsniveau
zusammengefaßt in einem Arbeitsvorgang (s. oben S. 114).

b) gesellschaftliche Perspektive: Allokationsprozeß
Modell des Arbeitsmarktes

Angebot		Nachfrage
an Berufen		nach Berufen
bedingt durch:		bedingt durch:
— technologische Entwicklung		— generative Entwicklung
— strukturellen Wandel	Markt	— Bildungsprozesse
— konjunkturelle Entwicklung		

Auch im Marktmodell sind Begriffe in einen Denkprozeß zusammengebracht.

Nach diesem Überblick über die Struktur des Sachbereiches kann der Lehrer jetzt entscheiden, welche Begriffe und Operationen gelehrt und damit zur kognitiven Struktur der Lernenden werden sollen.

Diese Prinzipien der Sachanalyse können als Planungsregeln in *Schlüsselfragen* ausgedrückt werden.

Welche komplementären bzw. kontroversen Ansätze gibt es, mit denen der Sachbereich in der Fachwissenschaft bearbeitet wird?
Sind im Hinblick darauf die vorgefundenen Definitionen eng – weit, wertfrei – wertend?
Welche Begriffe bzw. Grundbegriffe bilden die Sachstruktur und ermöglichen Denkoperationen?

7.3.2 Festlegung des Themas

Durch die Sachanalyse wird die didaktische Perspektive korrigierbar, weil die Entscheidung angesichts der zusammengestellten Alternativen überprüfbar ist. Die didaktische Perspektive war – so nehmen wir an –, den Schülern bei der Berufswahl zu helfen. Angesichts der alternativen Aspekte „vom einzelnen aus" und „von der Gesellschaft aus" könnten jetzt zwei Wege beschritten werden.

1. Berufswahlunterricht: Vorbereitung der individuellen Entscheidung.
2. Arbeitsmarktpolitik: Wie können die Rahmenbedingungen der individuellen Entscheidung durch Politik verbessert werden?

Wenn man das Wort „Politik" durch seinen Bezug auf politische Entscheidungsprozesse streng versteht, so ergibt sich an dieser Stelle eine Gabelung in zwei Bereiche der politischen Bildung:

1. *Soziales Lernen.* Thematisiert werden individuelle Entscheidungen, Handlungsbereich ist die Mikrowelt, die Makrowelt ist der Rahmen. Beispiele sind Berufswahlentscheidung, Abbau von Vorurteilen.
2. *Politische Entscheidung.* Thematisiert werden gesellschaftliche Bedingungen und Defizite, welche individuelle Entscheidungen oder das Leben des einzelnen erleichtern oder hemmen; Handlungsbereich ist die Makrowelt mit Bezug (z.B. Wirkungen) auf die Mikrowelt. Beispiele sind: Verbesserung der Ausbildungssituation durch Ausbildungsplatzförderungsgesetz (von 1976), Alternativen der Gastarbeiterpolitik (Integration, Segregation oder Transfer).

Diese Unterscheidung zwischen Themen des Sozialen Lernens und solchen der politischen Entscheidung ist deshalb wichtig, weil die *Herausarbeitung des Politischen* aus einem Lerninhalt häufig Schwierigkeiten bereitet. Das Politische tritt aber in zwei verschiedenen Dimensionen auf: bei Themen des Sozialen Lernens als der Handlungs*rahmen,* der nicht Ziel, sondern Bedingung des Handelns ist, bei Themen der politischen Entscheidung jedoch als Handlungs*aufgabe,* nämlich als Gestaltung, also Festigung oder Veränderung der Rahmenbedingungen und Bestätigung oder Verbesserung der Leistungen, die von allen erbracht und damit politisch organisiert werden müssen. An Gestaltung wirkt der einzelne indirekt durch Repräsentation oder direkt durch politische Beteiligung mit.

In dem oben gewählten Beispiel „Berufswahl" wird die individuelle Entscheidung als Thema gewählt:

„Auf ihrem geschichtlichen Hintergrund ist die Liberalisierung der Berufswahl (im Unterschied zur ständischen Ordnung des Mittelalters und der frühen Neuzeit) zu sehen als die Chance, in einem nach Neigung und Eignung gewählten Beruf zur Selbstverwirklichung zu gelangen, welche zugleich die Gefahr mit sich bringt, daß der einzelne angesichts komplexer Berufsstrukturen, beschleunigten sozialen Wandels und unzureichender Aufklärung nicht genügend Fähigkeit zur Informationsverarbeitung besitzt, um eine sichere Wahl zu treffen"

a.a.O.

Der rechtliche Rahmen, der durch Politik gestaltet wird, erscheint hier nur als „Rahmen", der freilich hinsichtlich seines existentiellen

Bezuges ambivalent ist: Selbstverwirklichung und Informationsdefizit als Chancen und Gefahren.

Mit der Wahl von „individuelle Entscheidung" als Thema wird der Spielraum für diese Entscheidung vorausgesetzt und der Bezug zur Ebene der politischen Entscheidung ausgeblendet. Leitidee ist Selbstverwirklichung und Selbstbestimmung; dann kann als *Thema* eine Problematisierung gewählt werden: „Berufwahl – eine Wahl?" Der *Inhalt* Berufswahl hat dadurch eine Intentionalität gewonnen: Didaktische Perspektive ist, den Schülern zu möglichst selbständiger Entscheidung über ihren zukünftigen Beruf zu verhelfen, wozu auch gehört, daß sie die Begrenztheit der Wahlmöglichkeiten einkalkulieren.

Die *Planungsregel*, die sich aus diesen Überlegungen ergibt, lautet:

Die Festlegung des Themas verlangt die Herausarbeitung des Politischen als Handlungs*rahmen* oder als Handlungs*aufgabe*.

Sie wird wieder in eine *Schlüsselfrage* übersetzt:

Ist im Thema das Politische als Handlungsrahmen oder als Handlungsaufgabe berücksichtigt?

7.3.3 Primat der Intentionalität

Die zuletzt genannte Planungsregel bedeutet: Das Thema enthält die didaktische Perspektive und damit die Intentionalität des zu planenden Unterrichts, und zwar im fachspezifischen Bezug: das Politische. Das besagt, daß nicht die Sachanalyse den Unterricht determiniert („Struktur der Wissenschaft", s. oben S. 78), sondern daß sie lediglich die Entscheidungsalternativen vorbereitet.

Diese didaktische Entscheidung richtet sich zwar auf Inhalte, ist mithin eine Inhaltsentscheidung. Leitend aber ist die didaktische Perspektive, welche die Lernabsicht, die Intentionalität, in sich birgt.

In der Allgemeinen Didaktik hat sich inzwischen ein Konsens gebildet nach einer langen Diskussion zwischen Klafki und Schulz.

Klafki spricht jetzt vom „Primat der Zielentscheidungen im Verhältnis zu allen anderen, den Unterricht konstituierenden Faktoren".[1] Schulz bestätigt dies und umschreibt es so, daß sich der Planer einer Unterrichtseinheit allen Aufgaben der Planung „unter einer definierten, begründeten, zur Diskussion gestellten Perspektive" nähere.[2] Menck spricht vom „Primat der unterrichtlichen Ziele oder der pädagogischen Intentionalität vor inhaltlichen, methodischen und weiteren Festlegungen".[3] Klafki erläutert ferner das Verhältnis dieses Theorems zu dem des Implikationszusammenhanges, das er Interdependenz nennt: „Die verschiedenen Entscheidungsdimensionen bzw. Faktoren hängen zwar wechselseitig voneinander ab, aber im Sinne qualititativ *unterschiedlicher* Beziehungen."[4]

Es scheint ja zunächst so zu sein, als gäbe es einen Widerspruch zwischen der Forderung nach didaktischer Perspektive und der Anerkennung des Implikationszusammenhanges. Denn die didaktische Perspektive legt den Vorrang der Intentionalität fest, während sich aus dem Implikationszusammenhang die gegenseitige Bedingtheit der Faktoren des Unterrichts ergibt. Klafkis Äußerung ist eine Vermittlung dieser beiden Prinzipien. Aber es bedürfte einer solchen Vermittlung eigentlich nicht. Denn Planen ist immer eine zielgerichtete Tätigkeit. Die These vom Implikationszusammenhang richtet sich auch lediglich gegen ein *technologisches* Verständnis der Ziel-Mittel-Relation, nach dem Methode, also hier Unterrichtsmethode, nur Mittel zur Erreichung des Lernziels darstellt und nicht auch als „Weg" verstanden wird, der seine eigene qualifizierende und ergebnisbeeinflussende Wirkung hat.

In der gedanklichen Unterrichtsplanung ist jedenfalls die pädagogische Absicht leitend. Freilich kann diese sich auf unterschiedliche Zielarten richten: Verhaltensziele im Sinne von Vermittlung einer Qualifikation, Problembewußtsein durch Erkennen und Akzeptieren von fundamentalen Problemen (s. oben S. 131ff.) zu vermitteln, Werte zu akzeptieren oder sich mit ihnen auseinanderzusetzen.

Die These vom Primat der Intentionalität braucht daher nicht in eine Planungsregel umgesetzt zu werden. Vielmehr soll diese *Planungsregel* vor allem den Implikationszusammenhang berücksichtigen. Dies geschieht in folgender *Schlüsselfrage:*

Durch welche Gegenstände, Inhalte, Medien und Verfahrensweisen läßt sich die didaktische Perspektive realisieren, und inwiefern beeinflussen diese Elemente des beabsichtigten Unterrichts die in der didaktischen Perspektive ausgedrückten Intentionen?

Literatur

1 *Wolfgang Klafki:* Zur Unterrichtsplanung im Sinne kritisch-konstruktiver Didaktik. In Eckard König, Norbert Schier, Ulrich Vohland (Hg.): Diskussion Unterrichtsvorbereitung. Verfahren und Modelle, München: Fink 1980, S. 18.
2 *Wolfgang Schulz:* Unterrichtsvorbereitung, 3. Aufl., München: Urban & Schwarzenberg 1981, S. 87.
3 *Peter Menck:* Didaktische Modelle für die Unterrichtsvorbereitung. In Vohland u. a. (Anm. 1) S. 336.
4 *Klafki* (Anm. 1) S. 18.

7.3.4 Planung als zirkulärer Prozeß

In der Ausbildung wird in der Regel vom angehenden Lehrer erwartet, daß er seine schriftliche Unterrichtsvorbereitung nach einem Muster anfertigt. Dieses Muster legt nahe, bestimmte Gesichtspunkte der Unterrichtsplanung zu berücksichtigen, die dann in einer gleichförmigen Abfolge auf dem Papier erscheinen.
Eine strenge Stufigkeit der Unterrichtsplanung, also in der Form einer Schrittfolge, widerspricht aber nun offensichtlich dem Prinzip des Implikationszusammenhanges. Auch oben wurde ja ein sich wiederholender Prozeß dargestellt: Ermittlung der didaktischen Perspektive und dann deren Korrektur nach der Sachanalyse (oder Bestätigung) und Festlegung der Intentionalität im Thema. Selbst diese Abfolge ist nicht so streng, wie sie in dieser Beschreibung erscheint. Die mentale, also gedankliche Unterrichtsvorbereitung des Lehrers verläuft in Sprüngen, im Vorwegnehmen und in Spiralen. Sie ist also ungleich dynamischer, als alle Muster der Unterrichtsvorbereitung vermuten lassen.
Die Wahl des Modells „kognitive Struktur" (s. oben S. 119) berücksichtigt diese Dynamik, indem entsprechend kognitiver Lerntheorie die Begriffe als Bestandteil von Denkvorgängen gelten und dadurch kognitive Operationen ermöglichen. Operationen jedoch sind gemäß der Definition (s. oben S. 115) umkehrbar, reversibel. Das unterscheidet sie von Handlungen, die nicht mehr ungeschehen zu machen sind und daher nicht ausgelöscht, sondern lediglich kompensiert werden können, wenn sie nachträglich als unerwünscht erscheinen. Insofern ist Unterricht „Handlung", während Unterrichtsplanung „kognitive Operation" und mithin reversibel ist.
Der Implikationszusammenhang macht es also *notwendig,* und das Konzept der kognitiven Lerntheorie macht es *möglich,* daß Unterrichtsplanung umkehrbar ist. Daraus ergibt sich die Planungsregel, die Unterrichtsplanung als einen zirkulären Prozeß aufzufassen und entsprechend zu handeln.

„Beim Durchgang durch die verschiedenen Punkte können sich so – bildlich gesprochen – andere Schleifen als notwendig erweisen."[1]

Diese „Umkehrbarkeit des Planungsprozesses"[2] steht sicherlich optisch im Widerspruch zum Schema einer schriftlichen Unterrichtsvorbereitung. Dabei ist jedoch zu bedenken, daß die schriftliche Form bereits eine Art Handlung ist, die nur im zeitlichen Nacheinander erfolgen kann. Daher sagt Schulz:

„Der Implikationszusammenhang, in dem die Planungsmomente zueinanderstehen, läßt sich auf dem Papier nur in einem Nacheinander darstellen."[3]

Dieses Nacheinander trifft aber erst für die Phase der schriftlichen Ausarbeitung zu und vor allem auf die ausbildungsmäßige ausführliche Unterrichtsvorbereitung. Dort wird der Implikationszusammenhang durch die Benennung der Bezüge berücksichtigt. Der zirkuläre Prozeß der Planung kennzeichnet die *Vorphase* vor dem schriftlichen Ausarbeiten, die Phase der Notizen. Freilich: der zirkuläre Charakter des Planungsprozesses kommt danach wieder in der Unterrichtssituation zur Wirkung, also auf der Ebene der Entscheidungen, wenn dort der Lehrer sich beweglich verhalten kann, indem er seinen Plan situationsgemäß variiert.

Die *Planungsregel* lautet mithin:
Die mentale Unterrichtsplanung ist ein zirkulärer Prozeß, der erst in der schriftlichen Form in eine Abfolge gebracht werden muß.

Und übersetzt in eine *Schlüsselfrage:*

> Ist die gedankliche (mentale) Unterrichtsplanung bewußt als zirkulärer Prozeß gehandhabt und danach erst in die schriftliche Abfolge gebracht worden?

Literatur

1 *Manfred Niessen, Heinrich Seiler:* Unterrichtsvorbereitungstheorie als Planungsberatung. In Eckard König, Norbert Schier, Ulrich Vohland (Hg.): Diskussion Unterrichtsvorbereitung. Verfahren und Modell, München: Fink 1980, S. 285.
2 ebenda.
3 *Wolfgang Schulz:* Alltagspraxis und Wissenschaftspraxis in Unterricht und Schule. In König u.a. (Anm. 1) S. 69.

7.3.5 Beteiligung der Schüler?

Die an dieser Stelle zusammengestellten Planungsregeln richten sich an den Lehrer, vor allem an den in der Ausbildungsphase stehenden. Gegenüber einem Verständnis von Unterrichtsplanung als Interaktion aller Beteiligten, wie es Schulz entwickelt (s. oben S. 221), gehen wir von der Prämisse aus, daß der Lehrer immer einen *Planungsvorsprung* vor Eltern und Schülern besitzt. Dies ist durch seine Professionalität begründet. Das Erlernen einer wissenschaftlichen Fachdidaktik macht einen Teil dieser Professionalität aus.

Andererseits: Der Planungsvorsprung muß nicht zwangsläufig die Eigeninitiative der Schüler ausschließen. Ob Elemente eines schülerorientierten Unterrichts bei der Planung berücksichtigt werden, das ist nicht von den *Planungsprinzipien* abhängig, sondern von den *didaktischen Prinzipien*, nach denen sich der Lehrer richtet und die einem schülerorientierten Unterricht angemessen sind. Wir können beispielsweise folgende didaktische Prinzipien eines schülerorientierten Unterrichts zusammenstellen:

Inhaltsebene
— Berücksichtigung der Primärerfahrungen der Schüler
— Vorrang des Prozeßlernens vor dem Ergebnislernen
— Selbsttätigkeit

Beziehungsebene
— Mitsprache der Schüler
— Ermöglichung von Kooperation
— Anbahnung symmetrischer Kommunikation.

Alle diese Gesichtspunkte können in der Planungssituation berücksichtigt und damit für die Unterrichtssituation antizipiert werden, sie können ferner in der Unterrichtssituation regulierend wirken. Im Unterricht sollte sich der Lehrer zielstrebig und zugleich flexibel verhalten. Seine Flexibilität wird durch die Berücksichtigung vor allem derjenigen Planungsprinzipien verbessert, die den Implikationszusammenhang bewußtmachen.

Diese hier dargelegte Unterscheidung von Planungsprinzipien bzw. -regeln einerseits und didaktischen Prinzipien andererseits ist geeignet, Mißverständnisse zu vermeiden. Die Planungsregeln zielen auf ein Modell der Unterrichtsvorbereitung, die didaktischen Prinzipien auf ein Modell des Unterrichts. Aber die Planungsregeln entscheiden nicht darüber, ob der Lehrer einen lehrerzentrierten oder einen schülerzentrierten Unterricht beabsichtigt, ob er symmetrische oder komplementäre Kommunikation anstrebt, ob er rezeptives oder entdeckendes Lernen ermöglicht. Die Planungsregeln machen lediglich bewußt, *daß* der Lehrer eine Entscheidung angesichts alternativer didaktischer Prinzipien treffen muß.

7.3.6 Einbeziehung der Rahmenbedingungen

Planung des Unterrichts ist nicht nur die Angelegenheit des einzelnen Lehrers. Seine Unterrichtsvorbereitung vollzieht sich in einem mehr oder weniger weit abgesteckten Rahmen von *Planungsvorgaben*. Solche Planungsvorgaben sind:

- Rahmenpläne, Richtlinien;
- Planungseinheiten, die in der Schule entwickelt worden sind;
- das eingeführte Schulbuch;
- der Arbeitsplan/Jahresplan der Fachkonferenz.[1]

Diese Planungsvorgaben binden den Lehrer mehr oder weniger, nehmen ihm also Teile seiner Planung ab. Sie sind ihrerseits Produkte von „Planung". Dieses geschieht demzufolge in verschiedenen *Instanzen,* von denen der Lehrer nur eine unter mehreren ist.

Diese Planungsvorgaben sind Bestandteil der *Rahmenbedingungen,* unter denen Unterricht stattfindet, ein anderer Teil der Rahmenbedingungen folgt aus Merkmalen von Schule ganz allgemein bzw. des schulischen Lernens.

Theodor Schulze zählt drei Merkmale auf: 1. *Planungsmäßigkeit und Methode:* Lernen in der Schule ist immer vorausgeplant und veranstaltet. Letzteres bezieht sich sowohl auf die Organisation wie auch auf die Methodik des Lernvorganges selber. 2. *Räumliche und zeitliche Ausgliederung* aus dem gewöhnlichen Umgang der Generationen, also Ausgliederung aus dem Alltag. 3. *Bindung der Lernvorgänge an eine Lehrtätigkeit;* schulisches Lernen findet also unter der berufsmäßigen Anleitung des Lehrers statt.[2]

Überlegungen zur Unterrichtsplanung sind infolgedessen selber bereits Bestandteil eines von Tradition geprägten Begriffes von Schule. Die sich aus diesen Merkmalen ergebenden Folgerungen wie Organisationsformen des Lernens (Jahrgangsklassen, Stundentakt usw.) sind einschneidend genug, um pädagogische und didaktische Konzepte daran zu messen. In der Tat sperren sie sich z.B. gegen das Modell eines „selbstorganisierten Lernens"[3].

Damit in der Ausbildung aber keine Illusionen erzeugt werden, ist es richtiger, Überlegungen zu Planungsregeln an der gegebenen Schule zu orientieren. Denn diese stellt das Handlungsfeld dar, in das der Lehrer nach seiner Ausbildung eintritt, und in der Regel nicht die Versuchsschule oder das alternative Schulprojekt. Die Rahmenbedingungen der gegenwärtigen Schule kann jedoch der Lehrer nicht verändern, er kann sie lediglich produktiv verarbeiten. Unterrichtsplanung hat daher das Ziel, „rugulierende, innovative Ideen in die Arbeit unter eingeschränkten Bedingungen einzubringen."[4]

Daraus ergibt sich wieder eine Planungsregel, die sich in einer *Schlüsselfrage* ausdrücken läßt:

Welche Planungsvorgaben und welche institutionellen Bedingungen der Schule sind bei der Unterrichtsplanung zu berücksichtigen?

Literatur

1 *Wolfgang Schulz:* Alltagspraxis und Wissenschaftspraxis in Unterricht und Schule. In Eckard König, Norbert Schier, Ulrich Vohland (Hg.): Diskussion Unterrichtsvorbereitung. Verfahren und Modelle, München: Fink 1980, S. 57.
2 *Theodor Schulze:* Schule im Widerspruch. Erfahrungen, Theorien, Perspektiven, München: Kösel 1980, S. 123.
3 Dieses wird bevorzugt von *Heinz Moser:* Historische und institutionelle Aspekte des Zusammenhangs von Didaktik und Methodik. In Bijan Adl-Amini (Hg.): Didaktik und Methodik, Weinheim: Beltz 1981, S. 59.
4 *Schulz* (Anm. 1) S. 56.

7.4 Umrisse einer systematischen Unterrichtsplanung

Die bisher zusammengestellten Planungsregeln sind, wie schon erwähnt, kein Modell der Unterrichtsplanung im Fach Politikunterricht oder in der politischen Bildung. Sie sollen jedoch als eine Hinführung zu der „Systematischen Unterrichtsplanung" verstanden werden, die Thema des zweiten Bandes ist.[1] Die Regeln enthalten nur die Prinzipien der Planung, nicht auch schon didaktische Kriterien für die angemessenen Inhalte und Verfahren des Unterrichts in diesem Fach. Diese Kriterien sind in den vorangegangenen Einheiten 2 − 5 entwickelt worden. Die im zweiten Band folgende „Systematische Unterrichtsplanung" stellt demnach eine *Integration* der didaktischen Kriterien des politischen Unterrichts und der Planungsregeln dar.

An dieser Stelle sollen die Planungsregeln noch einmal zusammengefaßt werden. Das geschieht in der Form einer Checkliste (Abb. 13), in welcher die vorher genannten Schlüsselfragen aufgeführt werden. Dadurch erhalten wir kein Schema, − das würde dem Modell „kognitive Struktur" widersprechen. Die Checkliste ist vielmehr ein Instrument des Durchdenkens, also ein Hilfsmittel im Sinne von Planungstechnik (Stufe 3), welche das eigentliche Planen (Stufe 2) ermöglichen soll. Die Benutzung dieser Checkliste soll die didaktische Reflexion verbessern; sie bewirkt − so wird erwartet − eine Verfeinerung, Umstrukturierung und Differenzierung der kognitiven Struktur der didaktischen Reflexion.

Abb. 13: Checkliste der Planungsregeln

Annäherung an das Thema (1) Welche *Planungsvorgaben* und welche *institutionellen.. Bedingungen* sind bei der Unterrichtsplanung zu berücksichtigen? (7.3.6) (2) Welche *didaktische Perspektive* enthält der gewählte Unterrichtsgegenstand – lege ich für den beabsichtigten Unterricht fest? (7.2.2)	
Sachanalyse (3) Welche *komplementären* bzw. *kontroversen Ansätze* gibt es, mit denen der Sachbereich in der Fachwissenschaft bearbeitet wird? (4) Sind im Hinblick darauf die vorgefundenen *Definitionen* eng – weit, wertfrei – wertend? (5) Welche Begriffe bzw. Grundbegriffe bilden die *Sachstruktur* und ermöglichen Denkoperationen? (7.3.1)	
Thema (6) Ergibt sich nach der Sachanalyse eine Korrektur/Bestätigung der didaktischen Perspektive? (7) Ist im Thema das Politische als Handlungs*rahmen* oder als Handlungs*aufgabe* berücksichtigt? (7.3.2)	
Implikationszusammenhang (8) Durch welche Gegenstände, Inhalte, Medien und Verfahrensweisen läßt sich die didaktische Perspektive realisieren? (9) Inwiefern beeinflussen diese Elemente des beabsichtigten Unterrichts die in der didaktischen Perspektive ausgedrückten Intentionen? (7.3.3) (10) In welcher Weise beeinflussen einzelne Strukturmomente des beabsichtigten Unterrichts die jeweils anderen, und inwiefern muß dies berücksichtigt werden? (7.2.3) (11) Ist die gedankliche (mentale) Unterrichtsplanung bewußt als *zirkulärer Prozeß* gehandhabt und danach erst in die schriftliche Abfolge gebracht worden? (7.3.4)	

Literatur

1 *Gotthard Breit, Walter Gagel, Hermann Harms:* Systematische Unterrichtsplanung im politischen Unterricht. Studienbuch politischer Didaktik II, Opladen: Leske 1984.

Anhang

Literaturhinweise zu didaktischen Konzeptionen des politischen Unterrichts

1. Gesamtdarstellungen, Sammelbände

Hans-Günther Assel: Zur Ortsbestimmung politischer Bildung in der Bundesrepublik Deutschland. Reflexionen über neuere Denkansätze politischer Erziehung, Frankfurt: Haag + Herchen 1981.
Volker Briese, Wilhelm Heitmeyer, Arno Klönne (Hg.): Entpolitisierung der Politikdidaktik? Politische Bildung zwischen Reform und Gegenreform, Weinheim: Beltz 1981.
Kurt Gerhard Fischer (Hg.): Zum aktuellen Stand der Theorie und Didaktik der Politischen Bildung. 1. Aufl., Stuttgart: Metzler 1976, 3. veränd. Auf. 1978, 4. erw. Aufl. 1980.
Walter Gagel: Politik, Didaktik, Unterricht. Eine Einführung in didaktische Konzeptionen, Stuttgart: Kohlhammer 1979, 2. Aufl. 1981.
Karl Hüser, Wilhelm Beckers, Ferdinand Küpper: Politische Bildung in Deutschland im 20. Jahrhundert. Bedingungen und Elemente ausgewählter Konzeptionen, Neuwied: Luchterhand 1976.
Herbert Kühr: Politische Didaktik, Königstein: Athenäum 1980.
Wolfgang W. Mickel (Hg.): Politikunterricht im Zusammenhang mit Nachbarfächern, München: Ehrenwirth 1979.
Siegfried Schiele, Herbert Schneider (Hg.): Das Konsensproblem in der politischen Bildung, Stuttgart: Klett 1977.
Rolf Schmiederer: Zwischen Affirmation und Reformismus. Politische Bildung in Westdeutschland seit 1945, Frankfurt: EVA 1972.
Rolf Schörken (Hg.): Zur Zusammenarbeit von Geschichts- und Politikunterricht, Stuttgart: Klett 1978.

2. Konzeptionen

Jürgen Belgrad: Didaktik des integrierten politischen Unterrichts. Grundlegung und Modelle für eine emanzipatorische politische Bildung in der Schule, Weinheim: Beltz 1977.
Günter C. Behrmann: Politik – Zur Problematik des sozialkundlich-politischen Unterrichts und seiner neueren Didaktik. In: Günter C. Behrmann, Karl-Ernst Jeismann, Hans Süssmuth: Geschichte und Politik. Didaktische Grundlegung eines kooperativen Unterrichts, Paderborn: Schöningh 1978.
Wolfgang Christian: Die dialektische Methode im Unterricht, 2. Aufl., Köln: Pahl-Rugenstein 1978.

Bernhard Claußen: Kritische Politikdidaktik. Zu einer pädagogischen Theorie der Politik für die schulische und außerschulische Bildungsarbeit, Opladen: Westdt. Verlag 1981.
Kurt Gerhard Fischer: Überlegungen zur Didaktik des Politischen Unterrichts, Göttingen: Vandenhoeck & Ruprecht 1972.
ders.: Einführung in die Politische Bildung, 3. Aufl., Suttgart: Metzler 1973.
ders.: Theorie und Praxis von Censensus und Dissensus, hrsg. von der Niedersächsischen Landeszentrale für Politische Bildung, Hannover 1974.
Hermann Giesecke: Didaktik der politischen Bildung, München: Juventa 1965, 3. erw. Aufl 1968.
ders.: Didaktik der politischen Bildung. Neue Ausgabe, 9. Aufl 1974, München: Juventa.
ders.: Methodik des politischen Unterrichts, München: Juventa 1973.
ders.: im Gespräch mit Gerd Koch: Didaktische Entwicklungen im Politikunterricht. In Wolfgang Born, Günter Otto (Hg.): Didaktische Trends, München: Urban & Schwarzenberg 1978, S. 358–387.
Dieter Grosser: Kompendium Didaktik Politische Bildung, München: Ehrenwirt 1977.
Wolfgang Hilligen: Zur Didaktik des politischen Unterrichts I. Wissenschaftliche Voraussetzungen – didaktische Konzeptionen – Praxisbezug, Opladen: Leske 1975; 3. Aufl. 1978.
ders.: Zur Didaktik des politischen Unterrichts II. Schriften 1950 – 1975, Opladen: Leske 1976.
Klaus Hornung: Politik und Zeitgeschichte in der Schule, Villingen: Neckar Verlag 1966.
Karl Christoph Lingelbach: Der Konflikt als Grundbegriff der politischen Bildung. Päd. Rundschau 1967, S. 48–55 und 125–138.
ders.: Zum Verhältnis der „allgemeinen" zur „besonderen" Didaktik. Dargestellt am Beispiel der politischen Bildung. In: Wolfgang Klafki u.a.: Erziehungswissenschaft 2, Funk-Kolleg Erziehungswissenschaft, Frankfurt: Fischer Bücherei 1970, S. 94–121.
Ernst August Roloff: Erziehung zur Politik. Eine Einführung in die politische Didaktik.
Band 1: Sozialwissenschaftliche Grundlagen, 3. Aufl. Göttingen: Schwartz 1974.
Band 2: Didaktische Beispielanalysen für die Sekundarstufe I, Göttingen: Schwartz 1974.
Band 2a: Barbara Leuscher, E.A. Roloff: Politischer Unterricht zwischen Curriculum und Lernzielfindung – Zum Beispiel Werbung, Göttingen: Schwartz 1978.
Band 3: Didaktische Beispielanalysen für die Sekundarstufe II und die Erwachsenenbildung, Göttingen: Schwartz 1979.
ders.: Politische Didaktik als kritische Sozialwissenschaft. Beilage zu Das Parlament B 10/72 vom 04.03.1972, S. 32–38.
ders.: Politische Bildung zwischen Ideologie und Wissenschaft. Beilage zu Das Parlament B 41/71 vom 09.10.1971, S. 3–20.
ders.: Grundgesetz und Geschichtlichkeit. Über das Legitimationsproblem in der politischen Bildung. Beilage zu Das Parlament B 22/74 vom 01.06.1974.
ders.: Das Grundgesetz als Problem der Didaktik. Beilage zu Das Parlament B 1 – 2/72 vom 08.01.1972, S. 16–30.

Friedrich Roth: Sozialkunde, Düsseldorf: Schwann 1968.
Klaus Rothe: Didaktik der Politischen Bildung, Berlin: Wiss. Verlag H. Ger 1981.
Rolf Schmiederer: Zur Kritik der politischen Bildung. Ein Beitrag zur Sozi(gie und Didaktik des politischen Unterrichts, Frankfurt: EVA 1971, 5. A 1975.
ders.: Politische Bildung im Interesse der Schüler, Köln: EVA 1977.
Bernhard Sutor: Didaktik des politischen Unterrichts. Eine Theorie der po schen Bildung, mit einem Nachwort zur 2. Aufl., Paderborn: Schöni 1973.
ders.: Grundgesetz und politische Bildung. Ein Beitrag zur Wiedergewinn eines Minimalkonsens im Streit um den Politikunterricht, hrsg. von der I dersächsischen Landeszentrale für Politische Bildung, Hannover 1976.
ders.: Plädoyer für einen pluralen Ansatz in den Curricula politischer Bildu In: Curriculum-Entwicklung zu Lernfeld Politik, Schriftenreihe der Bun(zentrale für Politische Bildung, Bonn 1974, S. 11–28.
ders.: Philosophisch-anthropologische Grundlegung der Politischen Bildu In: Peter Gutjahr-Löser, Hans-Hellmuth Knütter (Hg.): Der Streit um politische Bildung, München: Olzog 1975, S. 43–72.

MIX
Papier aus verantwortungsvollen Quellen
Paper from responsible sources
FSC® C105338

If you have any concerns about our products,
you can contact us on
ProductSafety@springernature.com

In case Publisher is established outside the EU,
the EU authorized representative is:
**Springer Nature Customer Service Center GmbH
Europaplatz 3, 69115 Heidelberg, Germany**

Printed by Libri Plureos GmbH
in Hamburg, Germany